偏见

[美] 珍妮弗·埃伯哈特 _著
叶可非 _译

BIASED
UNCOVERING
THE HIDDEN PREJUDICE
THAT SHAPES WHAT WE SEE,
THINK, AND DO

北京联合出版公司
Beijing United Publishing Co.,Ltd.

写给我的挚爱瑞克。
是他一直鼓励我，
让我完成了这件远超出我想象的事。

一段旅程之所以被称为旅程，是因为你完全……不知道你会将沿途发现用于何处，也不知道它们对你会有何种影响。

——詹姆斯·鲍德温

导言

  我走进一片蓝色海军制服的海洋。大礼堂已满员，奥克兰警察局的132名宣誓就职的新任警察，双臂交叉背在身后，以完美的姿势一动不动地站得笔挺。当我沿着过道走上主讲台时，我看不到他们的脸，但我已经知道他们在想什么。

  为了做这次培训，我们走了很多弯路。警察系统的丑闻给社区居民留下了不信任的印象，警察们也还没完全从之前的重大丑闻中恢复过来。我刚刚整理完这份即将发布给公众的两年期报告，这是联邦监督小组要求调查警察系统内成员广泛侵犯人权行为的最后步骤之一，我不想让警方对我们的调查结果视而不见。社区中的许多人呼吁结束种族歧视，他们想要被公平对待，他们要求正义。而警察部门的许多人却感到，他们每天都在伸张正义，有时还会付出巨大的牺牲，他们一直怀揣着如此高尚的意图，一直都在为社区安全努力。但是，我仍然想帮助警察们发现潜藏在他们身上的那些隐蔽的偏见，并且理解这些偏见如何在潜移默化中影响他们决策的方式。

在报告发布之前，记者们一直在给我施压，希望我能在报告发布之前先透露一些内容，但是我不能这样做，因为这样做的风险实在是太大了。重要的是，我希望警察部门做好准备，并愿意与我们的团队合作，针对报告中发现的任何问题为他们制订解决方案。

我感到非常疲惫。这几个月我几乎是没日没夜地制作这份报告，甚至忽略了教学，也忽略了我的丈夫和三个儿子。在我一步一步走近讲台时，我感觉到了房间里的一丝寒意。我登上了讲台。尽管这里不像我在斯坦福大学教书的教室那样现代化或配备了高科技设备，但礼堂里的木板墙和成排的红色软垫金属椅子还是让我觉得很熟悉。我看着人群中的一张张脸，想进行眼神交流。但我发现，台下的每一张脸都没有表情——他们的眼睛都看着很遥远的地方。每位军官都在防弹背心外穿着简洁而干净的制服，腰部系了一条腰带，上面别着他们执勤时的所有重要工具：手铐、电击枪、OC 胡椒喷雾剂和格洛克 17 式 9mm 手枪。警察们看起来已经为之后的执勤做好了准备，但似乎没人愿意和我进行更多的交流。

在我的职业生涯中，我第一次面对这样敌对的人群，没有嘘声或叫喊声，没有任何口头上的抱怨，只有比任何语言都更振聋发聩的钢铁般的沉默。我试着开些玩笑，大家却毫无反应。我带领他们进行了互动的"射击——不要射击"的模拟练习，这在以前的培训中效果都很不错，但这次却反响平平。我又展示了一些视频片段，在其他培训中，大家在观看这些视频片段时都笑了，但在这个礼堂中，人群依然寂静。

最终，我与副巡长勒罗那·阿姆斯特朗交换了一个眼神。我曾与他一起接受过旨在改善警察与社区关系的培训。我知道他了解这类培训对执法部门的重要性。每次看到他的脸，我都会很放心，但这一次，他的表情也很令我担心。此刻的阿姆斯特朗副巡长在人群中四处张望，脸上挂着和我内心一样的担心，但我在台上，不能让这种担心显露出来。我看到副巡长有些局促地在座位上动来动去。我想知道，如果我都不确定自己是不是可以上好这第一节课，又怎么能向这个部门的下设部门再提供十次培训呢？

最终，我决定，不再继续按照原定的课堂计划进行培训。我不再给大家看数据图、图片，也不再给大家讲笑话，或者看电影片段。我决定改掉我平常的上课安排，开始分享个人故事。

我跟大家讲了几年前我和儿子艾维利特坐飞机的事。当时艾维利特只有五岁，坐在飞机上，眼睛睁得大大的，好像要把这个世界上的一切新鲜事物都吸收进去。他环顾四周，看到一个黑人乘客。他说："嘿，那个家伙看起来像爸爸。"我看着那个男人，说实话，他看上去并不像他爸爸，一点都不像。我环顾四周，想看看艾维利特是不是在说其他人，但当时那趟飞机上只有一个黑人。

震惊之余，我突然觉得非常讽刺：作为一个种族研究者，我不得不向自己的孩子解释，并不是所有黑人看起来都一样。但是后来我停了下来，想到一个事实，就是孩子对世界的看法不同于成年人。也许艾维利特看到了某些我作为大人看不到的东西。我决定再看一下那个黑人。

我看了看那个家伙的身高。不像，他比我丈夫矮了几英寸。我又仔细看了看他的脸。他的脸部也没有什么看起来让我感觉很熟悉的特征。我又看了看他的肤色，和我丈夫也没有相似之处。然后我看了看他的头发。这个人梳着脏辫，而艾维利特的父亲是秃头。

我仔细思考了一会儿，转向儿子，准备像对待那些在我的课堂上不懂得观察的学生一样，好好给他上一课。但是在我张嘴之前，艾维利特突然抬头看着我说："我希望那个男人不要抢劫飞机。"

也许是我听错了。"你说什么？"我问他，希望我没有听到我所听到的。然后他又说了一次。这个试图弄清这个世界的小男孩，忽闪着明亮的大眼睛，用甜甜的声音天真地说道："我希望他不要抢劫飞机。"

听到这个回答，我的心猛地一沉。"你为什么那么说？"我尽可能轻柔地问，"你知道你爸爸不会抢劫飞机的呀！"

"是的，"他说，"我知道。"

"那你为什么这么说？"这次我的声音提高了八度，听起来很尖锐。

艾维利特哭丧着脸，抬头看着我，然后很坦白地说："我不知道为什么要这么说。我不知道为什么会这样想。"

讲完这个故事，我突然想起那一刻我有多痛苦。我深吸了一口气，看着台下那群人，发现大家的表情已经有所改变。他们的眼神柔软了下来。他们不再是穿制服的警察，而我也不再是大学研究员。我们都是父母，却无法保护我们的孩子免受一个令人困惑和恐惧的世界的困扰。这个世界如此深刻而阴险，无意识地影响着孩子们，而我们却不知道为什么会这样。

我怀着沉重的心情继续说："我们生活在如此严重的种族分层中，以至于即使是五岁的孩子也可以告诉我们接下来应该发生什么。即使没有恶意、没有仇恨，黑人和犯罪之间的联系也已经渗透到我五岁儿子的脑海中，渗透到我们所有的孩子，乃至于我们所有人的脑海中。"

我做完了培训，给听众留出了提问和分享的时间。之前有人提醒我，最后应该不会有人愿意提问或者分享，但是在其他人离开之后，确实有一名警官站在那里等我。他朝我走来，我走下讲台迎接他。"您刚才分享的在飞机上和儿子的经历让我想起了我之前在街上的经历。我已经很久没有想过那件事了。"这位警官告诉我。

"当时，我在外面做卧底。"他回忆道，"我看见远处有一个家伙，他看起来不太对劲。这个家伙看起来和我很像——是个黑人，我们的身材很像，身高也差不多。但是这个家伙留着胡须，头发蓬乱，衣服破烂，看起来就是一副要做坏事的样子。那家伙开始接近我，随着他越来越近，我感到他身上有枪。我想，这家伙有些不对劲，这个家伙不太对劲。

"我看着那个家伙从一个小山坡上下来，靠近一栋漂亮的办公大楼，那是一栋带有玻璃墙的大型办公大楼。当那个家伙接近时，我满脑袋的想法都是：这个人一定带枪了，他非常危险。

"当我靠近建筑物时，有那么一秒钟这个黑人从我的视线里消失了，我竟然开始感到惊慌。但过了一会儿，我又见到了那个家伙，他进了办公大楼。我可以透过玻璃墙清楚地看到那个家伙。他正在建筑物内行走，方向和步伐与我走路时相同。

"肯定出事了。当我加快步伐时，我可以看到他也加快了步伐。最后，我决定突然停下来，面对那个家伙。但没想到，他也停了下来，我们面对面站着。当我看着他的眼睛时，我震惊了。我这才意识到我正在凝视着自己。我就是让我担心的那个人。我看到的一直都是自己在镜面上的倒影。在那整个时间里，我一直在分析我自己。"

还有很多这样的故事。

在每一次培训中，都有人来跟我分享他们的故事，这些故事不仅加深了我对警察与社区关系的理解，也加深了我对人类困境的理解。

这本书是对隐性偏见的研究——什么是隐性偏见？它来自何方？如何影响我们？我们如何解决它？隐性偏见并不是称呼某人为种族主义者的新方法。实际上，即使你完全不是一个种族主义者，也有可能受到它的影响。隐性偏见是一种扭曲的镜头，是我们大脑结构和社会差异的产物。

即使是我们当中最开明的人，可能都会有关于种族的想法。这些想法会使我们的感知、注意力、记忆和行为产生偏见，不管我们是有意还是无意。我们关于种族的观念是由我们每天受到的刻板印象塑造的。在美国社会，最强的刻板印象之一是将黑人与犯罪联系起来。

这种刻板印象的联系是如此强大，以至于仅仅出现一张黑人的脸，即使是在没有意识到的情况下仅仅看到黑人的脸一闪而过，也能让我们对武器有更快的反应，甚至会让我们看到我们想象中的本不存在的武器。单单想到暴力犯罪，就可以使我们将视线从白人的脸转向黑人的脸。尽管看起来很黑不是一种罪，但陪审员更有可能对那些具有刻板黑人面部特征的重罪犯判处死刑，当受害者是白人时，即使是那些没有典型黑人特征的重罪犯也可能会被判处死刑。

偏见会导致从学前教育到企业领导等各个方面的种族差异。这种差异本身又反过来加剧了我们的偏见。例如，知道年轻的黑人犯下了不成比例的暴力犯罪，就会使人们更确信黑人喜欢犯罪的这种认知。这会影响在各种情况下如何看待黑人的方式——无论是坐在教室里还是咖啡馆里，无论是领导一家财富500强公司还是在加利福尼亚州灭火。刻板印象掩盖了黑人的真实身份。

在本书中，我将向您展示种族偏见是如何影响我们在正常情况下做出的各种决定的——包括我们在买房子、雇用员工时做的选择，以及与邻居相处的方式。偏见不限于生活的一个领域，不限于一种职业、一个种族或一个国家，也不限于某一种刻板印象的联想。本书源于我对黑人与犯罪之间联想的研究，但这并不是唯一重要的联想，黑人也不是唯一受到影响的人群。不管我们来自什么族群，也不管我们对哪个族群有偏见，探究隐性偏见在刑事司法领域的作用，可以给我们提供更广泛的经验教训，让我们更加了解我们是谁，我们曾经是什么样的，未来又会变成怎么样。

人们可能会因为各种特征产生偏见，如肤色、年龄、体重、种族、口音、残疾、身高、性别。我谈论的重点是种族，特别是关于黑人和白人，因为这两个群体是偏见研究的重点。而且，因为黑人和白人之间的种族动态非常具有戏剧性，其结果明显，作用持久。在美国，几个世纪以来的种族紧张关系甚至为人们如何看待其他社会群体奠定了基调。面对隐性偏见，我们需要自己照一照镜子。

要了解隐性种族偏见的影响，我们必须凝视自己的眼睛，就像发现自己一直在跟踪自己的卧底警员一样，直面刻板印象和无意识的联想，了解它们如何塑造我们的现实。通过认清恐惧和偏见的扭曲镜头，我们又向前迈进了一步，可以清楚地看到彼此。我们朝着清晰的方向迈出一步，又迈出了一步，便可以清楚地看到随偏见而来的社会危害。

我们的进化道路和当前的文化都决定了我们注定不会被偏见挟持。变革需要一种我们都力所能及的开明思维。我们可以学习成功的方法，也可以借鉴新的思维方式，无论是试图改变自己，还是改变我们的生活、工作和学习环境。

这本书是我所经历的旅程的缩影，记载了我所有意想不到的发现、听到的故事、遇到的挣扎，以及获得的成功。现在，我想请你加入我的旅程。

目录

1 眼中所见

第一章 看向彼此 _003
第二章 偏见的产生 _015

2 重寻自我

第三章 谁是坏人 _035
第四章 黑人男子 _061
第五章 思想的自由 _083
第六章 可怕的怪兽 _115

3 出路在望

第七章 家的安慰 _135
第八章 艰难的课堂 _171
第九章 伤痛的教训 _199
第十章 底线 _231

结论 _259
致谢 _267

1 眼中所见

第一章　看向彼此

十二岁之前，我一直生活在美国俄亥俄州的克利夫兰。对我来说，克利夫兰就是一个"全黑"的世界。因为我身边的家人、邻居、老师、同学、朋友，乃至每一个我日常接触的人，都是黑人。因此，当我的父母宣布我们将要搬到一个叫比奇伍德的郊区时，我感到既高兴又紧张。高兴是因为我们可以住进一间更大的房子，紧张是因为比奇伍德是一个白人社区，我很担心自己会无法融入新环境，我不知道我能不能受到新同学的欢迎。

我担心他们会取笑我——笑我的棕色皮肤，笑我又硬又细的头发，笑我又大又黑的眼睛。我还很担心自己黑人式的说话方式，比如说话的节奏、词语的选择，我甚至还很担心自己的声音是否好听。

然而，那年秋天，当我正式转学进入新的班级时，我的白人同学们热烈地欢迎了我。他们一个接一个地做了自我介绍，对我非常热情。他们邀请我和他们一起吃午餐，还带我参观了学校，给我详细地介绍了学校里我可以参加的许许多多眼花缭乱的活动。我在这所学校里享受的一切正是我父母一直梦寐以求的。我可以在唱诗班唱歌，可以参与戏剧表演；我可以学习手语，也可以学习体操；我还可以尝试加入排球队，或是在学生会中争取一席之地。

我的同学们似乎真的有兴趣帮助我融入这个新的地方，顺利度过过渡期。对此，我非常感激，但我还是在交朋友上遇到了一些问题。比如，我会在给同学打电话的时候弄错他们的名字；我在学校礼堂见到同班同学时却没有认出他们而没有打招呼；我甚至会忘记前一天在自助餐厅里和我一起吃午餐的女孩是谁。当然啦，我的同学们并没有因此疏远我。他们知道我每天都要见很多很多人，而且作为转校生，我每天都要吸收很多东西。但我知道，我面临的挑战远不止于此。每一天，我都面对着许多白人同学的面孔，我却无法区分他们。我不知道该怎么做，甚至不知道从哪里开始着手。

我不知道怎么去识别白人的脸部特征，对我来说，所有的白人都长一个样。我可以详细地描述我在商场里遇到的某个黑人女人的脸部特征，但我却无法从人群中找出每天坐在我旁边上英语课的白人女孩。

我发现自己经常迫不得已地使用其他简单粗暴的方式来区分不同的白人同学。比如说，我会不停地告诉自己，穿红色毛衣的女孩说了这件事，穿灰色运动衫的那个女孩说了那件事。这可以帮助我暂时跟上她们的对话，但到了第二天，她们换了衣服，我就又变得不知所措了。

我试着训练自己有意地去注意同学们的脸部特征，注意他们眼睛的颜色、金发的色调以及脸上的雀斑。我在和黑人朋友们相处时从来不会注意这些特征。我试着记住我遇到的每个人最明显的特征，但是，所有的面孔最终会在我的脑海里再次融合。

随着时间的推移，我担心我的新朋友会疏离我。毕竟，谁会想和一个根本记不住自己的女孩交朋友呢？

因为没有"认脸"这项最基本的技能，在搬家之后，我成了一个和过去完全不同的人——我常常感到尴尬、不确定、犹豫，容易退缩。我害怕犯错误，害怕感到尴尬，也担心这会伤害到那些我在乎的人的感情。

到了春季学期，每当我看到班上的女同学三三两两地窃窃私语时，我都会怀疑她们是不是对我完全失去了耐心。她们是在谈论我吗？我忍不住这样想。我也想加入她们的谈话，但每当我出现的时候，她们立刻就不说话了。

直到一位很受欢迎的女孩邀请我周末去餐厅吃午饭的时候，我的心情才稍稍轻松了一些。当我走进餐厅的时候，我看见她和一群我不认识的女孩坐在一张桌子旁，接着她们齐声对我喊道："生日快乐！"我环视一周，发现这些女孩正是我在大厅里看到的窃窃私语的同学，她们在为一个至今都没法记住她们名字的女孩策划生日惊喜。

她们还给我准备了很多她们觉得很棒的礼物，包括我从未听说过的歌手的专辑，比如布鲁斯·斯普林斯汀啦，比利·乔尔啦。这让我感动不已，因为在此之前从来没有人为我策划过惊喜派对。但是，当我们吃完蛋糕，拥抱着彼此互道再见各自回家时，我仍然没有办法区分她们的长相。

这件事困扰了我整整一个学年。我担心自己被排斥，因为我不是白种人，不是她们中的一员。但这种种族差异真正的问题其实出在我自己身上。我的这些同学想要和我建立联系，我也想融入他们，但是我突然发现自己一直没办法把他们的脸和名字对应起来。我的同学们并不知道我有这个问题，我也不明白自己为什么会出现这样的问题。

几十年后，我才意识到其实我并不孤单，这其实不是我一个人的问题。

"识人"的科学

近五十年来，科学家一直在记录这样一个事实：人们会更擅长识别自己种族的面孔，而在识别其他种族的面孔时则常常会有问题——这一发现被称为"异族效应(other-race effect)"。

这是一种普遍现象，不仅出现在美国，也广泛地存在于世界各国的不同种族群体中。"异族效应"出现得很早，并且会随着时间的推移越来越显著。当婴儿三个月大的时候，他们的大脑对自己种族面孔的反应比他们对异族人面孔的反应更强烈。随着儿童进入青春期，这种种族选择性反应只会越来越强烈，这表明"异族效应"在一定程度上会受到我们生活环境的影响。

我们在成长过程中会逐渐对重要信息进行定义。我们每天会看到很多面孔，而随着时间的推移，我们的大脑建立了对同族面孔的偏好，而识别异族面孔的能力则在这一过程中渐渐退化了。经验驱动面部感知能力不断升级进化，这重塑了我们的大脑，使大脑可以更有效地运作。

科学家们认为，"异族效应"很好地证明了我们的感知能力是由我们所见的人或事物不断塑造的。长期以来，含含糊糊的一句"他们长得都很像"一直被认为是一种持有偏见的表现。但这实际上是由生物学和人们所暴露的环境因素导致的，我们的大脑更善于处理那些能唤起熟悉感的面孔。

我很难辨认白人同学们的脸，这是因为在我搬到郊区之前的十二年里，我接触到的大部分是黑人。因此，我青春期的大脑需要一些时间才能赶上这个全新的世界。但是，用不了多久，我的大脑就会演化出新的能力并在这个世界中发挥作用。

种族不是一个纯粹的分界线，被不同种族的父母收养的儿童就不会表现出典型的异族效应。比如，比利时的研究人员发现白人儿童识别白人脸部特征的能力比识别亚洲人脸部特征的能力要强，但是被白人家庭收养的中国或越南儿童在识别白人和亚洲人面孔的能力上却相差无几。

年龄和对各年龄组人群面孔特点的熟悉程度也可能是影响因素。英国的一项研究表明，小学教师更善于识别随机的八到十一岁儿童的面孔，而大学生们则无法做到这一点，因为他们大部分时间面对的都是和自己同龄的其他大学生。意大利的科学家则发现，产科护士比起其他职业的人更善于通过观察婴儿的脸部特征来区分婴儿。研究人员表示，这可能是因为护士需要有能力确保在产房不会出现"抱错婴儿"的情况。

随着时间的推移，我们在世界上的经历渗透到我们的大脑中，在我们没有意识到的时候潜移默化地重塑我们的大脑。

种族成像

读中学的时候，我不可能知道我之所以会在识别白人脸部特征方面苦苦挣扎是因为大脑发育问题。但我当时认为，我自己的肤色一定是背后的成因之一，这也最终吸引我进入社会心理学领域。这给我提供了一个必要的视角，帮助我解决这个对我自己的青少年经历至关重要的问题：种族是如何塑造我们的身份以及我们在世界上的经历体验的？这个问题是关于身份、权力和特权等更大问题的起点，这些问题塑造了我们的国家，几个世纪以来一直影响着全球的发展。

如今，我在斯坦福大学担任教授和研究员。斯坦福大学校园位于美国硅谷，是初创经济的核心，吸引着那些渴望利用丰富的科学技术为社会提供科学解决方案的充满活力的聪明年轻人。刚进斯坦福大学时，我对神经科学研究的工具很感兴趣，便开始探索种族影响基本大脑功能的可能性。

大脑不是一台固定不变的机器，它是一个可塑的器官，可以响应我们所处的环境和我们面临的挑战。这种理念与我们大多数人在科学课上学到的东西背道而驰。事实上，神经可塑性（neuro-plasticity）这整个概念都和科学家几个世纪以来对大脑的理解完全相反。只有最新的神经科学进展才使我们能够窥视大脑内部并跟踪大脑随时间发生的变化。慢慢地，我们了解到，随着经验的改变，大脑也会在很多方面发生改变。

比如，在过去的几十年中，我们已经了解到，当某人失明时，通常致力于处理视觉刺激的枕叶可以专注于处理包括声音和触觉在内的其他类型的刺激；再比如，尽管中风病人大脑中颞叶专门处理语言的特定区域遭到了严重损害，但他们之后仍然有可能会再次学会说话。我们还不知道这种神经可塑性的程度。除了研究受损的大脑之外，我们还会观察具有正常脑功能的人是如何习得不寻常的技能的，这些研究也让我们开发出了很多非常有趣的课题。

研究表明，类似驾驶出租车这样简单的事情可以揭示基础性练习及重复性练习是如何塑造我们大脑的不同功能的。2000年的时候，我才刚进入斯坦福大学不久，由埃莉诺·马奎尔教授领导的一个小组发表了一篇论文，引起了神经科学界的轰动。他们扫描了伦敦出租车司机的大脑，这些司机日复一日地驾驶着出租车在伦敦复杂的街道上穿行，研究人员试图研究他们脑内海马体（内侧颞叶中的马蹄形结构）是如何随着驾驶经验积累而变化的。

这些出租车司机必须熟悉全伦敦 2.5 万条街道的结构布局，马奎尔教授的团队惊奇地发现，他们大脑中的海马体和对照组有着显著差异，而海马体在空间记忆和导航中起着至关重要的作用。出租车司机的导航专业知识与大脑灰质增加有关，与没有驾驶出租车的对照组相比，出租车司机的海马体尾部明显大得多。事实上，司机上班的时间越长，经验越多，他们的海马体尾部就越大。

我觉得这个研究结果是非常令人震撼的，因为它似乎不仅表明了能够彻底改变我们大脑结构的经验有多么强大，还昭示出这种改变的速度竟然如此之快。在出租车司机的例子中，他们对于周边环境进行深入的结构性知识解读使他们的大脑发生惊人的结构变化。而这种变化不是需要几十万年的进化，而是在个人生命的几年内就迅速发生了。事实证明，个人专业知识具有这个人本身的神经生物学特征。

鉴于对科学的好奇心和青少年时期的经历，我提出了另一个问题：鉴于我们在世界上积累的经验会反映在我们的大脑中，那么更擅长识别同一种族人群的面部特征是不是也是一种独有的神经生物学特征呢？

神经科学家最初对种族这种影响因素的作用是持怀疑态度的，毕竟对于面部特征的识别是大脑最基础、最古老也是最重要的功能之一。感知面部的行为既重要又复杂，因此这一功能分布在枕颞区的多个区域，横跨大脑的四个主要脑叶中的两个。颞上沟（颞叶中的沟状结构，对社交能力至关重要）有助于我们解读突然出现在某人脸上的许多不同表情，这些表情可以表达不同的意思，如想要接近、微笑、分享、逃离、快速武装自己等。还有一个被称为梭状回面孔区[1]（FFA）

---

1 梭状回中负责人脸认知的部分，当梭状回面孔区被破坏后，人们就会失去辨识人脸的能力，就连最亲密的家人也无法认出来。——编者注（书中注释，如无特殊说明，均为编者注）

的区域深埋在大脑底部附近，可以帮助我们区分熟悉的和不熟悉的朋友，区分朋友和敌人。

科学家们普遍认为，梭状回面孔区是我们作为一个物种最原始也是最基础的特征，与他人产生联系是人类的基本需求。如果我们没有了解周围人的身份的能力，我们就会变得孤立、脆弱，暴露在陌生环境之中。

梭状回面孔区已被广泛研究，尽管这项研究已经进行了数十载，但人们仍然很少关注种族是否会影响梭状回面孔区的功能。从狭义的角度看，脑科学认为梭状回面孔区的主要功能是识别面部。而大多数科学家认为，种族应该与此功能无关。

在此背景下，我开始与一群专门研究人类记忆的斯坦福大学神经科学家合作，进一步研究这个课题。我们一起招募了数十名白人和黑人志愿者，并对他们进行了功能性磁共振成像（FMRI）扫描，这样可以追踪大脑中显示神经活动的血流变化。

通常，我们会给研究参与者的头部缠上巨大的线圈来传输脑部图像。然后，我们让他们平躺，用传送带将他们送入管状扫描仪（里面装了一块巨大的磁铁），并向他们展示了一系列黑人和白人的面孔。我们从附近的控制室监控全过程，拍摄参与者在看到不同图片时的全脑成像图。他们对脸部的反应越强，他们大脑中的氧气就会越多，我们测量使用的传感器就越亮。

通过追踪参与者看到不同陌生人面孔时脑内梭状回面孔区的激活状态，我们发现，当展示的面孔与研究参与者种族相同时，梭状回面孔区会出现更加积极的反应。不管是黑人受试者还是白人参与者，都呈现出同样的反应。我们还发现，梭状回面孔区对特定脸部的反应越显著，在结束测试后，研究参与者越能识别这张脸。

我们做的这个研究是第一个神经成像研究，以证明在面部识别过程中，存在一种神经成分可以让我们更容易分辨同一种族的脸部。这也为新兴的观点提供了支持，即在我们生活过程中，大脑会根据我们积累的经验进行自我调整。我们也了解到，种族在大脑自我调整的过程中发挥了强大的推进作用。事实证明，种族可以对大脑最基本的功能之一施加影响。梭状回面孔区在我们的成像扫描中呈现出鲜艳的色彩，为我们提供了一幅清晰的图像，让我们清楚地了解自己与周围世界的关系，也能够更清楚地知道我们与同族和异族之间的关系是如何映射到大脑的内部运作中的。

抢包的人

这算是科学进步还是街头常识呢？我花了几十年时间才了解了种族在人脸识别中的作用，但其实在奥克兰那些成群结队犯罪的年轻人中，这早就已经是一种常识了。

2014年，我刚刚开始与奥克兰警务部门合作分析种族差异在区域犯罪中的影响。我们发现，尽管整个城市的犯罪率大幅下降，但唐人街的购物区发生强盗抢劫案数量出现了惊人的增长。每次都是十几岁的年轻黑人男孩在街上闲逛，然后趁人不备抢走中年亚裔女性路人的钱包。

警察收集线索后逮捕了一些抢劫犯，甚至还追回了一些被劫的财物。但是在嫌犯被正式起诉之前，案件调查却常常无法继续开展下去，因为即使这些女性受害者看到了抢匪的脸，却没有一个人可以从一群人中指认出匪徒。

"我们会抓捕犯罪嫌疑人，"警察局副巡长勒罗那·阿姆斯特朗回忆道，"但受害者却无法辨认这些嫌疑人。如果无法辨认身份,那就没法起诉。对于这些抢劫案件来说,起诉几乎是不可能的。"

当年轻的黑人发现亚洲妇女无法区分他们时,这几乎就变成了他们抢劫的护身符。几年后,阿姆斯特朗也跟我说了一些被判入狱的劫匪供认出的细节。"我们问:'你为什么要盯上这个女人,她有什么特别之处吗?'这些年轻黑人非常坦诚地对我们说:'因为亚洲人没法认出我们,他们觉得黑人都长得一个样。'他们会告诉我们:'这简直太棒了,这也是我们总是抢亚洲人的原因。'"

他们甚至发展出了一个明确的模式,这些青少年知道自己要针对谁,也知道要在哪里实施抢劫,如何实施抢劫。他们主要抢劫范围是在一个有很多中年华人女性购物者的商圈。他们会从身后悄悄接近这些女性,一把抓住钱包后就逃之夭夭,所以受害者也没有太多时间看他们的脸。阿姆斯特朗表示,确切地说,在奥克兰警方跟进的所有案件中,有八成案件里的亚洲受害者都无法认出抢劫他们的年轻人。相比之下,黑人女性即使只是在被抢劫瞬间的迅速一瞥,也能够以更高的概率辨认出同样是黑人的抢劫嫌疑人。

跨国种族面部识别的挑战对于执法官员来说已经不是一件新鲜事了,对科学家来说也是如此。研究和现实生活经验表明,当嫌疑人与受害者的种族不同时,误判的可能性会大大上升,很可能会造成冤假错案。这就是"异族效应"的实际后果。

奥克兰调查人员努力将误判的可能性降至最低。他们遵循科学指导,想要提高异族面部特征识别的精确度。阿姆斯特朗副巡长还告诉我,他们甚至试图为受害者提供培训,指导他们"专注于每一个独有的特征"。比如可以注意一下:他的皮肤是黝黑的还是黄黑的?他有金牙吗?他是梳着长发绺还是脏辫?阿姆斯特朗副巡长说:"我们需要受害者给我们提供更多信息,而不止是'黑人男性'这样一个简单的描述。"但在大多数情况下,亚洲女性只能做到这一步。即使进行了各种训练,她们仍然无法区分不同黑人少年的脸。

最终,是科学技术结束了这种犯罪狂潮。当警察们把摄像机安装在唐人街繁忙街道的商业区外时,行窃或抢劫被抓住的风险突然猛增,因为摄像机可以捕捉到亚洲女性无法做到的事情。年轻的黑人男孩们也知道一旦被摄像机拍到,被捕就只是时间问题。

阿姆斯特朗副巡长对这种情况的描述让我回忆起了我刚搬家到比奇伍德的时候。我也试过这种"记住每张脸的独特特征"的策略,但我失败了,亚洲女性也失败了,尽管我们都非常渴望能够做到这一点。然而,无论身处多么尴尬的场合,无论这些亚洲女性在看到警察们窃窃私语时内心有多么缺乏安全感,她们就是没有办法在大脑中重新塑造那些黑人抢劫犯的脸。在安装摄像机之前,由于她们无法记住这些面孔,使得警察的案件侦破工作陷入僵局,恐惧在整个唐人街社区蔓延数月。这些黑人青少年可以随意抢劫这些亚洲女性——即使在光天化日之下。他们根本不需要面具,因为他们的脸就是他们的面具。

第二章　偏见的产生

亚洲女性很容易成为抢劫犯的目标，因为抢劫犯们通常会认为，她们绝对不会抵抗。在抢劫犯心中，亚洲女性是这样的形象：人到中年，非常脆弱，不怎么会说英语，也无法认出从她们手中抢走钱包的黑人青少年的脸。亚洲女性作为一种人群类别，特别容易成为理想的受害者。其实，对于这群亚洲女性来说，实施抢劫的这些人也是一个人群类别。她们不知道抢自己钱包的到底是迈克尔还是贾马尔，她们只知道，来抢劫的全部都是年轻的黑人男子。而对于她们来说，被抢劫后损失的不仅仅是钱包里的钱，也不仅仅是在奥克兰的唐人街失去了生活的安全感。每一次被年轻的黑人抢劫都会放大她们以前可能会忽略的刻板印象——黑人是危险的。黑人与犯罪之间的联想就这样诞生了。

这种基于广泛性概括的分类从某种程度上看是非常合理的，因为这不仅是我们个人经验和社交信息的产物，也是我们作为人类进化的产物。分类——把相似的事物归为一类——本来就只是一种大脑活动，而且这种活动本身并没有恶意，也并不是少数人的专利。相反，分类是大脑的普遍功能，它允许我们组织和管理那些过载的、持续刺激我们的信息。分类是一个为混乱的世界带来连贯性的系统，它通过本能地依赖看似可预测的模式，帮助我们的大脑更快、更有效地做出判断。

但是，分类也可能阻碍我们接受那些和我们不同的人，不理解他们的努力，也降低了对他们脸部特征的敏感程度。

我们脑内对于种族分类的意识会决定我们看到的东西。这种现象不仅仅存在于研究实验中，在日常生活中更是随处可见。我在大学里有一个好朋友，她叫玛莎，是个非洲裔美国人。玛莎有一个姐姐，皮肤颜色比较浅，大家基本上都把她当作白人。有时，玛莎的姐姐会担心玛莎的存在可能会毁了她的生活。她不想让自己的朋友或同事意识到她其实是个黑人，所以当别人看到她和玛莎走在一起时，她绝对不会提到她们俩是姐妹，当然啦，也从没有人发现她们俩是姐妹。每次，只要有同事发现她和玛莎站在一起的时候，她脸上惊恐的表情都会让玛莎觉得很好笑，但玛莎从没想过要在众人面前"拆穿"姐姐，因为玛莎知道姐姐这一系列反应背后的原因。同事们认为玛莎是黑人，却认为她姐姐是白人，所以他们自动忽略了玛莎和她姐姐之间的许多生理上的相似之处——她们有着同样的眼睛、额头和鼻子。说老实话，要不是我知道她们俩是姐妹，我也不知道我会不会把她们当作姐妹。一旦我们确定了"分类"，我们所感知到的现实就会适应我们已经确定的标签。

"分类"的力量是如此强大，以至于当我们看到同一张脸的时候，可能会以不同的方式回应它，这取决于我们是否认为这个人和自己是同类。得克萨斯大学埃尔帕索分校的研究人员曾经进行过一项研究，他们给一群拉丁裔实验参与者展示了一组用计算机生成的面孔（使用面部生成软件包），这些面孔本身没有明显的种族特征。但研究人员给一些面孔配上了非洲裔美国人通常留的发型，而另一些则配上了拉丁裔美国人通常会留的发型。当参与者被问及他们能记住哪些面孔时，他们都能够更好地记住那些留着拉丁裔美国人发型的人——那些他们认为属于自己同类的面孔。被认为是"同类"的面孔会更容易让参与者记住，而那些被认为是"异类"黑人的脸则很难被记住。

　　分类对我们的影响非常巨大，在我们的神经元上也留下了印记。比如，在我与布伦特·休斯、尼古拉斯·坎普以及斯坦福大学的其他同事进行的一项研究中，我们发现在给白人研究参与者展示黑人面孔的时候，他们处理脸部信息的大脑区域表现出较少的大脑活动。这表明白人对黑人的脸部信息反应是非常少的。我对这个结果感到震惊，因为这表明大脑在以分类的方式处理这些面部信息。

　　而当我们给这些白人参与者看一系列不同的白人面孔时，他们脑内的神经元则被激活，对每张脸都有着强烈的神经反应。只有当我们一遍又一遍地给受试者看相同的白人面孔时，他们的神经反应才开始减弱。这是因为当我们面对的刺激不再新颖时，大脑就开始走神了。就好像大脑告诉我们，之前已经看过这个，所以没有必要再次集中注意力了。神经科学家将重复暴露导致的这种弱化反应称为"重复抑制"。

值得注意的是，如果不断地给参与者展示全新的黑人面孔也会导致"重复抑制"。虽然我们每次给参与者展示的都是不同黑人的面孔，但白人参与者似乎会断然将这些面孔处理为相同的刺激源，他们的大脑回应的是这些面孔的"分类"——黑人的脸，另一个黑人的脸，又一个黑人的脸——一个接一个，全都是一样的，而不是去回应每个面孔不同的特征。

一旦我们将面孔处理为"非同类"，这种分类就会让我们停止对这些面孔进行深入的信息解读，我们只会为那些"和我们相似"的人保留宝贵的认知资源。

分类是生而为人的特征，但是独特的文化在我们脑内分类的过程中发挥了重要的作用，正是文化决定了我们要如何看待不同的类别，如何给不同的类别贴上不同的标签。比如一个浅色皮肤的人在巴西被看作白人，到了美国却被看作黑人；在美国，中国人和日本人都被统一归为"亚洲人"，但在其他地方，中国人和日本人却可能被视为两个明显不同的群体。在一些国家，人们认为宗教或社会阶层是比人种更重要的分类方式，甚至在一个国家内，社会分类的规则可能会在短短几十年里就发生重大的变化。

在美国，种族作为分类的标准，对社会的影响非常巨大，黑人或白人的分类甚至可以塑造我们对那个人的面部特征的感知。几年前，我和我的同事不仅对分类感兴趣，而且对人们用于感知他人的"常民理论"[1]很感兴趣。在过去的几十年里，卡罗尔·德维克和其他研究人员进行的研究表明，有些人认为人的特征是固定的（聪明或愚蠢、负责任或不负责任、卑鄙或善良等），而有些人则认为这些特征是有可塑性的（即随着时间的推移，一个卑鄙的人可以变得善良）。我和同事想知道这种"常民理论"是否不单单会影响我们理解他人的人格特质和生理特征。

---

[1] 一般人对于日常生活的各种现象都有一套自己的看法，这套结合观察、媒体报道、个人经验所形成的看法就是所谓"常民理论"。

假设你面对一个没有明显种族特征的脸，这张脸可能是黑人或白人的，当你知道这个人其实是个黑人时，这会改变你对这个人的脸部特征的看法吗？你自己关于他人特征的理论会如何影响你所看到的这张脸？

为了回答这些问题，我们让斯坦福大学一群白人本科生参与了一项调查，想看看他们在什么程度上会将他人的特征视为固定的（比如，江山易改本性难移），又从什么程度上认为人的特质是可塑的（比如，人们甚至可以改变他们最基本的品质）。在这学期快结束的时候，我们邀请那些学生到我们实验室单独参加一项研究。每个学生都看了一张不带有明显特征的计算机生成的脸部图像。我们告诉一半的研究参与者这个人是黑人，而另一半则被告知这个人是白人。然后，我们让他们花四分钟画出他们看到的脸，在画的时候可以参考电脑屏幕上的脸部原图。

我们发现那些认为人的特征是固定的研究参与者在尝试画出面部时，会与他们的种族标签结合。如果他们被告知这个人是黑人，他们会画一张看起来比电脑屏幕上的脸"更像黑人"的脸。同样地，那些被告知屏幕上的人是白人的参与者画了一张看起来"更像白人"的脸，其他参与者看这幅图的时候也会自然地认为画的是白人。他们的感知与他们分配给脸部的标签是一致的。

而认为特质具有可塑性的参与者则恰恰相反，那些被告知是黑人的研究参与者画了一张看起来更像白人的脸。而如果参与者被告知这张脸是白人的脸，他们则会画出一张看起来更像黑人的脸。这些人反对标签所暗示的定式形象。我们的研究结果表明，我们所感受到的不仅受到我们所提供的标签的影响，还受到我们自身对分类态度的影响。尽管我们往往会觉得，我们视觉看到的信息应当是客观和直接的，但实际上，我们看事物的方式和看到的内容却可能会被我们自己的思维方式塑造。

面部特征不明显的脸

更像黑人的脸　　　　　　　更像白人的脸

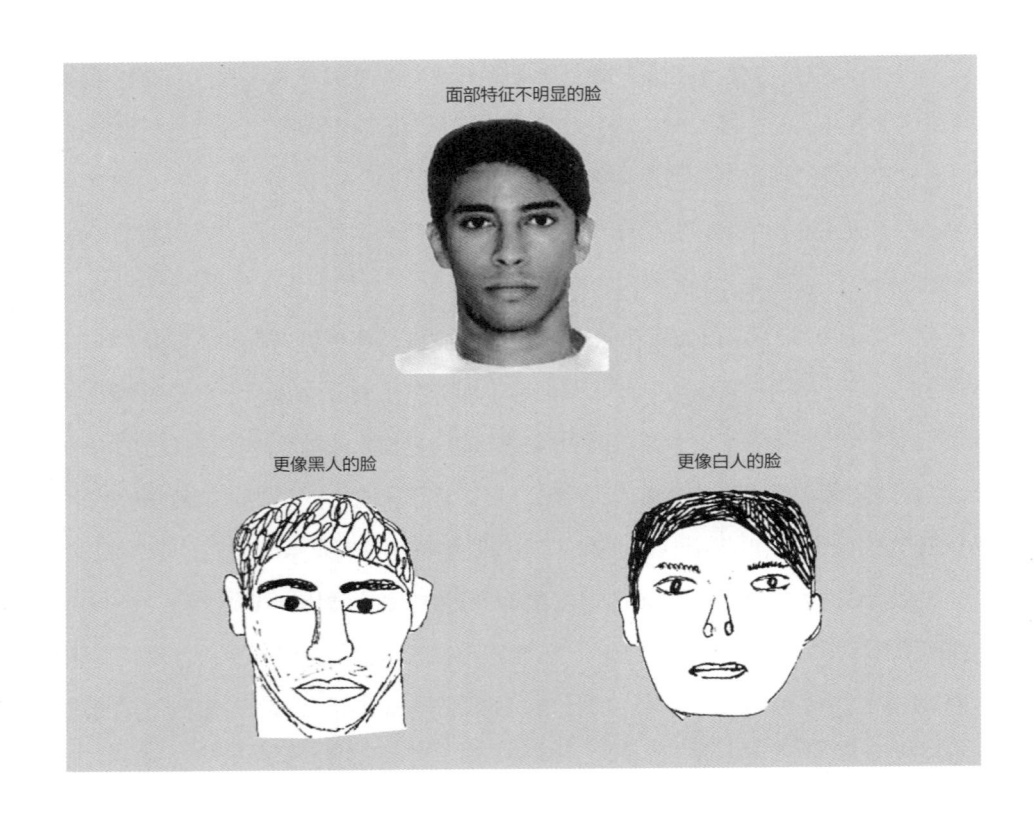

　　事实上，从分类中流露出的社会判断是如此强烈，不仅影响我们如何看待别人，而且影响我们如何看待自己。这也是我最喜欢的小说之一的设定。著名剧作家阿瑟·米勒于1945年创作了《焦点》（*Focus*）。这是他的第一部小说，也是在纳粹政权屠杀欧洲犹太人之后的第一批关注美国反犹太主义的书籍之一。小说中的故事发生在纽约市，那时第二次世界大战即将结束。主人公纽曼是一位白人基督徒，他专门负责确保公司不雇用任何假冒基督徒身份的犹太裔员工，他非常自豪地保护公司免受犹太人的祸害。而且，他也是全公司上下最会识别犹太人的人。

后来，纽曼的视力开始衰退，这让他无法有效地对人进行分类。在他的老板的催促下，纽曼不得不买了一副眼镜，并立即投入了工作。然而，眼镜却给纽曼带来了更大的问题：对于他周围的人来说，他突然就变得像他一直防着的那群犹太人一样了。他的邻居、同事，包括街上的人，都开始怀疑他是犹太人。纽曼觉得非常受辱，于是，他尽可能地向大家展示他跟犹太人一点关系都没有，他完全不是犹太人。但大家仍然会怀疑他的身份。他也没有办法改变人们看到的他的样子。

当纽曼戴着眼镜第一次在浴室镜子里瞥见自己时，他觉得自己看到了一个犹太人。纽曼惊慌失措，赶忙摘下眼镜，却已经无法改变已经蔓延开来的谣言，所有人都相信了眼镜"分配"给他的这个犹太身份。纽曼的生活因此变为一团乱麻。他被迫离职了。他也成了大家眼中反犹太主义的目标，邻居和路人往他的草坪上扔垃圾，在他的房子上涂鸦种族绰号。周围的人对他的态度和做法最终开始影响他对自己的看法，他对犹太人的厌恶变成了自我厌恶，他成了一个他自己曾努力驱逐的人。

小说展示了他人看法的力量，这定义了别人如何看待你，塑造了你的生活，还会影响你对自己的看法。但这个故事也说明了感同身受的救赎力量可以突破既定的分类偏见。最后，纽曼的经历让他重新审视犹太人的身份，并开始理解和欣赏这个身份。他第一次发现犹太人民被身边的刻板印象和态度所包围、折磨，从而打破了他自己对于犹太人的狭隘的负面定义。

距离我第一次读这本书已经过去十五年了，但这个故事一直影响着我思考各种刻板印象和偏见的方式。偏见的影响实在是太强大了，它可能会带来极大的痛苦，我们不能放任偏见的存在而不去控制它们。偏见可能会以惊人的方式影响我们。

偏见的作用机制

我们用来对人进行分类的社会标准充满了可能指导我们行为的信念和感受。这也是纽曼在后来的经历中所认识到的一点——一旦他被归类为犹太人，人们会对他做出假设，并且会对他产生厌恶，还会对这些假设和感受采取行动。纽曼的故事的核心部分向我们展示了分类如何成为偏见的先兆。

但与此同时，分类也是我们大脑的基本工具。分类过程不仅适用于人，还适用于所有事情。我们可以给人分类，给动物分类，给食物分类，给家具分类。我们用信息填充我们分出的每一个类别，并为其注入引导我们行动的感受。

以苹果为例，看到这个分类，我们会自然而然地想到苹果如何生长，生长的地方，现存的品种、颜色、大小、触感、味道，应该什么时候吃苹果，应该怎么吃，是煮着吃还是生吃，苹果是否有助于我们的身体健康，等等。而根据对苹果的了解，我们也会决定是否会喜欢苹果这个类别的食物。所有这些感受也可以决定我们会不会吃别人给的苹果，如果要吃苹果是去杂货店买还是去树上摘。只需看一眼苹果，我们的大脑就可以立刻调出与整个分类相关的感受和想法。事实上，这些相关性越强，这些感受和想法传达的速度就会越快。

我们关于社交群体的分类也是以类似的方式运作。但在这种情况下，将我们对社会群体的"刻板印象"以及对他们的态度称为"偏见"。无论是坏的还是好的，无论是正当的还是不正当的，我们的想法和态度都会和分类紧密地联系在一起，它们会自动触发，影响我们的决策和行为。举个例子，仅仅看到一个黑人，我们就会自动想起从社会中形成的一系列联想：这个人擅长运动，这个人学习不好，这个人是穷人，这个人跳舞跳得很好，这个人住在黑人社区，我们得提防这个人。进行这种联想的过程其实就是"偏见"，这种偏见可能在你无意之中就不知不觉地发生了，一切都毫不费力地发生在几毫秒的时间里。无论我们的价值观如何，无论我们有怎样的想法，无论我们希望在世界上成为什么样的人，这些联想都可以主导我们的思维。

"刻板印象"这个概念可以追溯到柏拉图时代，柏拉图在《对话录》中探讨了一个人的看法是否与实际情况相对应的问题。但"刻板印象"这个词直到20世纪20年代才进入流行话语体系。这个词不是由科学家引入，而是由一位记者首先提出的，他认为重要问题的新闻报道首先被记者本身和公众的"先入为主的观念"过滤——这也是我们今天在新闻界仍在努力解决的问题。

沃尔特·李普曼被认为是20世纪最有影响力的记者之一。他在纽约和华盛顿特区担任报纸专栏作家有五十多年，他的笔下详细记录了战争、政治、社会动荡和人口变化。他将"刻板印象"一词应用于描述"我们头脑中的图片"——一种反映主观认知但代表客观现实的印象。这个词来自传统排版过程，印有字体的模具被铸造在金属板上，并在打印过程中一次又一次地复制——这就很像我们自认为是真实的但实际上又未经检验过的定式的想法，而正是这些想法决定了我们如何理解我们所看到的事物。

奥克兰的一位警官在接受卧底任务的时候，就将自己脑内对于武装危险分子的印象误认为是他们真实的样子，这就是"刻板印象"在背后起作用。为了完成卧底工作，这名警官不得不打扮成他心中最讨厌的那个样子，衣着破旧、邋里邋遢、蓬头垢面。但这个形象与他对自己的形象认知大相径庭，在他心中，他是一个维护社会安全与秩序的勇者。因此，当这位警官无意在一个橱窗前看到自己的倒影时，他无法处理脑内理想形象和现实真实样子之间的差距。

李普曼十分理解"刻板印象"的作用和影响。他在 1922 年出版的著作《公众舆论》（Public Opinion）中写道："大多数情况下我们并不是先理解后定义，而是先定义后理解。置身于喧闹庞杂的外部世界，我们一眼就能认出熟悉的文化所定义出的东西，而我们也倾向于按照文化所给定的、所熟悉的方式去理解。"

李普曼一直以来从事的新闻舆论工作使他担心美国人可能会做出草率和不合逻辑的公民和政治选择，因为这些"刻板印象"已经使他们自动忽略了那些与他们的先验常识不符的信息。而这正是现在正在发生的事情。

心理学家把困扰李普曼的这种现象称为"证实性偏见（confirmation bias）"。人们倾向于寻找并关注那些可以证实自己想法的信息，即使我们的面前还摆着完全相反的、似乎无懈可击的现实，我们仍然会觉得这些能够支持自己想法的信息更值得信赖，不容置疑。一旦我们确认某件事物的运作机理，就很难再打破这个已经确定的框架。

"证实性偏见"是一种允许不准确的想法传播和持续的机制。而如今，不管你相信怎样的想法，其实都可以找到大把支持自己想法的信息。在 21 世纪，我们可以通过某一特定的维度搜索网络资源，获取比以往任何时候都更多的信息，找到更多和我们拥有相同观点的人。这种分离化的信息搜集会从我们的视角中自动抹除那些令我们不舒服、感到不协调的事实。让我们更容易相信和支持那些符合我们先入为主的观念的"假新闻"。

在李普曼生活的时代，问题不在于庞杂信息来源，而恰恰是由于信息匮乏而导致的无知泛滥。《公众舆论》开篇就讲了这样一个故事：1914 年，在大洋中的一座小岛上生活着英国人、法国人和德国人，由于与世隔绝，他们并没有发现他们的国家处于战争状态。在英法协约抗击德国的时候，虽然这些岛民从理论上说已经成了敌人，但他们仍然和平地生活在一起，因为他们脑中的图片并没有与实时事件的发展相匹配。世界已发生巨大变化，但这些孤立的人只能根据他们自己心中世界的样子来生活。

李普曼既没有提及刻板印象是偏见的前兆，也没有对刻板印象进行合理化。事实上，他对种族问题所表达的态度让他在现在人的眼中成了一个偏执狂。他似乎也成了自己刻板印象的人质：1919年，他贬低了那些希望融入白人圈子的美国黑人流动人口，并将他们称为"被压迫民族特有的压迫性"的受害者。在珍珠港事件之后，李普曼公然支持对加利福尼亚州日裔美国人进行"大规模遣散与再安置"。他对其他参与反犹太主义斗争的犹太人的建议是放低姿态融入社会，而不是把注意力集中在犹太人的"激烈交易及公然粗俗"之上。李普曼是德国犹太移民的儿子，也是哈佛大学斐陶斐荣誉学会毕业生，但他大力赞扬了一项限制犹太人入境的计划，如果有"太多犹太人"会"对犹太移民乃至整个哈佛造成不利"。

尽管如此，李普曼仍清楚地理解刻板印象所具有的实际功能以及它们对某些群体造成的影响，他也非常清楚刻板印象对于保护现状的力量。

"刻板印象的背后有便利性的考量，"李普曼写道，"想要生动详尽地察看所有事物而不加以分类概括，这会使人筋疲力尽……我们并没有做好准备去应付如此奥妙、如此多样组合的环境……在能够驾驭它（环境）之前，我们不得不使用比较简单的方法去对它进行重构。"

而这种简单重构的要素往往依赖于"我们"和"他们"的概念，并受文化、政治和经济力量的驱使，以保护、维持当下现状。

李普曼指出，刻板印象有助于支撑现有的社会秩序，至少为我们提供"有序的，或多或少一致的世界图景"的幻觉。在幻觉中的可能不是现实世界，但我们在那里觉得很舒服。

这让我们最终适应并接受了这些刻板印象，深深地将它们根植在自己的意识之中，在未来的几十年乃至几百年不断地传给下一代。只要我们不注意，刻板印象就会引导我们所看到的东西，而这样做似乎更加印证了刻板印象的正确性，使它们更强大、更普遍、更能抵抗变革。

刻板印象所代表的"虚构与象征"是导致隐性偏见表达的思想路径。然而，正如李普曼所说，当我们"寻求比较公正的见解时，往往会坚持我们的成见"，因为它们是"我们个人传统的核心，是对我们社会地位的保护"。

就像分类一样，刻板印象的形成过程是具有普遍性的。我们都倾向于使用刻板印象来帮助我们理解其他人。然而，这些刻板印象的内容是文化催生的，也带有文化特征。比如在美国，黑人与威胁和侵犯密切相关，这种刻板印象的联想甚至可能影响我们准确阅读黑人面部表情的能力。假如看到一个表情兴奋的黑人，我们可能会以为他在生气，而恐惧的神情可能被误读为愤怒，沉默则被视为好战。

为了探索这种联想的力量，社会心理学家加伦·博登豪森和库尔特·胡根伯格让白人研究参与者坐在电脑屏幕前，评估一段视频中黑人脸上的表情，这位黑人脸上的表情是逐渐从愤怒演变到友好的。研究表明，对种族的态度塑造了参与者的感知。当这张脸是黑人的脸时，心理学家发现，与其他参与者相比，那些种族偏见高的参与者认为黑人脸上的愤怒情绪持续时间更长。即使把黑人的脸换成一张黑得不那么明显的中性脸，那些种族偏见高的参与者也会将大部分的面部表情视为威胁。如果给他们展示一张种族特征模糊的脸，但是提前告诉他们这是个黑人，仍然会得到一样的结果。黑人这个标签已经对他们施加了足够的影响来塑造他们的观念以符合刻板印象。

因为恐惧

刻板印象是不需要解释就可以被理解和重现的。我的大儿子艾比就是一个很好的例子,看见他我总能想起他六岁时那个感恩节发生的事。当时,他坐在厨房的桌子旁,我正忙着准备晚餐吃的火鸡。正在我把馅料填入火鸡的时候,艾比突然问我:"妈妈,你觉得人们觉得黑人和白人不一样吗?"我吃了一惊,问他为什么这么想。"哦,我不知道,"他回答说,"我只是觉得有些不同。"我继续问:"你说的不同是什么意思呢?""我不知道,"艾比揉了揉额头,好像是在帮助自己思考,"就是我觉得黑人有些不同,就感觉他们身上有一些不一样的东西。"

我让他举一个例子,他便开始静静思考起来。接着,他回忆起了我们最近一次购物的经历。"你还记得前几天我们一起去杂货店的时候吗?"他的口气已经从不确定和犹豫不决变得自信起来,"我记得有一个黑人进来了,他周围就好像有一个看不见的力场。"我儿子当时非常喜欢看《星球大战》,于是他做了这个类比,"当他走进去的时候,大家都有点远离他,就好像他们不想太靠近他。我记得当他排队时,有他在的那一队列是店里所有结账队列中最短的!"

当时,我们住在圣马特奥,是位于旧金山和斯坦福之间的一个街区,住户大多是白人。即使只有六岁,我儿子也能认识到,在一个很少有黑人居住的街区,购物者们对这个男人做出了异样回应,就好像这个人不是街区的一员一样。

我决定进一步探索这个现象,于是我追问道:"你觉得这是为什么呢?"我尽量克制自己的情绪,让自己的声音听起来平静一些,我也正在为他可能给我的回答做好准备。

艾比再次揉了揉额头，他的信心似乎消失了，但他继续思考这个问题。几分钟后，他的眼睛睁大了，转身看着我。正当我把火鸡放进烤箱时，艾比用一种非常深沉的声音说道："我觉得这是因为他们在害怕。"我吓了一跳，不小心还烫了手。

一年级学生怎么会产生这样的想法？我们以前从来没有讨论过这样的事情，我也不觉得他会在电视上听到或看到任何这方面的东西。那次谈话让我更加充分地感受到，当孩子们在家里、学校里、操场上、杂货店里的时候，他们是可以通过周围人的各种信号来感知这个世界的。

这是孩子们的逻辑，他们会建立起事物之间的联系并看到相互关系：这个和那个之间有什么关系呢？他们从可能看似随机的东西中自己发掘意义，并期待成年人帮助他们全面了解这些事物。孩子们看着我们，看我们如何在世界各地来回穿梭，他们能够感知我们对每个人的不同感受，我们如何看待自己的社会地位，我们如何评价他人。

这条烫伤的伤疤在我手上留了一年多才完全愈合，每每看到这块被烫伤的皮肤，我都会想到那天我儿子对我说的话，并想知道他现在有没有学会更多我不知道的东西。那天的对话在那条烫伤疤痕愈合之后依旧留存在我的心头。

偏见的传播

即使是学龄前儿童也能够了解成年人如何看待其他人,而且学得非常快。来自华盛顿大学的研究人员向西雅图学龄前儿童展示了一个成年人打招呼的视频,在视频中,这位成年人还与其他两个人进行了交流。视频的开头,这位成年人用一种温暖的语调打了个招呼,笑着靠近另一个人,愉快地分享了一个色彩缤纷的玩具。而接着,她皱起眉头,用冷冷的语气向另一个成年人打招呼,不情愿地交出了玩具。

观看视频后,研究人员让这群学龄前的孩子指出他们喜欢的成年人。他们发现,75%的孩子指的是那位被笑着打招呼并拿到玩具的成年人。他们更喜欢被善待的人。接着,研究人员又问这些孩子,愿意把自己的玩具分享给哪一位成年人,69%的孩子选择了那位被善待的成年人。这些学龄前儿童的脑回路非常简单:如果别人对你态度很差,你就是一个坏人。通过这一段短短30秒钟的视频,学龄前儿童普遍认为有错的是偏见承受者,而非偏见持有者。而且这些孩子不仅在意识上认为这个偏见承受者有问题,也在行为上展现出来,他们不愿意给这位承受偏见的成年人更多的资源。

在很大程度上,成年人的态度会影响孩子们这方面的感知。不出所料,研究证实,有偏见的父母往往会生出有偏见的孩子。在一项研究中,研究人员度量了一个中西部城镇白人父母的偏见情况。他们使用一项调查来衡量他们在多大程度上同意"非洲裔美国人对大多数美国人的安全构成威胁"和"非洲裔美国人在美国获得的收入超过他们应得的收入"。然后，他们要求参与者中就读四年级和五年级的孩子也完成一项调查，想要衡量他们对于父母观点的认同程度。最后，研究人员在学校的计算机实验室对这些孩子做了隐性关联测试（IAT）。

IAT 比标准调查更为复杂。它更具敏感性，旨在衡量那些我们甚至不知道的关联。为了管理 IAT，研究人员要求每个孩子坐在电脑屏幕前，一次一个地呈现一系列面孔和文字。展现的面孔是黑人与白人的脸，文字信息也分成了褒义（例如，"欢乐""和平"）或贬义（例如，"讨厌""邪恶"）。IAT 通过跟踪研究参与者对于黑白人种与褒贬义词语进行匹配的反应速度来衡量偏见的情况。

有些时候，研究人员会告诉这些参与实验的孩子，如果看到黑人的脸或贬义的词，就按电脑上的某一个键；而如果他们看到白人的脸或褒义的词，那就按另一个键。还有一些时候，研究人员会告诉孩子们，如果看到黑人的脸或褒义的词，就按电脑上的某一个键；而如果他们看到白人的脸或贬义的词，那就按另一个键。研究人员会衡量两种不同情况下孩子们做出判断的反应时间。研究人员通常会发现，当孩子们按相同的键来响应黑人的脸和贬义的单词时，他们可以更快地对面部和单词进行分类。但如果他们要按这个键来回应黑人的脸和褒义的词，他们的大脑似乎就会停下半拍。将黑人的脸和褒义的词相关联需要更多有意识的努力，因为黑人和贬义词在我们的头脑中更强烈地关联着。反应速度其实就是对关联性的度量。

在这种情况下，研究人员发现，父母在调查中对黑人表现出的偏见越多，他们的孩子在 IAT 上表现出的反应就越多。但这些孩子都是与父母关系更密切的孩子——他们会和父母报告他们做的事，长大想要成为像父母那样的人，想让父母感到自豪，并享受与他们共度的时光。事实证明，父母不仅与孩子分享他们的时间、爱和资源，也在分享他们头脑中的偏见。

甚至连狗也非常关注它们所生活的家庭的行为和情感。狗被认为是人类的"最好的朋友",因为它们具有与我们建立联系的独特能力。它们会记住主人的反应,以了解如何解读社会环境。法国的犬类研究人员发现,狗会抓住其主人的微妙动作来确定如何对接近的陌生人做出反应。研究人员在实验中要求狗主人在看到陌生人时向前走三步,向后退三步或保持原位。当主人退后一步时,研究人员发现,他们的狗表现得更加有保护性——狗会更快地看着陌生人,徘徊在主人身侧,并且更加犹豫要不要与眼前的这个陌生人建立联系。通过向后退三步这个小动作,主人其实是在向他们的狗传达信息:小心。

充满善意的成年人也可能受到他人非言语行为的影响。我们以媒体为例,人们通常认为黑人在电视节目和电影中扮演更强大、积极的角色会抑制偏见。然而研究人员发现,即使在流行的电视节目中黑人扮演着这样的角色,白人演员对黑人演员的反应往往会比对其他白人演员更负面。这种偏见是通过微妙的、非语言的行为表现出来的,如眯眼、轻微的鬼脸、身体的微小移动,但它仍然有影响,会让那些收看节目的观众表现出更多的偏见。

研究人员马克斯·韦斯布奇、克里斯汀·波克和娜丽妮·安姆巴蒂选择了十一个流行的电视节目,在这些节目中,黑人角色均有着积极的表现,包括《犯罪现场调查》和《实习医生格蕾》,黑人演员在其中扮演了医生、警察和科学家。

他们向研究参与者展示了一个十秒钟的视频片段,视频中原本是不同的白人角色与黑人角色在进行对话,但是他们将声音静音了,并且把这些黑人角色从视频中剪掉了。

没看过这些节目的参与者被要求观看其中一些视频片段,并对视频中被剪掉的角色的喜好程度,以及视频中白人角色对待这些被剪掉的角色的积极程度进行评估。作为对照,在给参与者看的视频中,被剪掉的角色有时是黑人,有时则是白人。

研究人员汇总所有的调查结果后，发现了一致的模式：参与者察觉到，对比起来，这些被剪掉的黑人角色明显没有白人角色那么受欢迎，并被积极地对待。

电视观众也会受此影响，针对被剪掉的黑人角色的非语言行为越是消极，研究参与者在展示后的隐性关联测试中就会显示出更多的反应偏见。也就是说，有证据表明存在一种"偏见传染现象"。研究人员还发现，即使研究参与者无法识别被剪掉的角色到底是黑人还是白人，偏见传染也同样存在。

在这项研究进行的同时，每周有超过九百万观众收看美国各地的节目。总之，这些节目在一年内被观看了超过50亿次，人们很容易会被故事情节和里面的人物吸引。在我们把自己和节目中的角色联系起来的时候，我们也在吸收他们的偏见。在媒体中增加黑人的正面表现可能是向前迈出的一步，但我想再次强调，这最终可能会传播隐性偏见而不是消除偏见。

就像在剧本对话中流露出的偏见一样，在我们日常生活中，偏见无声无息地渗透进我们所有人的身体。当你看到一个黑人时，会不会因为偏见而觉得他会来抢你的钱包？当你看到一个拉丁裔美国人时，会不会因为偏见而觉得他不会说英语，文化程度很低？当你看到一个刚刚被哈佛大学录取的年轻黑人女性时，会不会因为偏见而问出"是马萨诸塞州的那个哈佛吗"？在你赞扬亚洲学生数学成绩好的时候，是不是也有偏见的因素呢？当你认为青少年听的音乐一定都是吵吵闹闹的，是不是也是一种偏见呢？你因为护士身上有文身就要求换人，这又算不算是偏见呢？

我们怎么知道我们什么时候会很自然地做出不公正的判断？我们有多少感受是由我们的意识或意识控制之外的事物决定的？我们多久才能真正成为我们想成为的宽容、公正的人？我们怎样才能学会自我检查并消除偏见所带来的负面影响呢？

2 重寻自我

第三章　谁是坏人

在过去差不多十四年里,我一直在教警察们认识并理解隐性偏见对他们的影响,在保护和服务社区的过程中,他们可能会潜移默化地被这些偏见影响着。我曾帮助当地警局开展执法培训活动,我给他们做的这一系列讲座就是培训内容之一。多年来,这项工作一直在幕后进行,最近却因为一阵骚动而成为众人瞩目的焦点。民众质疑警察开枪射杀少数族裔嫌疑人的行为,并走上街头开始抗议。

有些部门接受过这种执法培训,他们认为这正是改善警察与社区关系所需要的。而其他部门则是勉强签字同意接受培训,等待这种方法被另一种更舒适和熟悉的方式所取代。有些部门已经找到了我,因为他们发现,如果想通过谈判达成和解协议或联邦同意法令,就必须接受隐性偏见相关的培训。然而,即使我知道某个特定执法机构为什么会签字同意接受培训,我也无法知道来到这个培训室的每一个官员对此会有怎样的反应。

2016年9月的一个早晨,我在萨克拉门托为一个为期两天的培训课程做准备,这个培训课程旨在训练培训师，很快我们就会在整个州内巡回培训。参与这次培训的培训师来自当地警察局、加利福尼亚州司法部、社区组织和斯坦福大学。我们是当时加利福尼亚州检察长卡玛拉·哈里斯召集组成的一个混合团体。我在其中起到的作用就是帮助数百名等着将培训内容带回自己部门的培训师更好地了解：即使我们没有意识到自己存在偏见，偏见也会造成一系列后果，而这些后果恰恰是我们需要理解和减轻的。我们头脑中的刻板关联可以影响我们的感知、思考方式以及采取的行动。

那天早上，每个人都在谈论刚刚发布的一个视频，视频发生在俄克拉荷马州的塔尔萨市，一名非武装黑人男子被警方枪杀了，这也是这两年来受关注度最高的一起枪击事件。在视频中，我们可以看到特伦斯·克拉彻高举着双手，慢慢地向前走着，身后跟着一群警察。片刻之后，只听一声枪响，克拉彻应声倒地。

培训师们一直在谈论这个视频。"您看这个视频了吗？您有没有听说过这件事？"我一次又一次被问到这样的问题。"这与您的研究密切相关。"这是一个现实生活中的警察面临的真实情况，这种情况可能突然变得致命，并迅速被戴上种族主义的帽子。

然而并非所有人都希望听到我对这个视频发表意见，来自警察部门的培训人员对此的兴致就没有特别高。我觉得这段视频应该让他们挺纠结的，一方面，他们可能对受害者表示同情；另一方面，他们也担心这次事件对警察群体造成不良影响。每一次上新闻头条的警察枪击事件都为诋毁警察提供了一个机会，也给他们持枪在街上巡逻增加了一个负担。对警察们来说，这不仅仅是政策、态度或策略。这是一场道德危机，是他们无法避免的选择。

我也被这种道德危机所困扰，我害怕看到更多这种警察枪击的视频，源源不断的悲剧场面让我质疑我所做的事情的价值。通过多年的研究、培训和社区会议，我试图相信改变是可能发生的，这个信念也一直支持着我继续这项事业。但每一个新的悲剧仿佛是在向我宣告，偏见的问题根深蒂固，我无法改变任何事。这很让人痛苦，也很令人沮丧，这是一个我想要逃避的现实，但这也是我不能放松的原因。

2016 年，警察在美国杀害了近千人。其他案件也引起了民愤，但现状似乎没有任何改变。在特伦斯·克拉彻被枪杀前两个月，费兰多·卡斯蒂尔在明尼苏达州的一个交通站点前被杀，而此前他礼貌地告诉警察他有合法持枪的证明。卡斯蒂尔被枪杀后，他的女朋友打开了现场直播软件，她四岁的女儿目睹了整个过程。超过三百万人看到了卡斯蒂尔在他的汽车前排座位上流血致死的样子，在镜头前，那位近距离射击了他七枪的警察的情绪濒临崩溃。

时间再往前推两年，十二岁的塔米尔·莱斯在克利夫兰公园里玩玩具枪的时候被枪杀。

看到这个正在玩枪的孩子，新上任的警察大概就只思考了两秒钟，就认定塔米尔会造成威胁。在他的巡逻车还没完全停下之前，他就先射出了致命的子弹。塔米尔就这样倒在了冰雪覆盖的公园之中，偌大的公园里只有他一个人，他受伤严重，甚至还有一截肠子从腹腔伤口处滑出。射杀他的警察因为太急于开火，扭伤了脚踝，便回到了自己的巡逻车上处理脚伤。

最后，一名联邦调查局特工赶来帮助塔米尔。他在该地区听到了枪击报案，说有男孩受伤，希望能够为受伤的男孩提供医疗援助。该特工告诉调查人员，他一开始不确定塔米尔是否还活着。这名特工回忆道："当我靠近塔米尔的时候，塔米尔就那样看着我，缓缓伸出手，好像是想要够到我的手。"这名特工帮助塔米尔清理气道，用力按压伤口为他止血。但没过多久，塔米尔就开始失去意识。

特工清楚地知道，如果现在不去医院，塔米尔肯定会死。他回忆道："现实就是，他受了很严重的伤，他需要做手术。"但他不知道的是，这名受伤的"嫌犯"还在读小学，他听到塔米尔的妹妹尖叫着说，塔米尔只有十二岁。救护车绝尘而去之后，特工试图安慰那个被手铐铐在巡逻车后面的女孩。十个小时后，她的哥哥在医院去世了。十三个月后，当地检察官表示不会对警察提起任何刑事指控，他们称悲剧只是"一连串错误巧合和沟通不畅的结果"。

和其他几十个类似的案子一样，克利夫兰发生的枪击案也直观地提醒人们，警察可以决定嫌疑人的生死。旁观者或是巡逻车的车身摄像头记录下了这一系列枪击事件，引发了抗议和警示，让人们重新关注种族偏见，并且重新审视警察军事化以及招聘和培训实践不足等问题。正是这些事件导致全国各地的社区开始要求警察接受隐性偏见培训。

随着压力的增加，社区领导和执法官员开始寻求我和其他培训师的指导。然而，随着越来越多类似视频被高调放出，我非常努力地想要化解我自己的无助感。我过去一直担心（现在仍然担心）人们过于相信这些培训的力量，毕竟这些培训只是起到教育的作用，并不能完全消除那股在处理社区问题时让警察情绪激动并冲动开枪的隐秘力量。

多年来，我一直在与社区团体进行会谈，我可以感受到一种越来越紧迫的感觉，警察枪击问题的焦点正在发生转移。现在，我必须支持那些悲伤的母亲，她们站起来声泪俱下地问我："我们能做些什么来保证我们儿子的安全？"

过去，她们都知道要告诉自己的孩子：如果你被警察拦下，一定要表现得尊重一些。把手放在方向盘上，不要逃跑。她们相信，如果一直遵循这个规则，他们的孩子就会安全。

但是现在她们不知所措了。"你得举起双手。"但你还是会被枪杀。"你表现得尊重一点。"你仍然可能被枪杀。这群母亲真的很害怕，如果她们的儿子是黑人，他可能会死在国家手中，而且她们无法阻止这一切发生。

警察们枪击黑人的视频无情地循环上演，确实让一些人感到愤怒，并与身边的其他人讨论警察们所面临的挑战。但对于这些母亲来说，不断发生这样的事情会引起恐慌，而这种恐慌远远超出了她们所能承受的范围，让她们不再耐心理智，让她们眼里只能看到极端情况。她们的脑子里都在想：这样的悲剧随时都可能发生在我、我的孩子、我的家人和我的朋友身上。

我永远不知道该如何回答对我提出的这些问题。我首先尝试用事实和统计数据回答：超过99%的警察在和人们接触的时候是不会使用武力的，更不用说致命的武力了。

但我终究也是一位母亲，我有三个孩子，我的内心也有我自己的恐惧。因此，我很难告诉别人不要担心。警察确实对黑人"更加偏爱"，在路上更容易拦下黑人，在面对黑人的时候，他们确实也更有可能使用武力。我也知道我的儿子们在社会里大部分人眼中是什么样的，这可能会影响警察看待他们的方式。

我知道我作为站在台上的老师，成为关注的焦点无可厚非，但那天在萨克拉门托，我确实不能向台下的培训师们展露自己的情绪，我怕我会情绪失控。那天，我仍然按部就班讲着课，按照我的计划进行课件PPT的演示，对于刚刚发生的枪击案只字未提。

直到课程结束后的下一周，我才鼓起勇气在我的笔记本电脑上观看当时的视频。当时，办公室里只有我一个人，我看着特伦斯·克拉彻的双手高高举在空中，我看着他朝着他的SUV（运动型多用途汽车）缓步走去。几名警察聚集在他身后，举着枪或泰瑟枪[1]对着远处的那名中年黑人。在他们上方盘旋着一架直升机，飞

---

[1] 一种发射一束带电镖箭使人暂时不能动弹的武器。——译者注

机上有几名警察，他们拍摄着现场的情况。

我听到视频的对讲机中传来某人对克拉彻的描述："哦，他把手抬起来了，好像要攻击她！"片刻之后，这个声音说："我感觉到将要发生的事情。"接着，这个声音继续说："他看起来像个坏人。"

而我在视频中看到的是克拉彻把手放在他的车顶上并把身子也贴在了车子的侧面。突然间，我听到了一声枪响，克拉彻的身子一歪，瘫倒在地。"开枪了！"贝蒂·谢尔比警官喊道，她的声音中有一丝恐慌，听起来更像是一个旁观者，而且不知道这一枪是她自己开的。克拉彻被谢尔比警官的枪击中后应声倒地，躺在他车旁的大街上。

谢尔比的身旁围绕着一群安慰着她的同事，而克拉彻的身影则渐渐消失，成为背景的一部分。摄像机专注于拍摄警察们，而我的眼睛却落在了这一群警察身后的男人身上，他躺在人行道上，慢慢流血而死。

我知道，这种不可避免的枪击事件也会对警察造成伤害，而且这种伤害的影响可能会一直持续到几十年后。尽管如此，我仍然很难接受眼前的画面：一群警员围绕着谢尔比，安慰着她，而他们身后的那个男人的生命却在一点点流逝。更何况，当谢尔比靠近的时候，克拉彻表现出的更多是茫然无措，而不是致命危险。

这次的枪击事件引起了很大轰动。一周后，谢尔比警官被指控犯有"过失杀人罪"，罪名是"非法和不必要地射杀了克拉彻"。这在警察枪杀嫌犯的事件中其实是非常罕见的判决结果。检察官在宣誓证词时说："谢尔比警官在事态升级的时候，做出了不够理性的判断。被告的恐惧导致了她无理的行为。"

在第二年的二审中，谢尔比的证词则指出克拉彻的死完全是他自己的错。因为当时她命令克拉彻跪在地上，并向她展示双手。她说，克拉彻应该遵循她的命令。谢尔比告诉陪审团，她是因为担心自己的生命安全而开的枪。陪审团在最终宣布她无罪之前，曾进行了长达九个小时的审议。

在谢尔比无罪释放后，陪审团的首席陪审员写了一封信，表达了做出这个决定的艰难。

"有些陪审员怀疑或认为谢尔比警官其实有其他选择可以制服克拉彻先生。"他写道，"许多陪审员始终不认为贝蒂·谢尔比对克拉彻先生的死亡没有任何责任。"

一个月后，在明尼苏达州开枪射击卡斯蒂尔的警察也逃脱了过失杀人的罪名。警官杰罗尼莫·雅尼斯在受审的时候哭着告诉陪审团，他向坐在车里的卡斯蒂尔开枪是因为他觉得自己的生命受到了威胁。陪审团花了一个星期的时间讨论，最后判决警官无罪。"我们没有一个人认为卡斯蒂尔身上发生的事是正确的。"一位陪审员后来说，"但大家都认为这位受审的警官是个诚实的人。最后，我们不得不按照他的证词的逻辑走下去，这也是最后做出无罪判决的原因。"

涉及枪击事件的警察中只有一小部分被起诉，而且很难获得定罪。陪审员倾向于与站在被告席上的这些警官进行对话，并且最终会认同他们的话。他们认为这些警察在当时的情境下真的很害怕。他们不愿意再次质疑警察在维持秩序和保持安全的日常生活时面临的"生死抉择"。陪审员们认为法律也不会希望他们去惩罚这些警察，毕竟他们做的只是警察部门一直训练他们做的事。而且这些陪审员自己往往也不能幸免于隐性偏见，他们也会和一些警察一样，会不自觉地携带一些隐性的种族态度和想法。

尽管如此，我还是想更好地理解为什么陪审团判决经常与我们双眼所见的事实背道而驰，以及这些判决结果是如何影响每个家庭和社区的。因此，我联系了本·克伦普。本是一位民权律师，他的客户遍布全国，他服务于四十多个家庭，这些家庭都是警察枪击事件的受害者。

我从克伦普那里得知特伦斯还有一个孪生妹妹——蒂凡尼·克拉彻，她一直都在为自己的家庭发声。蒂凡尼拥有医学物理学博士学位，并在亚拉巴马州农村地区的一家诊所工作，因为那里的居民获得的医疗服务非常有限。哥哥的死已经颠覆并转移了她的生活重心。特伦斯被枪杀一年后，我前往蒙哥马利会见蒂凡尼，也了解到更多她家庭承受的痛苦。

我想了解公众场面背后的私人痛苦。警察枪击受害者们的家庭都过得非常痛苦，他们也是非常特别的一群人。他们眼睁睁地看着自己的亲人成为卡通形象、教材，甚至被印在T恤上。他们背负着令人讨厌的标签，这些标签——瘾君子、抢劫犯、好战的黑人男子——似乎都意味着他们的亲人之所以会死都是咎由自取。但人们没有意识到的是，这些人同时也是某个人的兄弟、父亲、堂兄弟、儿子，他们在被枪杀之前也过着充实而有意义的生活。

蒂凡尼的晚餐

蒂凡尼和特伦斯相隔三分钟出生，他们在还是孩子的时候就形影不离。他们的父亲是牧师，母亲是戏剧老师。他们还有一个哥哥和一个弟弟。"我们几乎每周都在教堂里。"蒂凡尼回忆说。她和特伦斯小时候在唱诗班里唱歌，还在初级管弦旅行乐队中演奏。特伦斯演奏大提琴，而蒂凡尼拉小提琴。蒂凡尼回忆道："我哥哥就像是一只大泰迪熊，心地柔软，每天都过得悠闲自得，为人处世也温文尔雅。"

特伦斯来自书香门第，他的兄弟姐妹都是大学生，父母都有研究生学历。他找到了自己作为福音歌手的一席之地，并畅想着自己未来的音乐事业。但不幸的是，在实现梦想的过程中，他遭遇了一些让自己人生变得复杂的变故。在特伦斯二十岁出头的时候，他被人抢劫了，还遭到了严重的殴打，右眼失明，右耳失聪。"从那以后，他就和从前不一样了，"蒂凡尼说，"他开始感到抑郁，也就是从那时候起，他染上了毒瘾。"他一度因为吸毒被送进康复中心，有时甚至还会因此入狱。尽管如此，他仍然跟着一个福音乐团到处演出，尽可能地努力工作，并照顾他的四个孩子。

2016年的夏天，特伦斯找到了新的目标，他报名参加了社区大学。他的第一堂课——音乐欣赏——刚好就安排在他被枪杀的那天。击毙特伦斯之后，警察搜查了他的车，想要寻找枪支。而蒂凡尼告诉我，警察们最后只找到了圣经、福音CD集，以及特伦斯大学课堂的教科书。

悲剧发生的时候，蒂凡尼还在蒙哥马利，当时，她在得克萨斯州的表弟告诉了她特伦斯被枪杀的消息。她一直告诉自己，这一切都不是真的。如果消息属实，她的父亲肯定会打电话通知她的。蒂凡尼在一个朋友的家里焦急地等了一个多小时，不停地祈祷着。接着，她的电话响了，她在来电显示上看到了"爸爸"。

噩耗传来时，她的父母还在教堂里参加音乐会排练。当蒂凡尼的父亲从医院打电话给她的时候，两位老人已经歇斯底里了。"我父亲一直念叨着：'他们杀了我的儿子，他们杀了我的儿子。他死了！'"

"谁杀了他？"蒂凡尼问道。

"警察。"她的父亲回答，"我们在医院，他们不让我们进去看他。"

特伦斯的情况比较特殊，因此他的尸体一直被存放在监狱里。法医们需要进行调查，因为特伦斯的身体也是证据之一——无论是作为嫌疑人还是受害者。但这种解释并没有缓解特伦斯家庭的痛苦。

克拉彻一家人有一个仪式：每当一个亲人去世时，他们会在亲人的尸体前祈祷，并一起唱诵经典福音歌曲《直到我们再见面》。但在这种情况下，"他们不让我们见特伦斯，不让我们为他祷告，"蒂凡尼说，"这大大地伤害了我的父母。他们对待我们的方式就好像我们真的做错了什么一样。"

枪击事件发生两天后，警方还要求特伦斯的家人和市长还有其他警察一起看枪击时拍摄的视频，当时这个视频还没有发布出去。蒂凡尼的父母拒绝参加，但是蒂凡尼决定去，她的几个堂兄弟陪着她一起。

当他们一行人到达地点时，警察局局长查克·乔丹表示了哀悼，并承认视频"非常令人不安"。蒂凡尼回忆说，局长当时告诉她："你的兄弟很好战，而且当时整个人都几乎失控。"他告诉他们，警方已经在车上发现了一小瓶普斯普剂[1]，但他表示："我们不会把这个告诉记者，也不会妖魔化你的兄弟。"

局长对"妖魔化"这个词的强调让蒂凡尼感到震惊。她已经准备好面对视频中特伦斯在街上奄奄一息的样子，但她无法接受这群警察一直在企图证明开枪打死特伦斯的行为是正当的，也无法接受他们一直拒绝回答当时是不是有其他更好的方法处理特伦斯，而不是直接开枪。"我不会坐在这里看我的哥哥被你们谋杀。"蒂凡尼说。正当蒂凡尼走向门口时，她听到市长说："我要和克拉彻博士待在一起，我也走了。"一位年轻的白人警察与市长一起站起来，跟着蒂凡尼他们走出了房间。

市长杜威·F. 巴特利特想要在枪击案后成为稳定双方的力量。他是一名白人男性，同时也是俄克拉荷马州前任州长的儿子。在克拉彻被枪击死亡后的第二天，巴特利特就对这个城市发表了讲话。他呼吁图尔桑市弥合种族鸿沟，认识到种族主义在城市历史中占据的角色，并接纳克拉彻的家庭。

---

[1] 一种有麻醉作用的致幻类药物。

当巴特利特市长离开小组并在蒂凡尼旁边坐下时，蒂凡尼对他表现出的同情非常震惊。她回忆说："市长看着我的时候，眼睛里还有泪花。市长对我说：'我非常尊重你的父亲。'"特伦斯和蒂凡尼的父亲——乔伊·克拉彻牧师在俄克拉荷马州爵士音乐界是个鼎鼎有名的人物。他之前和市长一起合奏过。"我很抱歉。"市长告诉蒂凡尼，"我自己也有儿子和孙子。我真的感到很抱歉。"

蒂凡尼看着他的眼睛，感谢他的安慰。然后她瞥了一眼坐在他们对面的年轻白人。那个警察的眼睛里也充盈着泪水。

科学的镜头

看了枪击现场的视频，又聆听了蒂凡尼的故事，我觉得多年来对隐性偏见的研究结果顿时清晰了许多，同时又承载了一些新的意义。当我重新查看枪击现场的情况时，我似乎很清楚，偏见——不管是否隐形——在整个事件中都起到了一定的作用。从谢尔比警官决定拦下特伦斯到特伦斯躺在地上无人问津的整个过程中，每一个关键行为都可以进行研究。当然，我们无法知道谢尔比警官在与特伦斯相遇时到底在想什么。我们也不知道特伦斯当时在想什么。有很多因素可能会影响他们，种族因素只是其中之一。我们无法了解这一因素在驱动选择的过程中究竟起到了何种程度的作用。

然而，科学的价值就在于它允许我们从孤立的案件中跳脱出来，站在更高的地方审视这背后更大的力量。研究人员可以设计一个实验，模拟该枪击案中的某一个因素，然后进行精确的对照控制。比如说，我们可以创建两个完全一样的情境，唯一的变量就是种族，这样就可以衡量研究参与者在响应该特定变量时表现出的差异。这使我们可以超越单独的个体和孤立的案例，并在样本足够多的情况下寻求一种具有平均意义的表现。科学可以让我们更广泛地归纳人类的诸多行为，把握其中的趋势和模式的发展。在我们的家庭中、教室里，甚至街道上发生的事情都可以在实验室中进行分析和理解。

那么，针对警察在社区中的这些致命的枪击事件，或是针对在此情境下更普遍的人类的行为，科学家们可能会提出哪些更具有广泛意义的问题呢？

第1幕：可见度

首先，我们可以问问自己，黑人与犯罪之间的联系在美国人心目中是否真的如此强大，以至于它可以影响我们所看到的和我们忽视的东西。这种关联是否可以决定什么会引起我们的注意？大脑中关于违法犯罪这件事的思考会在多大程度上让我们将注意力转向黑人？

这些问题是我与同事就注意力偏见进行的一系列研究的核心。这也是我们针对特伦斯·克拉彻的案件提出的问题。那天晚上，是什么让贝蒂·谢尔比警官决定靠近把车子停在路边的特伦斯·克拉彻？为什么她放弃了去调查她本来应该调查的家庭暴力，却转而格外留意到了特伦斯呢？事情又是怎样一步一步发展到特伦斯被荷枪实弹的警察们包围，还有一架直升机用摄像机记录他的一举一动？谢尔比警官又是如何成为这一切的中心的？

其实在克拉彻的案件发生之前的几年里，我和我的同事就在寻找答案。我们在当地警察局开过我们自己的工作坊，我们邀请警察们参加我们组织的小组研究，每个小组由两至五名警员组成。为了达到研究目的，我们让参与研究的警员们各自坐在一台计算机前,并通知他们即将参与的是一项"注意警惕任务"。我们要求他们将目光锁定在屏幕中央的焦点上并告诉他们,在焦点周围会出现闪烁的文字信息,他们的任务就是尽可能快地发出指示,每次出现闪光的时候,就按一下按钮。

这实际上是一项"隐性触发(Subliminal Priming)"任务。这是心理学中使用的一种标准技术,用于衡量人们在意识清醒的情况下受文字或图像影响的程度。在进行这项特殊研究的时候,我们给一半的研究参与者展示了与犯罪相关的词语,如"拘留""逮捕""抓获""射击"。这些参与者是本次研究中的"犯罪组"。每个词语在屏幕上闪烁只有75毫秒,警察们甚至没法有意识地看清楚每一个词,却会联想到犯罪。而剩下的参与者们则被分到了"对照组",我们向他们展示了一系列乱七八糟的字母而不是有意义的词语。

接下来,我们同时向所有参与者展示了两张面孔(一张白人面孔和一张黑人面孔)。我们发现那些处于对照组的参与者因为没有预先看那些与犯罪相关的词语,就不自觉地更多地看向了白人面孔。然而,正如我们之前预测的那样,被归入犯罪组的参与者则更多地看向了黑人面孔。关于"逮捕""拘留""射击"之类的想法会将他们的注意力更多地拉到黑人的脸上。而这种把黑人和犯罪联系在一起的情况不仅局限在警察团体中,我们在斯坦福大学的本科生中进行了类似的研究,也得到了相同的结果。无论是大学生还是打击犯罪的警察们,他们脑中这种刻板印象都会悄悄地在他们没有意识到的时候引导他们的注意力。

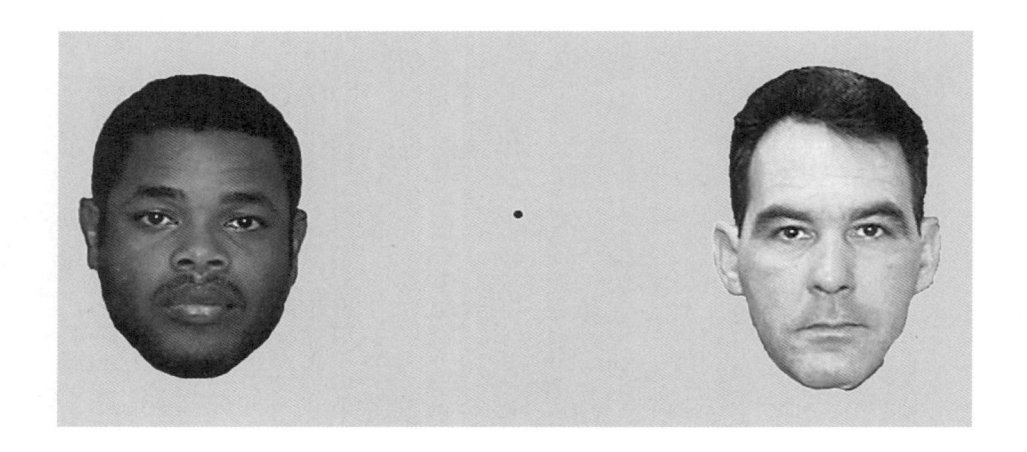

20世纪50年代，美国作家拉尔夫·埃利森的经典之作《隐形人》中就描写了类似的主题："犯罪高峰"时期，人们对黑人的脸更高的视觉注意力会让人们更容易注意到黑人犯罪，导致了黑人更高的"可见度"。埃利森描述美国黑人的困境是黑人只能通过被文化刻板印象歪曲过的视觉形象来呈现自己。这些刻板印象导致黑人变成被凝视的主体，随后妨碍他们被社会完全认知。这就是一个危险的悖论：高度"可见"的东西里实际伴随着很多"不可见"。如果用科学原理来解释埃利森的观察，我们已经证明，如果人们的脑子里已经联想到了和犯罪相关的信息，那么黑人面孔会更能够引起他们的注意。就好像黑人和犯罪之间现有的陈规定型关系使这些面孔在感知上更具相关性，因此也会更容易被人们注意到。

蒂凡尼·克拉彻认为，正是这个原因，警察才会注意到他的哥哥，并且认为他哥哥是一个"试图逃跑的重罪犯"，而不是一个需要帮助的公民。

第 2 幕：错误感知

在事发当晚第一眼见到特伦斯的时候，警察们将他描述为一个巨人，并且估计他的体重差不多有300磅（约136千克）。但实际上，特伦斯只有5.9英尺（约180厘米）高，体重255磅（约115千克）。种族可能会扭曲人们对体形的看法吗？如果可以，这种扭曲会在多大程度上影响警方是否决定使用武力呢？

人类进化可以帮助我们发现威胁。对身体状况和他人力量的评估有助于我们确定他人可能对我们构成什么样的威胁，以及制服他人需要什么样的力量。虽然有大量的研究表明黑人被认为是威胁，但我们对种族如何能够扭曲人们对身体状况认知的理解相对较少。约翰·保罗·威尔逊、库尔特·胡根伯格和尼古拉斯·鲁尔这三位研究人员试图纠正这一点。

他们进行了一系列研究，在研究过程中，他们要求人们从仅显示他们脸部的照片中评估年轻黑人和白人的身高、体重和体力。研究参与者一致认为黑人男性比白人更高、更重、更强壮。有时，他们要求人们只看年轻人的尸体照片（照片中均没有露脸）。从照片中看不出实际的肤色，但研究人员会向一些参与者暗示这些人是黑人，而会向另一些参与者暗示这些人是白人。当参与者认为这些是黑人的身体时，他们会认为这些尸体更高、更重。不论参与者自己是黑人还是白人，他们的判断都呈现出同样的影响。

研究人员还研究了这种种族偏见是否与对别人造成伤害的能力有关。在这个研究中，参与者自身的种族因素就产生了影响。白人参与者认为黑人男性比同等身体和体形的白人男性更容易对别人造成伤害。黑人参与者则没有表现出这种偏见。然后，他们向非黑人研究参与者展示了一系列面孔，并要求他们想象图上的人"对一名警官表现得很激动，但并没有拿出武器"的情景。研究参与者认为，在这种情况下，如果对方是黑人，警察有理由诉诸武力。

第 3 幕：动作中的种族因素

如果人们认为黑人比白人更具威胁性，那么他们是否会认为黑人在做动作的时候会比白人做出相同动作更具威胁性？研究表明确实如此。

在 1976 年进行的一项经典研究中，社会心理学家伯特·邓肯测量了 96 名白人大学生对加州大学欧文分校实验室环境中两人之间模拟争吵的反应。参加"人际行为研究"的学生认为，他们正在观看两个陌生人讨论一个问题，争论突然变得激烈后，其中一个人推了另一个人。学生们并不知道这个争论其实是按照写好的剧本进行的，两个陌生人的行动也是规定好的，有时候是黑人推白人，有时候是白人推黑人。

过后，学生们被要求在各种维度上评价两者的行为。邓肯发现了基于种族的惊人差异，当推人的是黑人而被推的是白人时，75% 的参与者认为这种行为是"暴力的"。但是，当推人的是白人而被推的是黑人时，只有 17% 的参与者认为这种行为是"暴力的"。事实上，42% 的学生认为推黑人的白人只是在"小打小闹"，但只有 6% 的学生认为黑人推白人的行为是不带有恶意的。邓肯发现，学生在判断暴力行为的时候，给黑人设置的门槛会比白人低得多。

这个四十多年前进行的研究和当前的警察与社区之间的互动又有什么关系呢？我和我的同事瑞贝卡·赫特也问了自己同样的问题。我们感兴趣的是，这些过去的调查研究结果确实和当前警察对黑人身体动作的解读有关。为了更好地证实这一点，我们开始分析纽约市警察局所有路上拦下某人进行例行盘问检查的数据。

每当警察在纽约市街头拦下某人进行盘问时，他们都必须填写一份表格，写明他们为什么要拦下这个人。这个表格上列有十个理由供警察勾选，包括穿着实施犯罪时可能穿的衣服以及衣服上可以看到被怀疑是武器的可疑凸起。此外，还有一个理由是"鬼鬼祟祟的动作"——但这份表格上却没有进一步说明为什么该动作被视为可疑或鬼鬼祟祟。

我们在研究中，研究了种族是如何影响警察们对"鬼鬼祟祟的动作"进行定义的。

我们查看并分析了 2010 年和 2011 年的数据，这是纽约警察局当街拦人盘问打击犯罪活动的最高峰。在这两年里，警察们一共在路上拦下了差不多 130 万个行人。我们发现其中一半是因为"鬼鬼祟祟的动作"。这是迄今为止警察在纽约街头阻止潜在罪犯的最常见原因。在所有因为"鬼鬼祟祟的动作"而被拦下来的人当中，有 54% 是黑人，而在整个城市里，黑人只占到了总人口的 23%。

接下来，我们重点查看了那些因为鬼鬼祟祟的动作而被拦下的黑人和白人，并重点分析被拦下之后的检查中体现出的种族差异。我们发现黑人比白人更有可能被搜身，而且更有可能遭受身体上的暴力。然而，黑人比白人更不可能拥有武器。事实上，在所有因为"鬼鬼祟祟的动作"而被拦下的人中，只有 1% 的人被发现携带了武器。因此，本来意在减少公共场合持枪的活动就变了味，成了一张席卷成千上万黑人男子的大网，而这些黑人男子最普遍的"罪名"就是"鬼鬼祟祟的动作"。不过如今，"鬼鬼祟祟的动作"已经不再是纽约警察拦下行人的理由之一了。也许正是因为如此（可能也进行了其他一系列的改革），纽约警察每年拦下的行人数急剧下降。

当我们回过头来看过去二十年来全国各地引人注目的警察射杀嫌犯的案件时，我们发现身体的动作往往是引导案件走向的关键因素。在 2016 年的枪击案中，因为费兰多·卡斯蒂尔伸手拿钱包，导致当事警察觉得卡斯蒂尔可能会拿枪。2009 年，在一名警察大声喊出"有枪"的时候，手无寸铁的青年奥斯卡·格兰特在奥克兰中转站被击毙，其实当时他只是把手伸向了自己的腰带。2001 年，

第三章　051

在辛辛那提，蒂莫西·托马斯被开了一张交通罚单，他试图躲开一名拦住他的警官却被枪杀致死，因为他当时做了一个快速的动作，"吓得"警察扣动了扳机。而最著名的一个相关案例发生在1999年，阿玛多·迪亚洛被纽约警察局的警察们击毙，他们一共开了41枪。而迪亚洛当时正站在布朗克斯公寓的前厅里，手无寸铁。警察们表示，迪亚洛当时站在前厅里一直在打量着大街上的情况，"就像他想试图躲避我们一样"。警察们认为他口袋里有枪，最后查看时才发现竟然是钱包。射杀克拉彻的谢尔比警官也表示，那天晚上遇到特伦斯·克拉彻的时候，是她人生中最害怕的一天。而克拉彻当晚明明就已经把双手高举在空中，做出标志性的投降姿势，慢慢地走着。

第 4 幕：手无寸铁但依然被视为威胁

但是克拉彻要走去哪里？谢尔比警官担心他会走到自己的车里，取出枪。因此，她需要做好准备，在克拉彻拿出枪对准自己之前保护好自己。这就又提出了另一组问题。通常，我们认为刻板印象会影响我们对人们的看法，那么刻板印象是否也会影响我们看待物体的方式呢？

早在克拉彻枪击事件发生之前，我就与斯坦福大学的一些同事合作，想要了解人们对于黑人与犯罪之间联系的联想会不会影响人们对于武器的看待方式。在一项实验室研究中，我们使用隐性触发的方法，给本科生们看了一系列黑人男性的脸、白人男性的脸，或者根本没有脸的图。接下来，我们要求那些本科生参加对象识别任务。我们在计算机屏幕上给他们展示一系列物体的图片，一次只展示一个。每个物体的图片刚开始都非常不清晰，由很大的像素颗粒组成，在同一个物体图像的41帧画面中，颗粒会越来越细，图片也会越来越清晰。

我们告诉这些研究参与者，只要他们能够意识到这是什么物体的时候，就按下按钮。其中一些物品与犯罪有关（比如枪支和刀具），而其他一些与犯罪完全无关（例如订书机和相机）。

我们发现参与面部隐性触发对参与者识别与犯罪无关的物体的能力没有影响。那些看过黑人男性面孔的参与者在识别订书机图片的时候，表现得和之前看白人面孔的参与者没有什么不同。然而，面部隐性触发任务确实对参与者识别与犯罪相关物体的能力产生了显著的影响。相比于其他对照组，之前看过黑人面孔的实验参与者只需要很少的信息，即很低的清晰度，就可以识别那些与犯罪相关的物体。而之前看过白人面孔的实验参与者则需要更高的清晰度才能识别出那些与犯罪相关的物体。

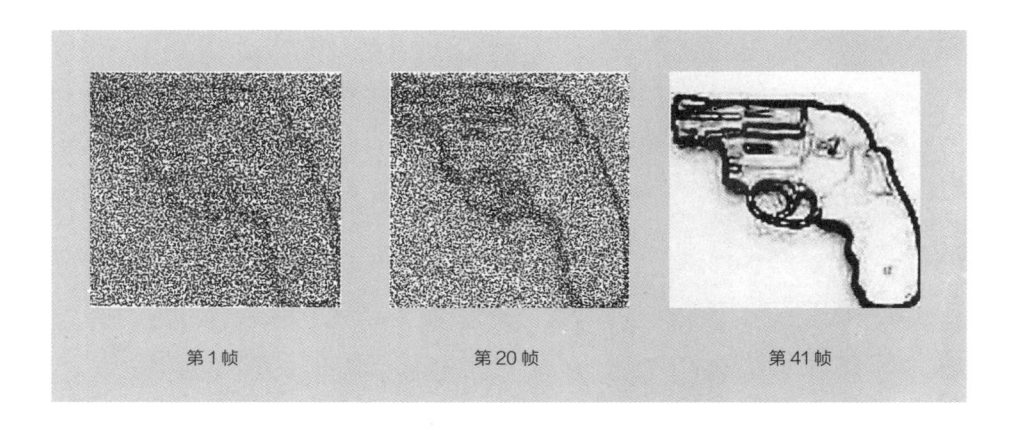

第1帧　　　第20帧　　　第41帧

因此，只是看了一眼黑人的脸，甚至只是在未意识到的情况下看到了黑人的脸，都会促进对于与犯罪相关物品的识别能力，而看白人的脸则会抑制这种能力。正如我们所预测的，黑人和犯罪之间的刻板联系不仅影响我们看待黑人的方式，还影响我们如何看待枪支。这种刻板印象可以决定我们的眼前所见。

第 5 幕：开枪还是不开枪

种族偏见是不是只会在观念层面影响我们？它能否进一步影响我们的行为呢？或者更具体地说，种族偏见会不会影响我们决定是否要开枪射击？这个问题最贴近谢尔比警官的行为和动机。科罗拉多大学博尔德分校的约书亚·科瑞尔和他的团队设计了一个计算机模拟程序来验证人们在什么时候会做出射击决定。他们在计算机屏幕上给研究参与者看了一系列图片，图片上的人有些拿着枪，有些则拿着没有危险的物品。参与者被告知，如果他们看到有人拿着枪，他们应该按下标有"射击"的按钮。如果他们看到有人拿着没有危险的物体，他们应按下标有"不要射击"的按钮。

研究人员发现，在图片上的人物拿着枪时，参与者会很快地按下"射击"按钮，其反应速度会比在图片人物没有拿枪的情况下按下"不要射击"的速度快。他们也在这一过程中发现了种族效应。相对于持枪白人来说，如果图片上持枪的是黑人，参与者按下"射击"的速度会更快，参与者们也更有可能错误地"射杀"没有持枪的黑人。也就是说，不论是反应速度还是对是否射击的判断，都存在种族

偏见。而且在大学生和普通居民群体中都发现存在这种偏见，且无论人种，无论是白人参与者还是黑人参与者，都呈现出同样的特点。

但是，当研究人员随后用来自全国各地的警察样本进行研究时，情况变得更加复杂了。他们发现警察选择使用枪支射杀黑人的速度要快于射杀持枪白人的速度，这表明警察与其他人一样，都将黑人与犯罪和危险联系在了一起。事实上，在黑人人口更多、犯罪率更高的大城市工作的警员们在反应速度方面呈现出来的种族偏见往往是最明显的。但是，他们却鲜有错误地射杀未持枪的黑人的时候。为什么会这样呢？因为训练。警察们接受越多的互动性武器使用训练，就越能准确地辨别出嫌疑人到底是否持枪，在决定是否射击的时候种族偏见的影响就会越小。

这个结果非常令人振奋，不仅是因为它们为我们提供了一种对抗偏见的方法，还证明有时候抑制偏见的方法，不是试图让他们迅速摆脱始终秉持着的对于种族的刻板联想，而是仅仅通过简单的训练，让他们更好地完成工作——通过重复训练这种由目标驱动发展的技能，可以战胜偏见对他们的行为所造成的影响。

道别

谢尔比警官做出击毙克拉彻的决定在克拉彻家人的心上挖了一个大洞。特伦斯被枪击一年后，他的父母、兄弟姐妹、孩子和朋友仍在接受心理辅导，一家人仍然沉浸在失去亲人的痛苦之中。他们生活的黑人社区仍然在努力应对这个似乎毫无道理的死亡。

当特伦斯的孩子在父亲去世后返回学校时，工作人员明白，孩子们和他们的同学需要一个安全的空间来谈论发生的事情，他们有权感到悲伤。瑞贝卡·李老师在Facebook（脸书）上发了帖子分享了整个过程和这一过程中的痛苦。

她把五年级学生聚集到身边，他们一起阅读了一篇关于枪击的新闻文章。她在帖子中写道："这样我们就都可以知道到底发生了什么。在我读这篇新闻的时候，学生们会用笔圈出他们觉得重要的信息：致命一击、双手举起、'坏人'、一动不动、永远受到影响。我读完全篇后问孩子们有什么想法。

"孩子们用一连串的问题代替了回答：'他们为什么要杀了他？''他们为什么害怕他？''他的女儿为什么会失去自己的父亲？''以后谁带她去参加父女舞会呢？''他被枪击后为什么没有人帮助他？''类似的事件以前发生过吗？''我们可以给他的女儿写安慰卡片吗？''我们可以抗议吗？'"

瑞贝卡的帖子里这样写道："随着问题越提越多，我也忍不住流下了眼泪。学生们在提问的时候也轻轻地抽泣着，还有几个人大哭了起来。我看着这群十岁的孩子互相递着纸巾，也给我递了一张，还递了一张给刚刚加入我们阅读活动的校长。最后总结的时候,我们小组里的一个小女孩说:'我希望白人能给我们一个机会。我们是可以和谐相处的……'我告诉他们,我是白人,我爱他们所有人。"

当瑞贝卡带六年级的女孩们做这个阅读活动时,她们的眼眶都红红的,看起来怯生生的。"她们都坐在克拉彻先生的女儿身旁,她们是很好的朋友。当我们一起阅读文章时,几乎所有的学生都哭了。当我读完文章,准备带大家讨论时,迎接我的是一片寂静,整个教室鸦雀无声。开口谈论这件事很痛苦,光是想一想都会觉得很痛苦,太痛苦了,我竭尽全力想要发出声音。大家低声诉说着悲伤与不公,剩下的时间几乎都是用来擦拭眼泪,彼此拥抱。我给他们静静处理情绪的空间,然后告诉他们:'我们确实有着不同的肤色,但我爱你们。你们很重要,你们值得被爱。你们也是人,你们都很有价值。'女孩们的肩膀颤动着,哭得更厉害了。我意识到,这是我今年来第一次如此笃定我对孩子们的爱……

"我分享这个故事是因为克拉彻先生的悲剧不仅影响了我们学校的学生,我分享这个故事是因为我们正在为所有黑色皮肤和棕色皮肤的学生制造身份危机(我真的重要吗?大家都怕我吗?我应该生活在恐惧之中吗?我是人吗?)。我们用血与子弹、用主题标签和在网上疯传的视频塑造了他们的世界观。这是我们希望他们感受到的吗?这是我们希望他们思考的方式吗?"

这位老师的问题也是心理健康专家们问的问题。当警方杀害手无寸铁的黑人嫌疑人时,整个州的黑人的心理健康都会受到影响。公共卫生研究人员雅各布·波尔、阿希达·万卡塔拉马妮、大卫·威廉姆斯和亚历山大·蔡使用一个具有全国代表性的大型样本,调查了受访者提交的关于他们心理健康状况的自测调查,并比较了在警方枪杀黑人事件前后的调查结果和白人平民被警方枪杀前后的结果。当被害人是手无寸铁的黑人时,研究人员发现黑人受访者表示感觉更加沮丧,并在事件发生后三个月内都会感到压力。当被枪杀的黑人持枪时,受访者的心理普遍不会有影响。相比之下，无论被枪杀的平民是白人还是黑人，武装或非武装，白人受访者都没有经历任何心理健康改变。

研究人员指出，各种各样的因素可能会导致黑人的心理健康状况下降，这些黑人已经接触过有关杀害手无寸铁的黑人的新闻，包括"系统性种族主义达到新高度，社会缺乏公平，黑人们失去了社会地位和自我尊重，对受害的恐惧增加和对死亡率预期增加，警惕性增强，对社会机构的信任减少，因此更容易出现愤怒的反应，先前遭受的创伤也可能会被激活，会对其他黑人的经历感同身受"。

· · ·

差不多有一千人参加了特伦斯的葬礼。从他的社区大学讲师到他幼儿园班级的同学，他在生活的每个阶段中认识的人挤满了教堂的圣所，长长的队伍一直排到门外，人们沿着马丁·路德·金大道站着。

"大家像街头游行一样在街上排队，"蒂凡尼回忆道，"有许多小孩，白人孩子、黑人孩子，还有他们的家人。他们举着标语，上面写着'我们爱你们所有人'。教堂里也站满了人，人们唱着圣歌，赞美着上帝。"

"他们流露出的情绪很美。"蒂凡尼说。但蒂凡尼一家所失去的仍然让他们觉得无所适从。在接下来的几周乃至几个月里，每当有陌生人威胁她，嘲笑她的家人，并在社交媒体中发帖子抨击她的兄弟的时候，只要回忆起特伦斯葬礼上感受到的爱，蒂凡尼都会感觉自己坚强了起来。"要么服从，要么死亡"，这是一种常见的说法，似乎暗示着特伦斯之所以会被击毙，是因为他没有服从警察的命令，一切都是他咎由自取。

为了更好地帮助自己适应当前的情况，蒂凡尼甚至联系了一个致力理解和解决种族偏见的小组，小组里全是白人。她希望能够在这个被迫开始的新生活中发挥积极的作用，她迫切希望能够理解这一切。"我参加了小组的集会，大家围坐成一个圈，他们只是说'欢迎'。我自我介绍，告诉他们我是谁以及发生了什么。"蒂凡尼决定正式加入这个小组，几个月后，她每天下班后都会参加小组的集会。

"我的哥哥是这种隐性偏见的受害者，"在我们的访谈结束之际，蒂凡尼告诉我，"他没有任何犯罪的嫌疑，我会一直坚持这一点，他不是一个逃亡的重罪犯……他是不是和其他数百万美国人一样，身上确实有各种各样的问题？是的。那他就应该去死吗？不，他不应该。不，他不应该。"

第四章　黑人男子

我到达奥克兰公共图书馆参加会议的时候，就已经准备好接受狂风骤雨般的质疑。州检察长还没有做完自己的致辞，第一个发言人就走到了麦克风前，开始了言辞激烈的演讲。

"我们受到了伤害，我们伤心欲绝。我们感到恐惧！"这名黑皮肤的奥克兰居民激动地说道，他的声音因愤怒和痛苦而放大，"我们害怕那些本应该保护我们的人。"

就像坐在长桌旁的其他人一样，我也是加利福尼亚州总检察长任命的咨询委员会成员，帮助量化和解决执法部门在做犯罪侧写时的种族问题。我们常常会在公共场所举办这类会议，社区成员不仅可以公开听取我们的讨论，还可以发表他们的意见。参会的社区发言人一个接一个地上台分享，讲述那些让他们觉得自己被伤害或是被羞辱的故事：警察在街上可以随便拦下黑人，黑人在需要帮助的时候总是会被忽视，警察在没有任何理由的情况下骚扰十几岁的黑人男孩，警察误把黑人受害者当作嫌疑人并且粗鲁地对待了他们……对社区成员来说,这些都是痛苦的个人经历。对我们来说,这些故事全都在提醒我们,现在警察和社区之间的关系已经变得非常紧张。

2015年,加利福尼亚州的《种族和身份概况法案》要求该州近500家执法机构收集每一次拦下的行人或是车主的人口结构数据。加利福尼亚州是全国少数几个强制要求收集此类数据的州之一。加利福尼亚州的活动家们对此表示欢迎,因为通过收集这些数据,就可以验证黑人社区居民长期以来的怀疑是否属实:比起白人,警察更容易拦下黑人行人和车主,并且对他们表现得不够尊重。我们的咨询委员会中有十五人,包括警局的高层、律师和社区领导。我是其中唯一的学者。我们的职责是向司法部长提供建议,建议他们收集何种数据以及如何收集、存储和使用这些数据。

我们在北加州、南加州、中央山谷地区都举行过这些会议。在熙熙攘攘的城市和苦苦挣扎的农村社区里,都有数十名黑人和拉美裔人士希望通过努力让执法部门负起责任。

每次会议开完,我都会觉得精疲力竭,内心充满着各种消极情绪:愤怒、恐惧、绝望,并对在座的许多人的怨恨感同身受。他们感到沮丧,是因为他们认为警察不打算与他们搞好关系。他们感到沮丧,是因为他们觉得自己不能在打电话给警察求助时免去自己会被戴上手铐扭送进监狱的担忧。他们感到自己被遗弃、被贬低、被妖魔化。

听完这些故事,我清楚地意识到:要理解警察与社区的关系,我们不仅需要考虑我们的思想运作的一系列基本事实,还要考虑我们的历史和文化。每次警察和社区成员之间的接触都应该放在更大的社会环境中去看待,因为正是这种环境决定了每个人的反应方式。他们的行为受到当地社区和整个国家警察关系历史的影响。他们的行为也会受到暴力犯罪和警察执法过程中更广泛的种族差异的影响。

在奥克兰举办的会议现场，人们情绪尤为激动。公众怨声载道，这里的警察部门失职已久，在很长一段时间里，警察都把奥克兰的大部分黑人区域视为无人区，并且非常敌视黑人。

几十年来，奥克兰警察局一直被各种丑闻困扰。最臭名昭著的是自称"骑士"的一群义警，从20世纪90年代末到2000年，他们一直在奥克兰的街道上游荡，向无辜的人兜售毒品，殴打他们，然后诬告他们正在从事犯罪活动。

他们的受害者范围甚广，从假释的嫌犯到辛勤工作的单身母亲，甚至有些高中生出门跑腿或是打完篮球和爸爸一起回家的时候都会遭到他们的毒手。这群义警经常会充当卧底，把车停在公共汽车站、便利店和街角，钓鱼执法。他们似乎会无差别地针对在场的任何人，用手电筒和警棍围攻他们，将毒品悄悄放进他们的口袋，塞进他们的汽车或钱包，然后在法庭上和这些可怜的被栽赃的黑人对峙。即使这些指控明明是捏造的，被捕的人中很少有人有能力与警察对簿公堂，根据法庭分配给他们的律师的建议，他们通常会顺从地在监狱里待几个月，因为他们知道没有人会相信他们是被警察诬陷的。

当我听到这些受害者的故事时，我觉得非常不舒服：一位父亲在第一次带着他的小儿子去理发店的路上，被警察打破了鼻子，打松了牙齿；一名黑人妇女在被警察搜查的时候，被迫当街脱衣服，而另一名警察则在她的车里搜出了一块石头大小的可卡因；一名参加葬礼的黑人部长在离开的时候被一名警察拦下并搜查，这名警察悄悄地将一个冰毒烟卷滑进了他的口袋，他因此被捕入狱；一名男子在他女友家门口并排停车的时候，被一个警察用手电筒连推带搡地打了一顿，他的女朋友见状想要向警局投诉，也被一拳打在脸上；一名十七岁的篮球运动员参加完锦标赛后，与他父亲一起骑自行车回家，结果被一名警察诬陷说在他口袋里发现了一块可卡因。我不止一次听到警察对外吹嘘说自己曾经射杀这些受害者的狗，以宣誓自己的控制权。

一名新人警察实在无法忍受这种钓鱼执法，曝光了所有事件，而这一百多个案件中的刑事指控最终都草草了事，没有结果。奥克兰警局的前任局长罗纳德·戴维斯回忆起这些事，将整个过程称为"与自己交战"——这座城市本来就已经处在帮派和贩毒者的围困之下，还因此催生了一批过度热心甚至已经热心到残忍地步的"骑士"。

戴维斯表示，这些"骑士"的出现是"完全可以预测的"。他已经在警局工作了 20 年，后来还领导过贝拉克·奥巴马总统于 2014 年创建的"21 世纪警务工作特别工作组"。

20 世纪 90 年代的奥克兰就和美国其他城市及地区一样，每天都上演着前所未有的暴力犯罪，而且大部分与毒品交易有关。戴维斯说，警察局的抗争策略是"把在街上的所有能关的人都关进监狱"。而那些关押犯人最多的警察则是"城堡里的国王"。这种文化使命以多种不同的方式传达："在点名时，警司们会对手下的警察们下达命令，宣誓权威……他们会谈论自己逮捕了多少人，这对他们来说可是不得了的功绩。"

戴维斯解释说："整件事的前进方向其实早就预设好了，然后就每况愈下。你看到这些骑士，你跟他们并不熟，但是他们已经成了文化的一部分。他们并不是突然冒出来的。'骑士'群体的出现与警局领导者、警务消息传递、警察面对犯罪的战略战术以及整体问责体系的缺乏都息息相关。"

2000 年，纵容并引导这种恐怖活动的四名警察因绑架、袭击、阴谋和妨碍司法罪被解雇并受到刑事指控，但没有一人被定罪。罪魁祸首在被审判之前就逃出了美国，而其他三人要么在经过陪审团评议后被无罪释放，要么法官无法就判决结果达成一致。

后来，这些受害人提起了集体诉讼。在119名原告中，只有1名不是黑人。所有原告因为莫须有的罪名，在监狱里总计白白待了超过14665天（大约40年）。

在声明中，原告们详细陈述了警察是如何滥用职权的，这让他们丢掉了工作、家庭，还有一辈子的积蓄。他们的痛苦超越了他们的身体和财力能够承受的范围，"骑士"们让他们感到沮丧、焦虑，并且逐渐开始害怕所有的警察。有些人甚至直到上法庭受审的时候才知道自己是因为什么遭到逮捕。这将会影响他们的生活多年。很多人婚姻破裂，他们的孩子也因为自己被控进行毒品交易而对自己失去信任。他们被其他家庭成员排斥，因为家人们以为他们又重新堕落成了罪犯。

民权律师约翰·伯里斯和吉姆·钱宁为这119名原告向奥克兰警察局提起诉讼，最后获赔1090万美元而达成和解。

监管协议要求该部门收集警察因为种族因素拦下路人的数据。但该部门花了将近10年的时间才收集到可靠数据，证实警察究竟拦下了哪些路人。2014年春天，他们邀请我作为主要专家来帮助分析数据，确定该地区警察在拦下可疑人士的过程中是否存在显著的种族差异，并提出改善警察与社区互动的方法。

很快，我就在斯坦福招募了一组研究人员来协助我做这个项目。我们一起分析了2013年和2014年发生的超过2.8万起警察拦下可疑人员的案例。我们发现，在奥克兰被拦下的所有"可疑人士"中，约有60%是黑人，而当时黑人在当地总人口中所占的比例仅为28%。即使我们控制了犯罪率和地区种族划分等因素，被警方拦下的黑人数量还是高得不成比例。

我们发现，比起白人，黑人不仅更有可能被警察拦下，而且更有可能被搜查，警察也更有可能给黑人戴上手铐并逮捕他们。数据显示，65%的奥克兰警察曾对黑人进行了任意搜查，但在他们之中，仅有23%的警察在同一段调查周期（13

个月）内对白人进行过类似搜查。72%的警察会在拦下黑人后给他们戴上手铐——即使还没有逮捕他们，但只有26%的警察会用手铐去铐住一个未被逮捕的白人。

多年来，全国警察部门一直在收集相关数据。从洛杉矶到波士顿，再从密尔沃基到新奥尔良，研究人员都发现了我们在奥克兰发现的同样的种族差异的证据。而且这种现象不仅仅存在于美国，研究人员调查英国和加拿大等国家的案例数据时，也发现了和美国类似的结果。

黑人社区中的许多人希望，这些调查结果可以促使当地警察主动了解这些日积月累的歧视做法，并且意识到这种歧视已然成为社区之殇。"你们只需要知道，这才是我们真正的痛苦。"在我们的一次公开听证会上，一名妇女挨个扫视着与会的每位警察的脸。

她接着说道："我们来到这里，是想和你们说一说我们的真心话。我们并没有因为你们警察的身份而感到生气，我们感到生气是因为你们的不作为，我们想看到切切实实的改变。"

警方的回应

想要在制度上进行变革，仅仅收集警察拦下路人的数据是不够的。警察在执行公务的过程中表现出了如此明显的种族差异，虽然社会上很多人都希望听到我们说，这仅仅是个别现象，但事实却并非如此。警察部门内部有太多的文化和程序力量可以影响警察们在街头的选择，包括部门政策、执法策略和主管人员对下属警员的直接指挥。

事实上，依靠种族差异来衡量警务质量可能是一把"双刃剑"。社区领导认为警察们因为种族差异而不能公正执法，而警察们同样也可以利用种族数据来证明，确实黑人更容易犯罪。比如2014年，奥克兰83%的暴力犯罪都是黑人犯下的。这种种族犯罪率不平衡现象出现在美国几乎所有具有极高种族多样性的大城市中。从执法的角度来看，这种略显极端的种族差异其实与警察在路上更容易拦下黑人的趋势相一致，黑人确实是当地警方打击犯罪的战略重点和范围。

当然，作为研究人员，我比较支持先收集数据，然后从事件中分离出问题，最后再识别问题。但在当前的情况下，同样的数据却带来了两个截然相反的解释，因此，仅仅靠数据收集而没有其他的参照标准，是无法解释当前的问题的。毕竟，正是我们的个人经历塑造了我们所看到的东西，辩论的双方都是在用自己的经历解释数据。虽然这种数据收集工作可以给社区带来他们一直渴求的发言权，但与此同时，他们的痛苦却可能因此被弱化。因为一纸冰冷的统计数据很难压过警察们每天巡逻时亲眼所见、亲耳所听的事实。

"黑人男性。""黑人男性。""黑人男性。""黑人男性。"这正是奥克兰警察们每天数百次从他们的无线电对讲机中听到的话，这是充满着犯罪和混乱的街道上不可避免的背景音。在一个最普通的日子里，巡逻人员可能会从无线电对讲机中听到300次"黑人男性"，一周听到1200次，一年就可以听到50万次。

我完全能够想象这种论述会随着时间的累积产生怎样的影响，它将远远超过我实验室里的研究参与者们仅仅10分钟的初始体验。这会迫使警察在巡逻的时候，不由自主地将黑人与犯罪活动结合起来。这种重复出现的种族匹配很容易导致我们将黑人与犯罪的联系变成自动的、预期的、常规的。我作为科学家，对此的理解是，即使没有任何预先铺垫，只要听到"黑人男性"这个词都会让人感到不安。这个标签是非常无情的，它将所有黑人都困在了一个非常狭小的空间里。早在20世纪40年代，社会学家埃弗里特·休斯就将其称为"主要身份(Master Status)"，即个人被他人看到的最主要的一面，它将这个人某一方面的特质置于整个人之上。

实际上，当警察无线电对讲机中提到"黑人男性"时，很少会有大量的描述。有时，打电话给警察的公众可以粗略估计嫌疑人的年龄、身高或体重，或者可能模糊地描述他的衣服。但几乎所有巡逻警察在无线电对讲机中的描述都包括一个基本的性别种族配对："西班牙裔男性""白人女性""亚洲男性"。而在奥克兰这样的城市里，最常听到的一组配对就是"黑人男性"。

这些警官重复暴露于黑人男性与犯罪的配对描述之下，如果说这样都不会影响他们的思考、感受或行为方式，真的是有些异想天开。

. . .

多年前，我曾就隐性偏见给一个警察部门上过培训课程，课程结束后，班上一位年轻的白人警官找到我，跟我分享了他的故事。这位警官在德国长大，后来搬到了美国，并加入了一个中等规模城市中心的警察局。市中心有着和其面积不相称的犯罪率。这位警官从业时间并不长，但是他的经历已经足够改变他看待世界的方式。

日复一日，"黑人男性"这个词不断地出现在他的巡逻无线电频道中，引导他的目光，并诱使他采取行动。在巡逻时，他觉得有必要仔细搜查他看到的每个黑人，甚至连点香烟、摸口袋这种寻常手势，都会让他觉得可能是犯罪的前奏。黑人与犯罪之间的联系在他的心中变得如此强大，以至于每当他看到一个穿着宽松裤子的黑人时,都会不由自主地提高警惕。他的眼睛会一直盯住这个黑人,他会仔细看这个人的手,并评估他拿枪的可能性。他会想象与这个人交锋,并会迅速在脑海中模拟出各种各样的场景——所有这些都要求他对这个黑人可能构成的危险做出反应。

仅仅是黑人的存在就可以使这位警官处于高度警戒状态。那种警惕是无情的。不久之后,即使在非工作时段,他也会忍不住对黑人提高警惕,即使这并不是他的本意,他也根本没有意识到自己正在这样做。

在他加入警局之前就认识的朋友注意到了他加入警局后发生的变化,就打了个电话给他:你为什么这样做?你为什么总是看着黑人,好像他们个个都是犯罪嫌疑人一样?你怎么了?

这位警官无法给出一个令朋友满意的回答。因为在他心中,早已形成了一个固有的假设:每个黑人都会构成威胁。他的警察同事们可能会和他以相同的方式看待黑人,但他警局以外的朋友则对他身上的这种变化感到非常震惊。

这位警官告诉我,他觉得自己也被这种变化吓到了。他加入了警局,却丝毫没有意识到种族思维竟然推动着他的想法。现在,他的大脑好像被这种种族思维囚禁了似的,开始以他无法控制的方式运作,他告诉我:我就是会克制不住地把黑人和犯罪联系在一起。而且我很明显地在按照这个联想采取行动。如果你是一个黑人,我就会一直盯着你。

这种自动的反应与他过去看待自己和他人的价值观截然不同。他曾经非常重视思想的开放性,他总是将每个人都视为独立的个体,而不是嫌疑人。令他感到惊讶的是,在进入警局之后,他的思维方式竟然发生了如此深刻的变化,而且这一切发生得如此之快。他也意识到,自己的警察工作可能会杀死一部分自己,因此他必须非常努力,才能保持这部分的初心。

从那时起，这位警员开始问自己：这是我需要成为的样子吗？我还能够控制我自己吗？我想成为这样的人吗？

程序正义

大多数警察都希望自己成为一股善良的力量，他们不希望社区将他们视为敌人。但在某种程度上，或者至少从一些社区成员的角度来看，警察们其实已经成为敌人了，这就是我们需要进行程序正义培训的原因。这是许多部门开始接受的一种恢复性训练。重点不在于战术战略，而在于与公众建立健康的关系。其目标不是去尽可能地统计到底警察在路上拦下了多少"可疑人士"，而是在每次拦下他们后，提高与之互动的质量。

这是一种在全国各地使用的方法，以帮助警察们一直不忘他们加入执法队伍的初心：保护和服务公众。在培训过程中，我们会鼓励警察们考虑自己说话的方式，并且反思他们在执法过程中遇到每一个人的时候是如何倾听他们的。我们希望通过这样的方式，重写他们脑中由于偏见造成的联系。这会使警察的行为方式更符合他们理想的自我。这意味着，当他们在车道或街道上拦下某人时，他们会允许这个人为自己辩驳。他们让公众有机会讲述他们的故事。他们会倾听并考虑社区成员的担忧，会公平公正地执法。他们的行为方式会得到公众的尊重。他们会成为值得信赖的权威。他们不仅在社区会议上这样做，而且每天在每条街道上，每次和公众打交道的时候都会这样做。

几十年的研究表明，在各种专业领域，人们在与其他人产生互动之时，都非常重视他人对待自己的方式。在警察执法的过程中，被警察们拦下来的人也非常在意自己被警察对待的方式，就像他们在意自己到底有没有吃罚单一样。事实上，研究和现实生活经验都表明，如果警察们按照四个原则——给发声机会、公平、尊重、信赖——行事，居民将更倾向于将警察视为合法当局，因此也更有可能遵守法律。

培训的目的是提醒警察们这些日常互动是多么重要。在一天培训结束的时候，警察们会希望自己能感受到自己的存在价值，因为他们为此拼尽了一切。他们希望感觉到自己选择了一个人们尊重的职业，而且最重要的是，他们也希望能够保证自己的安全。

耶鲁大学法学教授汤姆·泰勒和特蕾西·米尔斯一起合作开发了一个基于程序正义原则培训警察的模型。但为什么需要提醒官员这些原则呢？因为警察良性执法的主要障碍之一就是在街头工作时，警察容易感到无趣。

他们会被打击犯罪这件事本身打败。随着时间的推移，他们会觉得自己是在参与一场不可能赢的斗争，而且只是炮灰。一想到要为了那些根本就不尊重他们或不欣赏他们的人出生入死，他们会觉得非常痛苦。他们试图保护的这些人在日后或许会成为犯罪者，他们试图破案但证人拒绝合作，这一切都会让他们非常沮丧。他们见证了可怕的暴力行为，因此变得疲惫不堪。此外，警察们生活在一种持续不断的警惕状态，他们不知道下一个威胁将在何处出现，这也会使人精疲力竭。这就形成了一个恶性循环，会破坏交流与沟通，即使是最轻微的挑衅也会使事态升级。

随着这种愤世嫉俗情绪的增长，警察们的视野也会变得狭隘。在他们工作执法的城市中，那3%常常出现在暴力犯罪事件中的人完全蒙蔽了他们的双眼。这让他们完全忽略了剩下的97%的人群，他们开始通过这个狭窄窗口审视他们所服务和保护的社区所有居民。

这种选择性注意不仅限于警方，它其实是大脑功能的基本特征。面对混乱的世界，我们的大脑会使用"分类"来提供一致感和控制感。同样地，我们的大脑也会进行"选择性注意"。我们不可能全盘接受我们受到的所有刺激。大脑会根据我们的目标和期望，无意识地做出选择——选择让我们关注什么、忽略什么。

最著名的例子就是认知心理学家丹尼尔·西蒙斯和克里斯托弗·查布利斯进行的选择性注意实验了。在该实验中，心理学家要求人们观看一个静音的视频，视频长达32秒，视频中是两队人（一队穿着浅色衬衫，另一队穿着深色衬衫）传球。研究人员要求不知情的受试者计算浅色衬衫队伍确切的传球次数。人们如此专注于精确计算传球次数，超过一半的受试者完全错过了镜头里的"大猩猩"：一个人穿着巨型大猩猩玩偶服从镜头的右边进入画面，在画面中间停住捶了捶胸膛，

然后从左边退出了镜头。而受试者们的注意力都集中在手头的任务上，他们的大脑自动将大猩猩划为无关紧要的信息。这种选择性注意的效果是如此强烈，以至于那些没注意到大猩猩的人后来都因为发现他们居然没有意识到如此巨型的动物进入画面而感到震惊。

"看不见的大猩猩"的实验也让我想到，在社交关系中，我们也非常具有选择性。很多警察巡逻的街区都是种族非常多样化的地区，犯罪率也很高。他们认为在执法过程中的种族差异完全是由当地黑人犯罪率确实比较高而导致的。而生活在这些社区的人们则认为这些差异是由于警察的偏见而产生的，因为他们知道，他们的大多数邻居都不是罪犯。

在程序正义培训中，我们会教育警察们重新调整自己的观点——考虑与公众的每次互动，就像他们在操作银行账户一样。比如说，他们可以利用这种互动来赚取"存款"，增加信任，并改善警察与社区的关系，他们的某些行为也会成为"消费"，信任的"存款"会减少，警察与社区的紧张关系则会加剧。每次互动都会对人们产生影响，不仅会影响每次直接参与互动的警察和居民，甚至有可能使警察部门与整个社区之间的关系变得紧张，随着时间的推移，这种关系会变得越来越难以纠正。

不完美的保护罩

勒罗那·阿姆斯特朗生于 20 世纪 80 年代的西奥克兰，他在那里长大。西奥克兰的住户全是黑人，该社区因为其高犯罪率和住房项目而远近闻名。在勒罗那的生活中，他看到的白人不是老师就是警察，不过，不论是哪一种，他们似乎都不太关心像他这样的黑人男孩。事实上，最让年轻的勒罗那害怕的不是犯罪分子，而是警察。如果要避开帮派犯罪分子，你只需要知道哪些颜色的衣服不能穿、哪些街区不能去就可以了。但是警察则是不可预测的，而且警察们往往都带着恶意，想要找你的麻烦。对勒罗那来说，唯一合理的规则就是长辈们常说的话："如果你看到警察，就赶紧跑，祈祷自己别被抓。"

"在我成长的地方，我见过的最暴力的人实际上是警察。"勒罗那告诉我，"过去，他们常常突然冒出来，只是为了打你一顿。你会害怕可能发生在你身上的事情……你终其一生都会害怕这些执法者。'不要跟警察说话。不要看他们。'这就是我们从小就耳濡目染的忠告。"

十岁的时候，勒罗那看到巡逻车就会感到恐慌。每当他和伙伴看到警车开始减速朝他们开过来的时候，他们就会吓得立刻逃跑。"我们都是一些从来没有犯过罪的年轻男孩，但我们在看见警车的一瞬间会立刻决定逃跑。因为我们害怕警察会突然下车来抓我们，会把我们直接扭送去警察局。"

到勒罗那十三岁的时候，可卡因的流行更是加剧了这种情况。毒品销售、帮派地盘战、满大街的瘾君子和四处横行的盗贼，都让勒罗那生活的社区变得更加危险，也让那里成为警察执法更大的目标。居民们面临着一种霍布森式选择[1]：是忍受暴力毒品交易的危险，还是寻求冷漠残酷的警察们的帮助。即使还是个孩子，勒罗那就已经感受到了这种夹缝中求生存的感觉："谁想要像那样生活？"

他和他的兄弟们在十六岁的时候就被邀请加入毒贩子的队伍。"几乎每个十四到二十五岁的男孩都在卖冰毒。"勒罗那回忆道，"他们看到了赚钱的机会，也发现了这种最快的赚钱方式。几乎每个男孩都想去贩毒。"贩毒团伙变得更加暴力，也更加具有领地意识。毒贩的冲突和警察的突击检查常常会让生活在这个社区的人们觉得自己生活在战区。

勒罗那的家人也直接感受到了这种影响。勒罗那的母亲有五个兄弟，全都入狱了。所以她总是给勒罗那和他的兄弟们打预防针，希望他们不要犯罪。

即使在勒罗那还只有九岁的时候，他的母亲也会带着他和他的兄弟们去奥克兰的县监狱探监。狭窄的访客室里总是能闻到一种漂白剂的味道，墙上的窗户镶嵌着有色玻璃，整个房间显得又小又暗。勒罗那不得不眯着眼睛，才能看到铁窗那一边阴影里的囚犯。勒罗那当时非常小，不得不站在凳子上，才能勉强看到在铁窗另一边拿着电话机的亲舅舅。他非常害怕这每周两次的"旅行"，但是"妈妈会继续拖着我们去探监，一直强迫我们去"。几个月后，勒罗那终于忍不住了。在回家的路上，他向母亲抱怨说："妈妈，你为什么一直让我们去监狱？我讨厌去那里。我讨厌和他们说话。我讨厌用那个电话。"勒罗那的母亲停下车，回答道："我就是想让你们讨厌那里，希望你们以后都能够努力，绝对不要进到那里去。"在勒罗那的记忆中，母亲当时的回答一直挥之不去。此后，他的妈妈再也没带他去监狱探过监。

---

[1] 别无选择的选择。——译者注

尽管如此，勒罗那的母亲还是做了很多其他事情来保护她的儿子们免受麻烦。勒罗那的哥哥十六岁时，母亲安排他转学去了位于另一个社区的一所更好的高中。但在转学后不到一个星期，就在开学的第一节课上，哥哥就和当地社区的一个孩子打了一架。校方进行了调解，勒罗那的哥哥回去上课了，但另一个男孩直接回家拿了把枪。

勒罗那接着描述后面的故事，他的声音里掺杂着悲伤和痛苦："当时，我的哥哥在走廊里走着，正准备去上第三节课。第一节课上和他打架的那个孩子从他后面走过来，开枪打了他三次，那个男孩就在奥克兰科技高中的走廊里杀死了我的哥哥。"

丧子之痛直接击垮了母亲。勒罗那回忆说，他的家人因为哥哥的去世而崩溃，陷入了深深的悲伤之中。"妈妈沉溺于悲伤之中，"他说，"看到她这样，我们真的很难过，因为她一直都在努力让我们过上更好的生活。"

勒罗那的舅舅们都叫嚣着要凶手血债血偿。当地的帮派也不断地给年轻的勒罗那施压，要求他进行报复。勒罗那十三岁那年，他的一个舅舅更是递给他一把枪，开车带他去那个凶手常常出没的地带，告诉他："你必须杀了他。"

勒罗那意识到，他的舅舅正试图以街头生存的精神教育他。"但我想了想我的妈妈，我对舅舅说：'我不能这样做。'我不能。"勒罗那说，"我妈妈现在的情况已经非常糟糕了，她已经失去了自己的大儿子，如果我再因为杀人被捕入狱，她就又会失去我，那样她一定会崩溃的……她会活不下去的。"勒罗那根本没有办法想象母亲去监狱探监看望自己的情形。

同时，他也知道，如果不去手刃杀兄仇人，自己也会付出代价。他将受到自己生活的社区的惩罚，因为这个社区一直都将尊重与报复挂钩。

年近四十岁的勒罗那回忆起这段往事，仍然觉得这是他生命中最困难的决定。

"通常情况下，人们会觉得不杀人其实是一个非常简单的决定……但是，在我长大的地方，却恰恰相反。"

勒罗那拒绝杀人的选择让他没法在社区里成为一个受欢迎的、和谁都能友好相处的孩子，人人都对他避之不及，排斥他。"他们称我为朋克，还说我是懦夫。我让邻居们失望了。"但勒罗那却因此得到了和平。他的母亲以她的方式保护着自己的儿子，勒罗那也做了他需要做的事来保护母亲。

这位少年将注意力转向学习和运动。他不管去哪里都会带着他的篮球，向附近的强硬派发出信号，至少是象征性的一个信号：他不受他们势力范围的影响与威慑。

篮球也成了他上大学的敲门砖。1995年大学毕业后，勒罗那没能打进篮球职业圈，一位朋友帮他在奥克兰的缓刑部门找到了一份工作。这份工作让勒罗那遇到了很多和曾经的他非常相像的孩子。他知道，让这些天性本善的孩子变坏太容易了。在他们被法律惩罚或是被强制送去戒毒之前，他想把这些孩子引向正确的方向。这意味着必须在社区中融入不同的声音，于是，勒罗那决定加入奥克兰警察局。

作为西奥克兰区土生土长的人，勒罗那能够了解其他警察没有看到的那些力量。勒罗那成为警察开始在街上巡逻后，他又能够识别普通居民们没有察觉的东西。

就在勒罗那从警察学院毕业后的第二天，他在更衣室里遇到了一个在他家附近臭名昭著的警察，居民们还给这个警察起了一个绰号：巴掌男。这个警察会在街上徘徊，威胁街上的所有人，甚至连附近的孩子看到他都会迅速一哄而散。"这个警察最著名的就是骂人的功夫，"勒罗那回忆道，"但如果你回嘴，他马上就会过来扇你巴掌。"

现在，几十年后，勒罗那和"巴掌男"竟在更衣室里并排坐着，为同一个团队服务。"巴掌男"并不知道勒罗那是在他曾经残酷地监管的社区长大的。他微笑着点头,对身边的新人打招呼:"嘿,小伙子,你好吗?"勒罗那难以置信地盯着他。

这可是多年来常常扰乱他们生活的人!他只要一出现,立刻就会散发出令人恐慌的气场,大家看到他立刻就会慌不择路。突然间,这样一个凶神恶煞的人看起来竟然很平常。"平常得就像你年迈又善良的叔叔。"勒罗那回忆说。

他很难协调"巴掌男"这相互冲突的两个形象:更衣室里的和善大叔和街头令人恐惧的狠角色。而现在勒罗那也不再是一个随机的黑人目标,而是警察队伍里的一员。

他根本没想到会有各种复杂性。他必须学会管理他的种族身份和他的警察身份之间的矛盾关系。

当公开宣布某名重罪犯确认死亡时,他记得警察们集体鼓起了掌。他觉得这很矛盾。

"如果一个人违法,我会想让他们对自己的行为负责,但我不想因为他们的死亡而庆祝。"勒罗那说,"我觉得,在许多警察的心目中,他们认为只要罪犯不存在,这个社区就会更安全。"

他意识到,即使是最顽固的警察,"保护社区"的意识都很强烈。但他们往往无法一眼区分好人和坏人,所以每个人都被当作嫌疑人对待。这反过来则滋生了怨恨,侵蚀了居民对警察部门的信任。接着,社区成员就会拒绝与警方合作,目击者会保持沉默,甚至连受害者也不肯说出谁是犯人,这就让一些警官认为"我们是唯一真正关心的人"。勒罗那说:"他们觉得只能靠我们自己解决问题。我们才是唯一想要找出凶手的人。"这进一步强化了警察与社区对立的心态。

勒罗那既是警察世界中的一员,也是西奥克兰社区中的一分子,他现在还出任了奥克兰警局的副巡长,他深知民众们"不向警察告密"心态的根源和结果。"我一直对此觉得很失望,"勒罗那说,"如果没有人站出来,大家渐渐地就会接受这一切。人们会对自己说:'我们觉得这样没问题……'由于我自己的哥哥就是被杀的,所以我知道人们肯定也和我一样,希望罪犯能够伏法,他们肯定也不愿意看到罪犯逍遥法外。但这个社区让人们觉得不安全,他们不能够信任社区的执法者们,因此也不愿意与执法者们分享信息。"他们害怕说实话,因为他们害怕警察不能或不会保护他们。

这种不情愿的后果是两方面的:一方面使警方更难以解决案件,另一方面会让绝大多数遵纪守法的居民受到少数犯罪分子的摆布。

"你会原谅这种暴力吗?肯定不会。但你又能做些什么呢,尤其是当你和警方的关系本来就很差的时候?"勒罗那解释说,"因此,你不得不待在家里,对发生的一切守口如瓶,无法真正成为社区的一部分……我认为即使执法者也不知道幕后的操纵者到底是谁。"

作为一名新上任的警察,勒罗那逐渐了解到他生长的那个小社区以外的世界。他看到了整个城市的犯罪趋势,并意识到,在他生活的社区发生的模式也广泛存在于其他地方。他甚至在常规警务中也看到了种族差异的明显证据。当勒罗那拦下违反交通规则的黑人司机时,司机会明显紧张,然后手忙脚乱地到处摸索他的执照和保险单。即使司机的一切执照都是正规的,勒罗那也可以看到他们眼中的恐惧,脑中甚至都能想象他们颤抖的声音。

但是,如果拦下的司机是个白人,司机的反应就会完全不同。通常,白人司机会主动挑衅,并挑战他的权威:"你拦我干吗?"勒罗那以前从来都不知道竟然还可以这样和警察说话,他已经习惯于害怕警察。如果不穿制服,并被警察盘问,勒罗那觉得自己会和其他黑人司机一样紧张。

每次看到那些已经年过半百的成年黑人男子在警察面前畏畏缩缩的样子，都会引起勒罗那的思考。他希望执法的时候，能够让社区成员感受到尊重。"我也会有这种乌托邦的信念，希望立即改变一切。"勒罗那说。但他面临的这个问题是任何一个个人、警察甚至任何一个警察局都无法解决的。这个问题根植于一种思维定式，这是过去几年的遗留问题，它将本能和侵略作为良好警务的基本要素。

勒罗那回忆说："从很久之前我们就一直接受着这样的训练了。人们总是说：相信你的汗毛，如果当你看到一个人的时候，你脖子后面的汗毛竖起来了，那这个人可能有问题。"

"我当时想：我的天，这可真主观。对方到底是好人还是坏人完全只与我有关，而与对方无关。我从来没有理解这一点……就在上周，当我参加另一个培训时，我仍然听到有人说，警察应该相信自己的直觉。"

公园里无辜的人

那是 2008 年 2 月的一天，阳光灿烂。我刚刚参加完在加利福尼亚州蒙特利市举办的一次关于死刑的会议。我的丈夫瑞克和我们的三个儿子也从帕洛阿托来找我，然后我们准备一起去参观这里的一个知名景点渔人码头。

我们在蒙特利湾水族馆度过了一段非常美好的时光，然后就准备回酒店，路上我们经过了一个安静的公园，想停下休息一会儿。瑞克抱着我们最小的儿子哈兰，他只有四岁，倚靠着父亲的肩膀，甜甜地睡着了。当时，我的大儿子艾比十岁，二儿子艾维利特六岁，他们在公园里跑来跑去，那个年纪的孩子总是有着用不完的能量。

我才刚刚休息下来，就注意到一名警察正朝着坐在我们旁边的野餐桌旁的一对黑人情侣走去。这名警察的目光似乎锁定了那位看起来只有十六岁左右的黑人少年，他径直朝少年走了过去。我看到这个少年紧张起来。尽管这是发生在十多年前的事，但我当时已经和警方合作了，我知道我不应该干涉他们执行公务。但与此同时，我也觉得现在离开现场有些不合时宜。

警察开始仔细打量这个年轻黑人。年轻黑人的女朋友也注意到了警察，聊天的表情明显变得不自然起来，紧张和焦虑溢于言表。我非常震惊，就在这么一个瞬间，那个小空间的气氛突然变了。而在距离我只有几码远的地方，我自己的孩子们还笑着在草地上玩耍。这让我感受到一种强烈的对比，愉快的一天中上演了这样一出令人隐隐约约觉得悲伤的剧目。

警察开始检查他们的身份证，并在无线电台中查询信息。另一名警察驾着车来了。

女孩打开手机，打了一个电话。"我不知道该怎么办，"她说，她的声音似乎有些颤抖，"我们只是坐在公园里，我不知道为什么他们会过来盘问他。我应该说什么？我该怎么办？"我能听到电话另一端传来一个女人的声音，但没听到她们具体说了什么。但我觉得，电话那一端应该是一位母亲，她现在一定非常非常担心。

原来，这附近的街区发生了一起案子，女孩男朋友与嫌犯的描述相符。黑人男性。警察们让这个男孩站起来，其中一名警察掏出相机开始给他拍照，就在渔人码头旁边的草地野餐区。

我看着我的儿子们，他们似乎完全没有意识到身边正在上演这样一场充满情绪化的一幕。他们正在玩球，边跑边笑，感到舒适安全。我看着我的孩子们，这幅画面让我印象非常深刻，他们笑着跳着，从我的视角看来，真的太完美了。

但我转过身去，看到这名黑人少年僵硬地站着，警察的相机不停地"咔嚓咔嚓"，而周围的人们则无动于衷地看着这一幕。我不禁想，如果是我听到自己的儿子因为自己或自己的朋友被警察拦下盘问，在电话中声音充满着恐惧，我会对电话那头的他说些什么。我无法抑制地想到，当我的孩子们不再是小男孩，不再受到这个社区给予的年龄庇护时，他们的生活也将会有所改变。想到这里，我不禁感到浑身冰凉。

我的孩子们会长大，他们也会变得恐惧，看到警察会害怕——除非我们都能找到办法，摆脱历史遗留问题带给我们的紧张。

第五章　思想的自由

那是 1993 年的春天，就在我作为心理学博士从哈佛大学毕业的前一天。我六年的大学生活不容易。我是家里的第一代大学生，却从来没有因此感到过舒适，因为在我生活的地方，你作为一个人的全部价值都取决于人们对你的看法。我的父亲是我的榜样——他在八年级的时候主动辍学，帮助支持他的家庭。家人需要他，他也回应了这种需要。

我在辛辛那提大学读的本科，成绩很不错。当时，我就想继续深造读研，接着我就被常春藤盟校录取了，周围的一切都让我有些眼花缭乱，我有点迷失方向。在藤校的生活有时似乎会给我带来无穷无尽的尴尬：总有一些我不知道的词，总有一些我从未去过的奇特地方，教授在讲课中总是会提到一些非常模糊的东西，但似乎只有我一个人无法理解。另外，在藤校里也有着令人难以置信的资源，包括来自整个大学和世界各地的学者做的各种各样引人入胜的演讲。哈佛大学是知识创造的圣地，我浸润其中。随着毕业之日即将来临，我被选为毕业典礼的领队扛旗人，届时，我将与另一位博士一起，作为艺术与科学研究院的代表，带领数百名毕业生一起走进哈佛大学老校园，和其他几千名在读学生一起，听取校领导和其他全球领袖的毕业致辞。

在典礼的前一天，我完全没有想到会发生什么事。那天，我精疲力竭，想去我的朋友艾普柔在波士顿的公寓过夜。艾普柔和我一直都在工作，整个上午都在校园里为教师和行政人员服务。我们俩开了一个临时的餐饮服务点，赚点小钱，补贴我们读研期间公寓的租金和水电费用。艾普柔是一个很厉害的厨师，而我则负责给她打下手，帮她摆盘备菜。在校期间的许多晚上和周末，我们都会为私人聚会提供餐饮服务，也会为校园内的学者和组织提供服务。我们的特色菜是调味羽衣甘蓝、蜜饯山药、腌制火鸡胸馅的玉米面包以及新鲜生奶油山核桃馅饼。人们喜欢我们做的正宗南方美食，我们也是从零开始，张罗着我们的小生意。

就在6月的那一天，我们清理了工作场地，装上我们的炊具，并将提前备好的菜肴放入我的汽车后备厢，驱车前往艾普柔在波士顿的公寓。公寓离学校大概有20分钟的车程。艾普柔开车的时候，我注意到了我们后面有一辆警用巡逻车一直跟着。当我们靠近公寓小区的入口时，警车的警笛灯突然一跳一跳地闪烁了起来，我们只能将车停在了路边。我们没有超速驾驶。事实上，我们几乎遵守了所有的交通规则，要知道，这在波士顿可真不是一件容易的事。我们不知道为什么自己被警察拦了下来，而且警察们好像也没想过要告诉我们为什么把我们拦下来。

警察走向我们的车，边走边命令道："我需要看一下你的驾驶证、车辆注册和保险证明。"我们都交出了驾驶证。我从副驾驶前面的盒子里摸出我的保险证明和注册信息，并交给了他。在我离家去上大学之后不久，我父母送了我这辆日产森特拉，至今已经有九个年头，不过，这辆车上的牌照还是俄亥俄州的牌照，登记在我母亲的名下。我们问警察他为什么要拦下我们，但他直接忽略了这个问题，转身回到他的巡逻车上。我们完全不知道发生了什么，也完全猜不到为什么我们会被拦下来。

过了几分钟，警察回来了。"这辆车是你的吗？"他咆哮道。我试着解释说，这辆车是以我母亲的名义注册的，但是注册信息刚刚过期了六周。"你母亲的名字是什么？她出生在哪一年？她的社保号是多少？"天哪，我怎么会知道我母亲的社保号？

"我不知道……"还没等我的话说完，这名警察就转过身去，又钻进了他的巡逻车。我们坐在车里等待着，悄悄地猜测这名警察为什么拦住我们。他认为这辆车是我们偷来的吗？我们距离艾普柔住的公寓大楼仅几步之遥，这里住了很多低收入的黑人租户。

经过漫长的等待，我们看到一辆拖车缓缓开过来，并直接停在我们车前的路边，拖斗正对着我们。当司机开始将拖车拖斗降到地面时，这个警察突然出现在我的车门外。"下车。"他说。我没有让步。"下车！"他再次命令，这次有点大声。很明显，他决定把我的车拖走。就因为我的车的注册信息过期了？

我看着这名警察，觉得疲惫不堪，也很困惑，我想厘清这一系列突如其来的事件。艾普柔和我一直在辛苦工作，现在只想找个地方安静地待一会儿。但这名警察却突然出现，并决定要拖走我们的车。他没有告诉我们为什么要拖走我们的车，也没有做出任何解释。他也不想听我们说任何话。他认为我们不值得尊敬。所以，我也做出了自己的决定："不，我不下车。"我有权抗议。

这个警察直接叫来了支援。一辆巡逻车开过来了，然后又来了一辆，接着又来了另一辆。我开始感到害怕。当赶来支援的警察涌入街道时，我们的后备军也开始聚集在人行道上。至少十几个人，大多是来自公寓大楼的年轻黑人围在了周围，想看看之后会发生什么。

在那之前，我一直试图维护自己的权利。但是当我们被五辆巡逻车团团围住，人群开始往我们身边聚集时，我才意识到我正处在一种非常危险的状态中。在那一刻，我之所以会选择待在车里不下来，不是因为蔑视，而是因为恐惧。我不知道外面那些准备采取行动的警官会对我们做什么。我听到一位女警官喊道："她们不会出来的，只能把她们赶下来了。"我已经能想象出一个警察用刀子割开我们的安全带的样子。

　　没想到，拦住我们的那个警察直接伸了一只手进来，解开了我的安全带，把我从车里拉了出来。我记得艾普柔当时大声喊着："别抵抗！别动！"听着她的声音，我站在人行道上，双手放在背后，等着被铐起来。警察扭着我的手臂，高高地倒扣在我背后。然后他将105磅（约47千克）的我猛地拽起来，用力把我按在车上。这一下发出了一声巨响，冲撞的力道让我眼冒金星，半晌说不出话来。我开始恐慌，我感觉自己无法呼吸。当我终于喘上一口气的时候，我的眼睛大大地睁着。一位旁观者向我喊道："你还好吗？"但我当时根本没法回答。

　　我感到浑身瘫软，我的身体慢慢从车边滑下，无力地跌坐在地上。当警察给我戴上手铐时，我听到人群中有人喊着罗德尼·金那句充满悲伤的名言。一年前，他被洛杉矶警方殴打，导致了骚乱，但是，当时被指控过度使用武力的警察最后却被无罪释放。那时，罗德尼说："我们能友好相处吗？"当警察带我去他的巡逻车时，我和他的上司四目相对。"你看到刚刚发生了什么吗？你看到他对我做了什么吗？"我恳求地说。在这个警察给我戴上手铐，把我塞进他巡逻车的后座时，我听到他上司的回答："我什么都没看到。"

　　我开始一遍又一遍地大喊："我要投诉！我要投诉你们！"我和艾普柔被分别押进了两辆巡逻车，我们一上车，他们就把我们铐在了巡逻车的内门上了。

. . .

不论是当时还是现在，在全国各地的城市，长久以来，警察们都会故意假借一些设备上的小问题拦下黑人司机，如车前灯坏了、车牌过期、错误地打了转向灯、安全带没系好……警察以这样的方式调查这些司机是谁，他们在做什么，他们要去哪里，以及为什么要去那个地方。警察们有权随意在街上拦下他们心目中的可疑人士，这样他们就能够进一步验证自己的怀疑。许多部门认为这恰恰是打击犯罪的有效工具，但他们以个人感觉为基础的执法则真实反映甚至加深了执法过程中的种族偏见。

实际上，黑人司机因为行车设备这种非行驶类违规而被警察拦下的概率是白人司机的两倍以上。这是我带的研究生尼古拉斯·坎普在分析 2010 年至 2016 年的 1850 万次警方拦截数据后得出的结论。对黑人司机进行如此严苛审查的后果不仅是给大家带来不便那么简单。这还在人们心中种下了挥之不去的怨恨，甚至让守法的人们开始反对警察。

在某些司法管辖区，设备类违规相当于对黑人和低收入人群征收的隐性税收，警察们拦下他们，对他们处以罚款，带来市政收入。在迈克尔·布朗命案导致的全国性抗议活动之后，警方于 2015 年发布了对弗格森警察局的联邦调查，调查发现，警察们被指示通过非正式的罚款票证来填补城市财政。据司法部报告称，对于当地警局来说，"弗格森片区居住着很多非洲裔美国人，与其把他们看作保护人，不如看作潜在的罪犯和收入来源。"

虽然黑人占弗格森人口的 67%，但他们占所有车辆拦截人数的 85%，被传唤率更是高达 90%。虽然黑人司机被搜查的可能性是白人的两倍，但在他们身上发现违禁品的可能性却比白人低 26%。

联邦调查的结论是:"无法用不同人种的不同犯罪率来解释对非洲裔美国人的这种不成比例的调查,相反……这些差异至少部分是由对非洲裔美国人的不合理偏见和刻板印象造成的。"

这种不成比例的差别对待带来的影响会放大警察与社区之间的紧张关系,即使是正常的拦截盘问都会受到影响。许多黑人,无论他们是否有犯罪记录,在看到后视镜中闪烁的警车车灯的时候,都会非常担心。他们害怕自己受到警察的怀疑。他们担心自己不受尊重。他们不知道警察将如何对待自己,也不知道要如何去应对。

这些担忧并非毫无根据。每年,在美国被警察击毙的大约一千人中,有11%的事件起因是司机正常开车的时候因为一些无伤大雅的原因被拦下,如汽车的消声器过于大声或是尾灯破损。

我在斯坦福大学的研究表明,本来很正常的拦截检查可能会因为警察与司机交谈的方式而升级。

交通拦截检查其实是警察与公众接触的最常见形式,每年有超过十分之一的美国司机会在行驶过程中被警察拦下。一直以来,我们都没有能力分析大量的拦截数据,看看到底是什么导致了这种拦截。而现在,我们可以让警察佩戴随身摄像头,这样我们就可以实时了解这些拦截的情况了。从巡逻车车灯亮起的那一刻起,我们就可以观察,在警察与民众的交谈过程中,信任是如何建立或毁坏的。接着,我们就可以在数千次警察与民众的交锋中寻找一种广泛存在的模式。

通过斯坦福大学的语言学家、社会心理学家和计算机科学家团队,我们能够评估警察在常规交通拦截的时候使用的语言,这样我们就能够严格测试警察在与黑人司机和白人司机沟通的时候是否存在种族差异。

我们分析了从 2015 年到 2017 年来自奥克兰 245 名警察的近千次道路拦截的

数据。从这些拦截的语言数据中，我们分离了 3.6 万多条话语，包括警察针对他们拦截对象的问候、评论、用词、陈述和观察。

我们想知道人们是否会根据警察使用的语言来看待他们传达的信息。为了验证这一点，我们要求一组大学生给 414 个话语样本进行打分。一共有四个评分项目来判定警员对民众的尊重程度，分别是礼貌程度、友善程度、正式程度和公正程度。在做测试的时候，我们没有给大学生们提供任何关于警员或是被拦下的司机的种族及性别信息。

根据最后的评分结果，我们认为从总体上说，警员们都是很专业的。但是当他们对黑人司机说话时，礼貌程度、友善程度、正式程度和公正程度都比不上他们和白人司机说话的时候。这些变量其实在概念上也有所重合，因此，我们将这四项指标打包成一个标记为"尊重"的变量。

一旦我们理解了人们是如何理解"尊重"这一概念之后，我们就可以使用机器学习技术，自动梳理来自警察在拦下司机时说的近 50 万个单词，机器可以记录下每一个表示"尊重"意义的单词，出现一次就记一次分。我们再一次发现，奥克兰的警员们总体来说都是很尊重司机的。然而，当我们根据司机的种族对这些方面的分数进行分类时，我们发现了显著的差异。

警察们对白人司机的尊重程度要高于对黑人司机：他们更有可能使用正式头衔称呼白人司机（如"先生"或"女士"），更有可能表达对白人司机安全的关注（如"晚上注意安全"或"好好开车"），也更有可能向白人司机提供保证（如"别担心"或"没问题"）。

然而，在拦下黑人司机后仅仅过了五秒，甚至在司机还没有机会发言或是反驳的时候，警察就已经表现得不那么尊重了。这与二十多年前我在波士顿被警察拦下时所发生的情况一致。

我们的研究还表明，黑人警察与白人警察一样，对黑人司机的尊重程度较低。司机的种族胜过了警察的种族。而且，那个在波士顿拦下我，推了我一把，最后还逮捕了我的警察正是黑人。

那天发生在我身上的很多事情都是某种模式的一部分，几十年后，有了随身携带的摄像机之后，我才看到了这种模式。比如从这些摄像机的镜头中，我们的研究小组已经了解到，黑人司机在被警察拦下后，可能得等到拖车来了，警察才会告知为什么拦下他们。如果警察在拦下司机时表现得不够尊重，司机就会倾向于使用更多的表示"愤怒"意义的词，并发泄出更多的负面情绪。我仍然记得那天在波士顿我因受辱而感到愤怒的感觉。

事实证明，仅仅根据警察拦下司机时候的用语，我们的研究人员就可以建立一个简单的计算模型来预测这名警察拦下的是黑人还是白人。

我们试图控制其他因素，但仍然无法解释警察用语的差异。即使我们考虑进司机的年龄、性别、犯罪记录、被拦下的地点以及驾驶违法的严重程度，我们还是发现了明显的种族差异。

但是，本项研究无法让我们确定导致语言使用的种族差异的原因。这种差异可能是由偏见引起的，但它们也可能反映了一系列我们没有直接测试的变量，如警察与社区间根深蒂固的不良关系、警察习惯性制定的制度规范，甚至也有可能是他们出于善意故意使用当事人最熟悉的语言风格与他们沟通。

不过，我们确实知道，无论是什么引发了这种种族差异，带来的伤害都远远不止伤感情或是说话的时候不自觉地提高声音那么简单。警察的用语和他们传达的态度可能会让黑人司机越来越不愿意和警方合作。这就增加了事态升级的可能性，可能会引发警察与司机的争吵，可能会导致司机最后被逮捕，或者更糟。而这一切其实都是可以避免的。

"你开车经过，警察把你拦了下来，你对此进行了抗议。"奥克兰检察官兼公设辩护人、民权律师约翰·伯里斯解释道，"这就是轻微的交通违法行为如何变成犯罪案件的过程。"

一次"轻微的交通违法行为"可能会成为被纳入犯罪司法系统的一个渠道。

不那么自由

当我在波士顿被戴上手铐并被捕时，我想起我看过类似的电视节目，知道在这种时候我有权打个电话联系我的律师。当然，我没有律师。我手头就只有一张小纸片，上面写着哈佛大学艺术与科学研究生院院长玛戈·吉尔的电话号码。就在几天前，她耐心地给我介绍了整个毕业典礼的细节，包括我的手握住旗帜的高度，应该走哪条道路，在游行结束时我应该坐在前排的哪个位置，等等。她告诉我，如果有问题就联系她，但我觉得，她应该想象不到我会从监狱里拨出这个电话。

"我有麻烦了，"我在电话里告诉她，"我在警察局，被铐在了警局的墙上。"吉尔院长要求与警局高层交谈。我把电话交给了正在我身边站着的一名警察，他其实是故意站在我身边听我打电话的。在院长和这位警员以及逮捕我的那位警员通过话之后，他们说我们可以自由离开了。我不知道院长在电话里跟他们说了什么，但他们挂了电话之后，就打开了我们的手铐，放我们离开了警局。

与大多数被捕者不同，我们不必保释就可以离开。我们可以直接离开，是因为有一位重量级人士能够为我们担保。

每年有超过一千一百万人被关在他们所在的当地监狱中。几乎四分之三的人都是由于非暴力犯罪（如交通违规、轻微毒品问题或违反公共秩序）被拘留，他们已经被捕并被起诉，但都没有被定罪。他们一直被关在监狱里，因为他们无法承担预审释放所需的保释金。现金保释制度在美国已经有一百多年的历史了，法院会根据情况评估，然后定下一定金额的保释金来确保提前释放的被告会来参加审判。这意味着那些有钱或有资源自救的人可以回家，而那些付不起保释金的人会被困在监狱里。

黑人的审前拘留率是被控类似罪行的白人的四倍。而用于计算保释金的公式通常受工作稳定性、逮捕历史和家庭资源等因素的影响，年轻的黑人男性总会处于不利的地位。分析师估计，黑人男性被告需要支付的保释金比白人被告支付的保释金高出35%。

保释制度固有的不公平性也引起了改革的呼声。一些州正在改革原先严格的保释计划，这些计划是根据指控的严重程度来计算保释需要的金额，并采用智能化的风险评估工具来预测被告是否可能出庭受审。2018年8月，加利福尼亚州成为全美第一个取消现金保释金的州，并赋予法官更大的自由裁量权，通过参考计算化风险评估分数，允许审前不拘留。

这可能确实可以缩小贫富差距，但也可能最终加强黑人白人之间现有的差异，并使其制度化。法官仍然会受自己无意识的偏见影响，并且计算风险分数的算法也已经被证明更偏向于黑人。ProPublica[1]在2016年对佛罗里达州使用的风险评估系统进行过一项调查。该调查发现，即使在控制了犯罪记录、惯犯、年龄和性

---

1 成立于2007年，总部设在纽约市曼哈顿区，是一家非营利性公司，自称是一个独立的非营利新闻编辑部，为公众利益进行调查报道。——译者注

别因素之后，黑人被告的风险评分也高于白人。

在等待审判的几个月中，被监禁可能会毁掉他们的生活：可能被解雇、被驱逐，因无法支付账单而债台高筑，失去对子女的监护权。许多被告都非常渴望获得自由，因此，他们会对检察官提出的任何较低指控表示认罪，这样就可以判得时间短一些，或者立即释放。但这也可能会使他们承受认罪后的后果，这或许会影响他们一生。这会限制他们可以居住的地方、限制他们可以从事的工作、限制他们的投票选举权，甚至关乎他们是否有资格获得大学生贷款。在他们意识到自己已经被卷入一个失控的旋涡之前，认罪引发的一系列后果就已经触发了连锁反应。

"人们认罪，是因为他们不想被拘留。"伯里斯说。"法庭会给他们指派一名公共辩护人，但公共辩护人的工作量都很大，为了尽快处理掉手头的案件，在没有无罪证据的情况下，他们通常会建议被告认罪。公共辩护人会向被告承诺，这样认罪可以立刻获得自由，或是只需要被短暂地监禁。因此，人们会主动承认他们没有犯下的罪行……这让他们被困在了一个根本不属于他们的地方。"伯里斯解释道。

个别黑人被告愿意接受认罪协议是可以理解的。但是，即使是最无辜的人，一旦他被关在监狱铁窗的另一边，也会发生可怕的事情。在公众眼中，每个犯罪记录，无论其来源如何，都会成为将黑人作为一个群体与犯罪联系在一起的线索。

辩诉交易制度是制度实践直接影响人们心中建立的心理联系的一个明显例子。该系统对黑人施加压力，让他们认罪，成为犯罪者，也让公众自动将黑人与犯罪联系起来。这可能使黑人陷入社会鸿沟的错误一边，让我们在道德上就对黑人产生担忧。

然而，辩诉交易也是刑事司法系统中的一股强大力量，因为如果每一宗案件都要审理，就会给司法系统带来巨大的压力，这一体系最终也会不堪重负，分崩离析。事实上，在所有涉及刑事指控的案件中，有 94% 的案件从未进入审判阶段，当被告同意认罪以换取减刑时，这些案子便算是了结了。

进行辩诉交易的推动力量来自各方面，不仅检察官想推动这种交易，被告也想。这种辩诉交易大大节约了法庭时间和经费，还提高了定罪率。因此各方面都在普及它，美国式的辩诉交易在全世界范围内传播开来。Fair Trials[1] 的一项研究发现，1990 年，只有 19 个国家使用某种形式的辩诉交易；而到 2017 年，有 66 个国家采用了这种做法。在英格兰、澳大利亚和俄罗斯，超过 60% 的刑事案件现在通过辩诉交易解决。

在美国，种族差异侵入了这一进程。黑人被告比白人、亚洲人或拉美人更有可能获得检察官提供的需要监禁的辩诉交易，特别是与毒品有关的犯罪。黑人被告也更有可能依赖免费的公共辩护人制度，这使他们处于明显的劣势。相比之下，有钱雇用私人律师的黑人被告在初审中面临主要指控减少的可能性几乎是指派公共辩护人的黑人被告的两倍。

"你总觉得自己正在上坡，"伯里斯说，"但其实我们一直在跑步机上，被动地行动着。在这里，我看不到真正的未来。黑人们来找我，我却目送着他们一个个走进监狱。"

---

1 一个非政府组织，根据国际司法标准进行公平审判，并捍卫在其他国家/地区面临指控的人的权利。——译者注

后遗症

在我被捕后的第二天,我被手铐铐住的那个手腕仍然觉得很疼。胸骨周围的三个不同区域都有瘀伤和肿胀。每次呼吸,我都觉得胸口很痛,但我还是决定担起扛旗领队的责任。

几天前,吉尔院长就提醒我,那面旗帜将会很沉重。旗杆是一截又长又粗的木头,在队列行进的时候,我得高高举起旗杆,队列中的数百人会跟在我的大旗后面。

当我举着旗帜的时候,我的身体在我明亮的深红色毕业长袍下隐隐作痛,这种痛苦使我的思绪与前一天我所遭遇的一切联系在一起。我差一点就与哈佛大学老校园里这个光荣而阳光灿烂的日子无缘了。伴随着音乐和愉快的欢呼声,我们一路行进。我把毕业生们带进了哈佛大学老校园,在那里,一排排的白色木椅面对着庆典的主舞台。

博士生坐在前排。当我坐下来的时候,我感到一阵轻松——因为我顺利地一路高举着校旗,因为我终于完成了六年艰辛的学业,因为我终于摆脱了昨日的镣铐。当校长念到我的名字时,我走上主舞台接受我的文凭,而前一天发生的事情的阴影还是紧紧跟随在我的身后。

但是,在这一刻,我仍然感到非常自豪。事实上,就在我被警察拦下的那天,我才刚刚从装订室里领回我的博士论文。我的论文封面是用黑色皮革装订的,我的名字和论文标题"当隐形遇见显然"用烫金的字镌刻在书脊上。

我的论文集中讨论了种族在我们对他人行为的判断中可以发挥的作用。我在哈佛大学花了数年时间学习种族刻板印象和社会语言学。然而，我所做的所有实验研究并没有让我为现实生活的前景做好准备，我完全没有想到，会有一个一心想要惩罚我的警察出现，而且这个警察很可能会劫持我的未来。这次遭遇让我付出的代价不仅是短暂的自由，还有更重要的——我失去了安全感。我觉得自己很脆弱。我觉得自己被打败了。我一直专注于理解我们如何判断他人，而现在，我自己也不得不面对这种评判。

　　我所受的折磨仍然没有结束。在我扛旗领队的第二天，我就要去法院受审，决定我的未来将何去何从。吉尔院长和艾普柔陪着我去了法院。我们都穿上了西装，准备面对法官和即将到来的新闻媒体。当法官叫我的名字时，我们三人一起走向前一步，接着，法官宣读了这个指控：袭击殴打警察。

　　我们三个都倒吸了一口气。我才是被殴打的那个，我怎么会被指控攻击警察呢？

　　袭击指控是基于警察报告中的一项描述：警察想把我从车里拖出来，伸手进来解我的安全带，我把我的手按在了警察的手上。

　　法官读到这一条时，也和我有着同样的困惑。她坐得这么高，我得站直了才能看到她的脸，但即使在远处，我也看得出来，她真的很困惑。接着，法官开始翻阅警察报告。然后她抬起头问道："你们沟通有语言障碍吗？"院长替我回答了问题："没有，法官阁下，我们沟通没有语言障碍。"艾普柔和我就在那里，嘴巴和眼睛都因为惊讶而张得大大的。

　　法官的表情从困惑逐渐转为厌恶。"坐在车里并不违法。"她向法庭宣布，"我真搞不懂你们的这些指控……我宣布，所有指控全部驳回！"法官拿起她的木槌，郑重地敲了下来，表明听证会已经结束。"埃伯哈特博士，"她轻声说，"你可以自由地离开了。"

埃伯哈特博士。这是第一次有人用这个头衔喊我。那一刻，在那个环境中，我听到了这个称呼，并想起这个称呼所代表的一切，觉得有点喘不过气来。毕竟，在被授予这个光荣称号的那天，我并没有全神贯注地参与整个庆典，而是一直在担心，我是否会带着犯罪记录离开哈佛校园。

仍然不自由

离开哈佛大学后，我一直把这段往事深深地封存在我的脑海之中。只要想起或是提起这件事我都会觉得很痛苦——这也让我与藤校毕业的其他同侪有所不同。但这件事也让我获得了奖学金，因为在这以后，我的研究范围被大大拓宽了，在原有的基础上，我还涉足了权力动态以及种族在刑事司法程序中的作用。

美国在世界上所有工业化国家之中，监禁率是最高的。我们只占世界人口的 4.4%，但囚犯的人数却占全世界的 22%。2017 年，超过 210 万美国人被监禁，其中 95% 的犯人会在刑期结束后重新进入社会。

每年，美国监狱都会释放 70 多万人。许多人在出狱的时候，全身上下就只带着一张公共汽车票和一些零用钱——从 5 美元到 200 美元不等，具体多少要取决于各州的不同政策。三分之二的犯人将在他们获释后的几年内再次被捕。

这些人再次被逮捕大多数不是针对新的罪行，而是因为他们违反了管理新释放囚犯的假释条例。这种强制性监督体系使他们必须接受多年的常规监督，而且随时可能因为一些根本没有触犯法律的小错再次锒铛入狱，包括无法稳定就业、无法支付法院罚款和费用，或是错过了预约和宵禁。他们的处境决定了他们在社会中的地位，警方可以随时拦截和搜查这些处于假释期的人，即使他们根本没有任何合理的怀疑理由。

事实上，假释期的这种限制网络会大大影响所有看起来像假释犯的人的自由，也会影响他们身边的人的自由，影响任何看起来像他们或住在他们附近的人的自由。在许多城市里的黑人街区，人们常常抱怨说，警察在做例行交通检查的时候，问的第一句话往往是："你是在缓刑期还是假释期？"无论是对于守法的黑人还是确实犯过罪的黑人，警察们往往会做同样的推定。因为这些出狱了的囚犯模糊了被监禁者和自由人之间的界限。

由于黑人在统计学意义上和陈规定型上都与犯罪相关，因此他们的种族往往会被视为犯罪的标记。

比如，在奥克兰，虽然黑人占人口的比例不到28%，但有70%的人在缓刑期，61%的被捕犯人是黑人。这些种族差异基本上使整个社区受到严重破坏，这也导致警察们会不分青红皂白地对黑人执法，让黑人们频繁地来往于自由与监狱之间。事实证明，如果一个人坐过牢，社会对他的不公平会大大加深，在生活的方方面面，有前科的人都会被边缘化，就连他们的家人和生活的社区也会被污名化。

犯罪记录会扼杀未来加薪的潜力，限制住房选择，并破坏教育的前景。许多前囚犯被禁止入住公共住房，也无法享受低收入住房援助计划，甚至没有资格获得食品券。在一些州，有前科的人员被禁止从事某些职业，如牙科保健医师、理发师、养老院工作人员。即使在没有明令禁止的地方，潜在的雇主也常常担心自己的雇员有犯罪记录。

但要指出监禁在未来就业中造成的确切影响又会比较困难。在工作技能、工作经历或职业道德上，有犯罪记录的人通常都比不上没有犯罪记录的人。但是研究表明，种族和犯罪历史都会影响招聘决策，从而最终阻碍那些刑满释放人员的就业。

2003 年，社会学家德瓦·佩哲做了一项研究，这项研究至今仍被奉为经典。她做了一份在每个需求维度上都精心匹配的简历，控制对照的因素仅仅是求职者是否有犯罪记录。然后，她训练了好几组黑人男性和白人男性（年龄与表现风格都相同），让他们使用这些简历去投密尔沃基地区 350 个入门级的工作岗位。

她发现那些有前科的人收到的未来雇主的联系要少于那些没有前科的人，黑人求职者收到的联系少于白人求职者。事实上，即使是没有前科的黑人求职者，收到的联系数量也比不上有前科的白人求职者。

多年以后，在使用相同方法进行的后续研究中，佩哲让实验参与者们投了纽约市的 250 个入门级工作。佩哲和她的同事们发现，有前科的劣势是显而易见的，尤其是对于黑人来说。

若有同样的前科记录，白人求职者会更有可能接到雇主发来的面试通知。而面试则会为产生融洽关系提供机会：白人求职者能够更好地说服雇主试试雇用他们。有前科的白人求职者与没有犯罪记录的白人求职者相比，被雇用的可能性低 30%，而与没有犯罪记录的黑人相比，有犯罪记录的黑人求职者被雇用的概率则低 60%。

在入狱后，种族差异就会被编织进生活的方方面面，甚至连非洲裔美国人的结婚率下降也可能是由于大规模监禁时代的种族差异引起的。我的丈夫，斯坦福大学法律学者瑞克·班克斯在他的书《只有白人才能结婚吗？》中也提到了这一点。美国的黑人和白人在 20 世纪 50 年代时的结婚率相当，但在过去的四十年中，黑人结婚率大幅下降，因为更多的黑人被送进了监狱，并且刑期也有所增加。

这些人从社区中消失，就加重了他们的家庭负担，也使整个黑人社区变得不稳定起来。大规模监禁对儿童身心健康产生的涟漪效应是尤其无法容忍的。根据全国儿童健康调查的数据，大约有500万名儿童，约占美国所有儿童的7%，其父亲或母亲正在服刑或曾有前科。

这些孩子往往在社会和经济资源有限的情况下成长，他们可能会被交给亲戚抚养或寄养。他们的成绩可能很差，在学校里也会有行为问题和其他身心健康问题，如焦虑、抑郁和哮喘，而且他们比其他孩子更有可能进监狱。

被监禁的人

所有统计数据背后，都是真人真事。我想更多地了解那些在整个系统的阴影地带中来去的人，那数百万名被逮捕、被定罪并被刑事司法程序判刑的男男女女，我想看看在这些人身上展现出的戏剧性的种族差异。

圣昆丁州立监狱是加州监狱系统中最古老也是最臭名昭著的监狱。那里的死囚牢房中有700多个囚犯等待被处决。由于注射死刑在法律上一直受到各种挑战，而且管理案件需要进行很长时间的强制性审查，该州在过去40年中，只执行了十几例死刑。自然而然，关押的死囚数量持续增长。现在全国死囚中有超过四分之一在圣昆丁监狱。

然而，圣昆丁监狱还拥有全国最成功的监狱教育计划。监狱大学项目每年提供20门文科课程，都由大学教授授课。迄今为止，已有超过162名囚犯积累了足够的学分，可以获得文科学位。

　　研究表明，参加职业培训或学术培训的囚犯重新犯罪和重返监狱的可能性会降低43%。然而，只有约三分之一的美国监狱提供教育或职业培训计划。总的来说，尽管如此，在大部分监狱里，很少会有措施防止囚犯再回到监狱，尽管这项教育投资回报相当明显——用于教育的费用显然低于安排下一个刑期所需要的资金。

　　2010年，我自愿为30名圣昆丁监狱里的囚犯讲授社会心理学入门课程。我想了解他们的生活是什么样的，并分享我正在做的工作。我想试一试，看看这种教育是不是会产生作用，而不会导致令人沮丧的结果。我也希望这些犯人的见解能丰富我的研究成果。

　　圣昆丁监狱坐落在风景如画的山坡上，俯瞰着圣弗朗西斯科湾。但是一旦你踏入监狱的门槛，就会立刻感到一种庄严肃穆的压迫感。要进入监狱，我必须先通过两道门，由守在门口的武装警卫对我进行检查。我要抬起手臂，让他们用金属探测器进行搜查，然后还必须展示我的手腕，让他们看到我没有藏任何违禁物品，然后我才能够通过最后那道重重的铁门，进入安全隔离墙。然后铁门会缓缓关上，将我困在两堵墙中间，直到另一名守卫拿着防弹玻璃盾牌走近我，带我走进内院。

　　我走向教育中心，穿过了关押死刑犯的建筑物，还经过了一个墙上写着"调整中心"的地方。当我沿着山坡走向教室时，我看到成群成群的囚犯聚集在广阔的野外。这幅图景无意中让我感到慌乱，我意识到，我在北加州的任何一个地方都从没见过这么多黑人！到处都是黑人男子，当我经过的时候，他们还会对我点点头微笑致意，让我不禁想起家乡的邻居、叔伯，还有我的表兄弟。

　　我不应该对我看到的大量的黑人面孔感到惊讶，虽然黑人只占美国人口的12%，但全国监狱囚犯中有近40%是黑人。在过去的40年中，美国的监禁率一直在攀升，光是种族群体的监禁率就增加了500%，穷人和黑人的监禁率的增长尤其明显。

根据社会学教授布鲁斯·韦斯特的研究，20世纪40年代末出生的仅有高中学历的黑人男性在三十多岁时的入狱概率是17%，而对于仅有高中学历的白人来说，入狱的概率仅有4%。然而，对于我这一代的黑人来说，情况似乎更糟糕了。在20世纪60年代后期出生的黑人男性辍学者中有近60%锒铛入狱，相比之下，同样情况的白人犯人只占到白人总人口的11%。

犯罪率的上升无法完全解释这种种族的差距和监禁率的大幅上升。事实上，在过去的二十年里，全国的犯罪率急剧下降，但监禁率却继续攀升。这主要是由于我们处理犯罪的方式发生了变化："毒品战争"对不幸的可卡因成瘾者施加了严厉的惩罚。随后出台的"三振出局法"[1]加强了对惯犯的惩罚，并要求对更广泛的犯罪行为进行监禁。20世纪90年代，当帮派暴力和与毒品有关的犯罪达到顶峰时，数十个州采取的量刑措施对年轻黑人都特别粗暴。

1994年，加利福尼亚州的三振出局法由72%的选民票选通过，被认为是美国有史以来同类型中最严厉、最彻底的法律。然而，在接下来的20年中，数据显示，在加利福尼亚州，甚至会对从一辆停放的汽车中偷走一美元的轻微罪行进行量刑的严格法律，对减少暴力犯罪却几乎没有什么作用。但是，随着越来越多的人因为相对轻微的罪行而服刑，监狱内的人口大大增加。而在因为三振出局法受到重判的人当中，黑人的比例相当高。

在加利福尼亚州这样的背景下，斯坦福大学的法律学者大卫·米尔斯在2012年提出了一项修改法律的倡议，三振出局法只有在"严重或暴力"的重罪

---

1 美国联邦层级与州层级的法律，要求州法院对于犯三次（含三次）以上重罪的累犯，采取强制性量刑准则。——译者注

时才能判处终身监禁。我和我的同事瑞贝卡·赫特想知道,对于监狱种族构成的想法是不是会影响人们对放宽法律的支持。

于是,我们设计了一项研究,在加利福尼亚选民中调查他们是否认为法律过于苛刻。我们给选民们展示了囚犯的大量照片,控制的唯一变量就是黑人囚犯照片的数量。当我们对访谈结果进行统计时,我们发现,我们展示的黑人囚犯照片越多,这些选民支持放宽法律的可能性就越低。

在所有看了监狱里正常比例的黑人照片(25% 左右)的受访者中,有一半人表示愿意签署一份请愿书,以更改严厉的三振出局法条款。而那些认为监狱里 45% 的人是黑人的受访者中,仅有大约四分之一的人愿意减轻三振出局法的量刑。研究结果表明,监狱里的黑人比例越高,公众越愿意惩罚囚犯。

最后,我们收集了足够多的签名,希望在 2012 年 11 月的投票中能够通过修正案。这次的政策变革没有强调种族问题,而更多地强调了为纳税人省钱以及积极灵活地处理犯罪。该政策的拟议修正案以压倒性优势获得通过。

. . .

在圣昆丁监狱上课的第一天,我还没走到教育大楼,就看见囚犯们已经在列队走进上课的教室了。随着进入教室的人越来越多,我从空气里嗅出了一丝微弱但明显的象牙皂的香味,和我小时候家里的气味一模一样。那种新鲜的气味似乎更加凸显了此时此刻的矛盾感:清新而肮脏,陌生而熟悉。

我就像在斯坦福大学每个新学期上第一堂课时会做的那样,让学生说出他们的名字以及为什么参加这个课程。男人们一个接一个地介绍自己。有些原因是我已经预料到的——觉得这个主题很有趣,有些人则是需要这个学分来完成大学学位。但是，我也听到了一些我以前从未听过的回复，比如，有些人想在课堂上学一些新东西，可以跟家人多一些谈资；还有人认为这是一种保持与社会的联系的方式。其中一个五十岁出头的高个子黑人告诉我，他很担心他的女儿，他希望跟我学到一些东西，可以用来帮助女儿渡过难关。

还有一个菲律宾男人，我猜他大约四十岁了。他从十四岁起就进了监狱。"我已经在圣昆丁里了解了很多关于如何在这里工作的事情，"他说，"我之所以上这门课，是因为我想知道人们的思想到底能有多自由。"

他的整个成年生活都是在监狱里度过的，他迫切地想要了解监禁是如何扭曲了他对世界的看法。我站在他面前，不知不觉中，其实也会受到社会看法的束缚，这个社会将像他这样的男人去人性化，并加以抛弃。当时，让我感到震惊的是，我们两人来自完全不同的世界，却都对所谓"自由"有所追求。

作为教授，适应这种全新的教学环境并不容易。我不得不准备在没有我习惯的工具的情况下进行教学：没有电脑，没有互联网接入，没有课件演示文稿。由于只有一台古老的投影仪和有限数量的透明胶片，我不得不重新考虑我的教学方法。我很快意识到，我只能使用我的嗓音来吸引囚犯的注意力。突然，教室显得很安静，我觉得自己很渺小。

当我试图打开话题时，囚犯们都期待地盯着我。其实，我之前已经教过十几次这个课程了，对所有内容都记得滚瓜烂熟，但是当下的这一刻，我觉得晕头转向，有些摸不着头脑。我甚至开始冒汗，我不知道自己是不是因为陌生的教学地点和教学对象而感到紧张。又或许只是房间很热，而我正站在高架投影机旁边，投影机嗡嗡地叫着，还在散热。但我清楚地知道一点：这个拥挤的教室对我来说感觉就像是另一个世界，我没有任何经验去解读很多最基本的东西。

在我试图寻找我的舒适区的时候，我居然能够敏锐地感觉到自己身体每一个部位的动作，而且我也注意到囚犯坐在课桌前的任何微小动作。当我看到一只手举起时，我的心跳就会怦怦怦地加速。我提醒自己，这只是一个学生提问而已，不用紧张。但当一名囚犯突然站起来向我走来时，我感到一阵恐慌。他想干什么？他们是否可以在房间内自由走动？接下来会发生什么？如果出现问题，门外的警卫肯定会进来的。

我瞥了一眼班级后面的窗户，看看警卫是否采取行动，因为这名囚犯直接经过了我，走向门口，走出了教室。我不知道该怎么做，也不知道我是否应该提醒警卫。

后来我才知道，原来这名学生是去洗手间了——我之前的教学生涯中早就经历过几千次这样的事了。但是，在监狱的环境之下，我却觉得一切都失衡了，我无法信任自己能够解释这种最简单的行为。我感到害怕，我觉得很累，我发现自己处于最有可能触发偏见的状态。

当时，我沉浸在研究中。研究表明，相较于其他群体，非洲裔美国男性的身体活动会被认为更具攻击性和威胁性。突然间，我感觉自己成了自己研究的对象。在看到那个黑人从座位上站起来并走向门口的时候，我产生了一种强烈且发自本能的心理感觉。在我的不知不觉之中，我自己的偏见已经发挥了作用。

随着课程的开展，我的担忧有所缓解。上了一两节课之后，我就已经开始适应班里的学生们了，我开始欣赏起他们所提供的东西。一开始我的目光总是在不自觉地寻找监狱看守，但现在我倒希望他离开，因为他在场的时候总是会扼杀大家进行课堂讨论的积极性。每当他走到教室附近时，学生就会僵住，本来热烈的氛围就会变冷。

随着时间的推移，我们的教室成了一个可以暂停圣昆丁文化习俗的庇护空间。这在圣昆丁监狱这种靠种族和民族划分派系的地方是十分少见的。在我的教室里，不同种族的男人们可以混在一起。我之前一直都没有意识到这个地方的种族分离竟如此严重，直到有一天，班里有三分之一的学员都没来上课。那天，我一直在等这些迟迟未出现的学员，一位黑人同学突然宣布："白人同学今天都不会来了。"在我多年的教学中，这是一个我从未听过的理由。

事实证明，白人学生们所在的区域出现了问题，因此，所有的白人学员都被关在自己的牢房里，不能出来走动。没人知道这次禁足会持续多久。我下次见到这帮白人学员可能得到两周之后了。

通常情况下，囚犯们是按种族来分牢房的。尽管 2005 年法律已经规定，在监狱里使用种族隔离分裂管理是非法的，但加利福尼亚州的监狱里实在是人满为患，而且犯人通常都有帮派背景。长期以来，加州的监狱一直都是依靠这样的管理模式，利用帮派之间的制衡来缓解紧张局势。囚犯在一个系统中生活、吃饭和社交，这种系统在我看来简直就是对吉姆·克劳时代南方的种族限制精神的回归。我觉得我好像走进了一本活生生的历史书。

监狱的这种管理方式塑造、反映了囚犯的生活。隔离不是一种规则，而是一种由机构自我强加和强化的文化，这创造了一个完美的实验室来制造种族偏见。在监狱里，和自己种族的人打交道是一种比较安全的生存方式。越过种族的界限可能会让你被排挤、被抛弃，你可能会受伤，或者更糟。

然而，在我的课堂里，犯人们是可以越过种族自由交谈的。黑人、白人、拉丁裔和亚洲人的面孔不再是区别人与人的特征，每个人在我的课堂上都是独立的个体，他们都是我的学生，他们对世界都有着有趣的想法和观点。

给他们上的每一节课都让我感到了教育的力量，是教育让我们超越了自己的偏见，也提醒着我的学生们，偏见一直都在塑造他们的生活。

正是那一年，我调整了我的典型社会心理学入门课程，专注于种族和犯罪。

我选择的讨论主题都是我觉得和监狱里的生活环境息息相关的：种族侧写、警察使用武力、虚假口供背后的科学、陪审团的选择、目击者证词以及刑事司法系统中的种族差异。我努力将大的社会心理概念变成具体的话题，我认为这些话题对于监狱环境中的学生们来说是有很大意义的。

我花了一段时间才意识到，其实我一直都低估了他们，而这也正是我自己的思维方式的反应，我并没有把他们从"犯人"这个身份中抽离出来。

事实证明，他们的兴趣和我在斯坦福大学教授的大学生们没有太大的不同。他们想要了解心理学的基本原则——自我的价值、文化的作用、归属的需要以及归属的基本愿望。

我一直把他们限制在"犯人"这个身份里，而这只是他们存在的一方面。他们渴望超越监狱的界限，他们想要去了解更多具有普世价值的理念，想要了解这些理念是如何指导一个人成为社会动物的。

我很惊讶地发现我也更喜欢这种教学方法。当我的这群学生思考我给的材料时，我能感受到他们的努力，他们试图将这些材料与他们的生活联系起来。我可以看到我们研究的科学如何帮助他们了解自己。我们的课堂讨论让学员们能够暂时从强制执行的种族隔离中逃脱出来，并让他们觉得，除了"犯人"身份，他们也是普通人。

在几个月的教学过程中，我也开阔了自己的视野。学生们的观点帮助我以全新、有趣的方式看待我多年来一直在教授的主题。他们在课堂讨论中的知识分享和交流都充满活力，但他们在完成基本学术任务过程中遇到的重重困难则暴露了严重的教育差距。

我们最后的课程作业是写一篇自选主题的学期论文。我跟他们交代了论文格式、研究方向和内容的要求。而且在收作业之前，我其实已经做足了思想准备，但拿到他们初稿的时候，我还是大吃一惊——我从未见过那么糟糕的论文。

这些人在课堂上看起来如此聪明，也有很多想法，但是许多人写出来的论文就像小学生作文一样。

我不想打击他们的热情，但我也下定决心要做一个称职的老师。我不能假装他们写的东西达到了标准。我拿出红笔，在他们的手稿边上进行标记：你在这里想表达什么？我不明白你的论文到底在写什么……这和你的主题有什么关系？

当我们再次回到课堂上课时，我看得出来，他们都很高兴能得到我的反馈。但是，当我想到给他们那满是红笔圈圈点点的论文的时候，又不禁有些内疚。为什么我这么苛刻？我只好顾左右而言他地解释说，我之所以会做这么多点评是因为想帮助大家，完全是本着学术的态度修改。我希望能够用这样的解释来弱化给学生们的打击。

他们对我这番惴惴不安的解释感到困惑。他们问我：斯坦福大学的学生在被严厉批评的时候会出现什么问题吗？"有时候会的。"我回答道，"有些人这一辈子都在被表扬，所以，只要受到一点点批评或是听到一点点不同的意见，他们就会……"我从学生们的表情中看到了一丝戏谑，便决定长话短说。

我想保护他们。他们这一辈子都在得到负面的反馈，受到批评似乎已经成为他们的一种生活方式。他们也无法理解我这种想要保护他们自尊的心情。

"我们中的有些人是被判终身监禁的，"一名学生提醒我，"我认为我们还是可以接受这些圈圈点点的。"

我把论文发还给了他们，他们都低下头去看我写的评论。过了一段时间，他们抬起了头，有些人的眼睛里还有泪水。"我简直不敢相信，"一名男犯人说，"没想到竟然会有人愿意为了我坐下来，花时间看我的论文，还要帮我想怎么才能把这篇论文改得更好。以前从来没有人对我这么好。"

在最终交稿日期到来之前，我让他们提交了第二稿，我也给他们的第二稿写了反馈意见。课堂上的每个学生都接受了我的建议，即使我的建议里包括了重写这十五页的论文。我给他们第二稿反馈后，他们又写了第三稿。他们渴望得到罕见的肯定，也想让我听到他们的心声。

我的学生们已经认识到了他们入狱时做出的那些不正确的选择，这并不意味着他们已经放弃了自救，放弃了获得成功的可能性或接受教育的任何希望。

与此同时，通过像我这样的课程，他们可以更好地了解作为一个犯人，要如何适应生活，站得更高地思考自己往后的计划。我使用教室悬挂的投影仪，给大家展示了一个图表，引起了学生们的关注。从图表上可以看出，监禁率和黑人囚犯的数量都在不断上升。当我带着他们看这些数字时，他们显得坐立不安。当我伸手翻过这一页图表的时候，一个学生举起了手，他说："您能再给我们看一下这个图表吗？"其他学生也提出同样的要求。他们盯着这张图表，好像它包含了从未有过的启示。

对我来说，这张图表只是描述了他们每天被包围的环境。而对他们来说，这个图表则提供了一种看待这个世界的新方式。在公众广泛讨论社会不平等的过程中，他们自己孤独而不安的生活就是真实存在的数据点。

就像我在做了十几年的研究和分析之后，突然意识到我在波士顿被逮捕的经历是城市警务的一部分一样，学生们也知道他们是一个大型的社会范式中的一部分。他们不仅仅是被困在特定监狱高墙后面的人，他们也是美国警察局、法庭和监狱中更大模式下的一部分——这是我们国家大规模监禁政策的影响。在整个学期中，我们将一次又一次地讨论这个图表。它所引发的种族影响以令我感到惊讶的方式出现，在我自己的感知中注入了新的视角。

接近课程结束时，我向学生介绍了一项经典的社会心理学研究，该研究衡量了其他人的存在如何影响一个人对危险的看法。在1968年的实验中，研究人员比伯·拉塔尼和约翰·达利让参与者坐在一个房间里完成一项调查。有些人独自在房间里，有些人与其他学生在一起——研究对象与这些学生并不认识，但实际上，这些学生是研究团队的一部分。

在受试者们快填完问卷的时候，研究人员从封闭的大门底部间隙向房间里匀速喷白烟。

接着，研究人员追踪了参与者从起身到离开房间需要多长时间。

在所有独自待在房间里的受试者中，大约有四分之三的人认为白烟意味着紧急情况，看到白烟后就立刻离开了。

但身边有其他人的受试者们却做了不同的选择。安排在房间里的那些学生故意假装忽视烟雾，继续填写问卷调查。即使房间里充满烟雾，90%的参与者也会跟随大流，留在教室里。只有10%的人走出了房间，确认是否发生了紧急情况。

该研究没有种族成分，至少我认为没有。正如我自己在接受训练时的那样，我将标准结果发给了我的班级：这项研究表明我们会通过身边人的反应来判断自己当下的处境，当我们周围的其他人认为有紧急情况时，我们才会觉得这是紧急情况。

但我的学生们却从不同的角度来看待这个研究。"我们不会参考周围所有人的反应，我们只会关注某些特定的人的反应。"一位学生指出。

其他学生也同样倾向于此。多年来，他们一直在抱怨，从监狱谈话到正式的庭审场合，种族偏见正在荼毒刑事司法系统，但似乎没有人受到影响。

"越来越多的黑人被困在系统中，但没有人看到这个问题。"一名学生说道，他的同学们都纷纷点头，"当我们看到烟雾，大喊着火了的时候，没有人相信我们。没有人听我们说话，也没有人有所行动。"

该死的人

人们认为那些过于危险而不应该走在大街上的人应该被关进监狱，同理，那些过于危险而不应该活在这个世界上的人就应该被判处死刑。

在世界发达国家和地区中，仅有美国、日本、新加坡等国，以及中国台湾地区还保留了死刑。截至 2018 年，在美国五十五个州中，有三十一个州的死刑是合法的。几乎在所有这些州，审判陪审团都掌握着犯人的生杀大权。

当陪审员决定是否要判处某位犯人死刑的时候，他们总是会考虑"惩罚"的概念：我们需要惩罚到什么程度才能抵免他们已经犯下的罪过？什么样的赎罪才是公正的？

这种方法为凶手和受害者的生命赋予了价值。在美国，死刑判决的种族差异符合美国白人至上和黑人歧视的历史。在涉及死刑的案件中，风险是巨大的，而种族则可能会对正义起到重大的影响。

几十年的研究表明，在受害者是白人的情况下，凶手被判处死刑的可能性会更大。即使在控制可能影响量刑的非种族因素时，也呈现出这样的特征。

犯罪学家大卫·巴尔杜斯做过一项具有里程碑意义的研究，这也是迄今为止最全面的研究之一。他不仅发现谋杀白人的犯人比谋杀黑人的犯人更有可能被判处死刑，还发现比起白人被告，黑人被告更有可能被判处死刑。

死刑的判决可以说是一片"缺乏公正的荒漠"。哲学家伊曼努尔·康德在 18 世纪的著作中也反映了这一问题，他声称"对所有罪犯的外在惩罚应该与他们内心的邪恶相称"。

但什么叫作外在惩罚与内心的邪恶相称？我的研究表明，黑人被告只因外表特征就可能让他们特别容易被判处死刑。在涉及白人受害者的案件中，如果黑人被告身上具有的黑人陈规定型的特点越多，他就越有可能被判处死刑。监狱里充斥黑人的事实让执法部门更容易惩罚黑人，而黑人被告也可能会使陪审团做出最严厉的惩罚抉择。

为了确定被告的外表特征对陪审员决定的影响，我的团队使用了巴尔杜斯教授的死刑犯数据库里的照片，该数据库收录了1979年至1999年在费城死刑罪名成立的黑人男子照片。我们召集了一批研究参与者，我们没有告诉他们我们这项研究的目的，只是让他们根据每一张照片，给照片中的人"典型黑人"的程度打分。我们告诉受试者，他们可以使用任意因素的组合来打分，包括肤色、面部特征和头发的质地等。

之后，我们将他们的评分和这些被告的量刑做了一个交叉比较。在被害人是黑人，被告也是黑人的情况下，刻板印象对量刑没有显著的影响。"典型黑人"评分高的被告和评分低的被告被判死刑的概率几乎是一样的。

然而，当被害人是白人、被告是黑人的情况下，刻板印象对量刑的影响就非常显著了。"典型黑人"评分较低的被告中，只有24%被判处了死刑，而评分较高的被告死刑率高达57%。

即使我们控制了"犯罪严重程度""加刑情节""减刑情节""被告的社会经济阶层"，以及"被告个人魅力"等因素，"典型黑人"评分高的被告被判处死刑的概率仍然是评分低的被告的两倍。

这将隐含的种族偏见带到了另一个层面。影响人们观念的已经不仅是"同类"或是"异类"的概念了。事实上，仅仅凭外表就能够触发人们进行某种刻板印象的思考，让人们自然而然地就会认为，黑人就是危险的，黑人就是应该被灭绝。这意味着我们的观点、我们的刑事司法程序和我们的制度仍然受到原始种族叙事及意象的影响。

抢劫药房并杀死老板　　　　　　抢劫美容院并杀死老板

未判处死刑　　　　　　判处死刑

巴尔杜斯数据库中的两名符合死刑条件的被告。虽然两位被告犯了类似的罪行，但左边的被告被判终身监禁，而右边的被告则被判处死刑。

实际上，多年来我们已经将对隐性偏见和种族主义的让步纳入了我们对公平与自由的国家观点。

1987年美国最高法院维持了对沃伦·麦克莱斯基（格鲁吉亚一名黑人男子，杀害了一名白人警官）的死刑判决，当时最高法院也参考过巴尔杜斯的一项关于两万五千个格鲁吉亚背景案件的研究，该研究记录了死刑判决中的种族差异。

投下关键性第五票的大法官刘易斯·鲍威尔也承认"这种差异似乎与种族有关"。但他驳回了统计证据，因为"量刑差异是我们刑事司法系统不可避免的一部分"。

这项裁决受到法律学者和民权活动家的严厉批评，它甚至被称为"当代德雷德·斯科特诉桑福德案"[1]。令人担忧的是，它将制度性种族偏见简单地视为现状的一部分。其影响在今天仍然存在，因此在没有故意歧视意图的证据的情况下，很难在司法系统的任何阶段质疑其存在种族偏见。

鲍威尔担心，一旦承认了司法系统中的种族偏见，就可以打开一扇大门，只要存在"任意变量"的情况，都有可能被视作歧视，而性别及被告面部特征都属于"变量"。

两个月后，鲍威尔法官从最高法院退休。后来在谈及此事的时候，鲍威尔法官说，判处麦克莱斯基死刑是他作为法官唯一感到后悔的判决。

---

[1] 美国最高法院于 1857 年判决的一个关于奴隶制的案件，其判决结果成为南北战争的关键起因之一。

第六章　可怕的怪兽

我的大儿子刚开始上小学，他想知道他妈妈的工作到底是做什么的。这个问题似乎无伤大雅。

"我知道你是社会心理学家，但这是什么意思呢？"他问道，"当别人问我'你妈妈是做什么的时候'，大家都说不知道社会心理学家到底是做什么的，我也不知道除了这个名词，还能跟他们说什么。"

我解释说，社会心理学家会研究人类行为。我会去试着理解人们为什么以他们的方式思考和行动。我给他描述了一下我们的研究场景："我们把陌生人带进实验室，想看看他们在不同情况下的反应。我可能会在电脑屏幕上放一些照片给他们看，然后看看他们是否比其他人更喜欢某些照片上的脸。当他们疲惫或心情不好时，他们会更难记住这些照片吗？如果房间里有其他人在场，他们会做出不同的反应吗？"

我觉得他的脑海中应该大致勾勒出了自己的妈妈在实验室工作的形象。我对我们谈话的进展感到非常开心。然后他问了我一个问题，听起来却像是一部恐怖电影里的场景。

"那你有没有邀请某人进入你的实验室，让他们做你刚才说的那些事，然后突然有一个可怕的怪兽从电脑屏幕后面跳出来，嗷啊啊啊啊啊……"他把双手高举在头顶，弯曲手指模仿怪兽的爪子，身体前倾，仿佛随时准备攻击似的。

我们一开始都觉得，实验室里出现怪兽这种场景很好笑。但我慢慢意识到，这个想法并不像看起来那么滑稽，在我的工作中，其实一直都面对着一个可怕的怪兽。

可怕怪兽背后的科学

在我儿子上幼儿园期间，我正在进行关于面部感知的神经影像学研究。我刚刚开始做一个关于种族和神经科学的项目。我的计划是撰写一篇论文，研究在过去的几个世纪中，科学家是如何使用神经科学方法研究种族的。我在那次研究中发现的东西既深深地吸引着我，同时又令我感到厌恶。

我阅读了 19 世纪的文章和很多著名学者的报道，试图解释黑人固有的"低劣感"。正是这个时候，在我即将开启我的学术旅程之时，我第一次遇到那个可怕的怪兽：最恶毒的种族偏见。

欧洲和美洲的奴隶贸易成为蓬勃发展的经济体系，给奴役和妖魔化数百万非洲人披上了科学理性的外衣，当时的理论认为，这些黑皮肤的奴隶不是完全的人类。

1799 年，著名的英国外科医生查尔斯·怀特表示他找到了实证证据，可以证明人类其实起源于多个种族，他主张一种由种族特征决定的自然人种等级。在他的《论人类的常规分级》（An Account of the Regular Gradation in Man）系列文章和插图中，怀特医生评估了不同种族的身体特征——下颌深度、颅骨大小、手臂长度、枕骨角度，并宣布每个种族都是一个独立的物种，每个物种都是被神圣地创造出来的，具有特定不可改变的特征。

他在书中写道，欧洲人是"最远离蛮荒的人种"。而非洲人则是最低等的人类种族，仅仅比猿猴高出一点。他们更深的色素沉着被认为是他们更原始的证据。

怀特在调查了 50 个黑人的身体后写道："非洲人似乎比任何其他人类物种更接近野兽。"当然，他也承认黑人的一些优点，如灵敏的嗅觉、对声音的记忆、细腻的咀嚼，但他认为这些特征与狗和马相似度更高。

怀特的研究结果与当代自然界的观点一致，他解释说："自然界向我们展示了巨大的生命链条，在这个一般性系统中，自然为不同的种族赋予了不同程度但可以适应环境的智慧。"于他而言，黑人只是更接近动物这个种族。

在怀特出版这本书的同一年，塞缪尔·乔治·莫顿出生在了费城的一个贵格会家庭。

莫顿后来成为一位国际知名的科学家，他是一名医生，在哈佛大学担任教授。他创立了体质人类学领域，该领域的基础是对生物遗骸的详细解剖学评估。

莫顿沉迷于收集和研究人类头骨，在 19 世纪 20 年代和 30 年代，他收集了来自世界各地的一千多具人的骸骨，并按种族进行分类。他相信他可以通过测量头骨容量来判断种族的智力。他将铅颗粒倒入颅骨腔以估计其容量。他推断，欧洲人种的大脑容量最大，在欧洲人种里又以英格兰人为翘楚。

于是，他写道，高加索人是"智力最高的"人种。美洲原住民则"在知识学习方面表现很慢，常常感到不安，喜欢报复，沉迷战争"。非洲人"快乐、灵活、闲散"，是"人类最低等级"的代表。

与怀特一样，莫顿认为欧洲人、亚洲人和非洲人是独立的物种，而欧洲人显然是超级生物。南北战争前的美国是广泛接受这种观念的，当时的美国人奴役被绑架至此的非洲人，并且对当地的原住民部落进行"驯化"或是灭绝。

他们认为，如果面对的对象实际上不属于人类，或者至少和白人不是一样的人类，就没有必要对他们所遭受的暴行感到内疚，也没有必要为建立在黑人奴隶劳动基础上的经济感到惭愧，自然也不会因为在过去250年里将黑人当作商品售卖而感到内疚。

莫顿于1851年去世，但是他的工作被一大批科学家继承，甚至提升到了国际层面。他们也提出了这样一种观点，即多重起源论——每个种族群体都有不同的生物学起源，这自然地解释了社会不平等。

当约西亚·诺特和乔治·格里登在1854年出版畅销书《人类类型》（*Types of Mankind*）时，这一理论取得飞跃式的发展，并且引入了宗教的权威。他们的文章重新阐述了《圣经》中创世纪的故事：亚当和夏娃是白人，而其他种族是分离的、低级的衍生物，上帝将他们安排在了不同的地方。

为了表明自己的观点，诺特和格里登并排展示了白人、亚洲人和黑人的头骨，并且指出，即使是没有受过专业训练的人，也能够一眼发现不同人种之间的区别："高加索人""蒙古人"和"黑人"是最显著的人类类型，从他们颅骨的垂直视图就可以一目了然地看出不同人种的不同构造……这种区别不言自明，解剖学家也不再需要进行长时间的比较来分析它们的不同，区分不同人种就像区分火鸡和孔雀，或是区分豚鼠和天竺鼠。

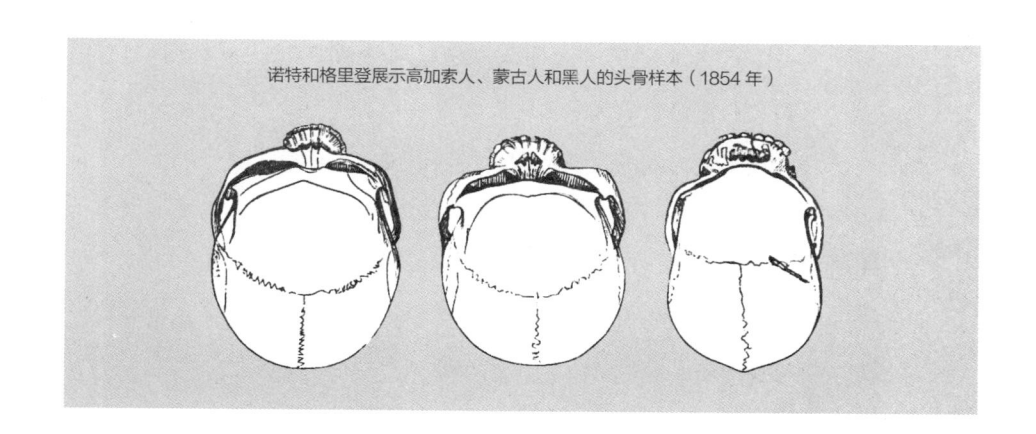

诺特和格里登展示高加索人、蒙古人和黑人的头骨样本（1854年）

诺特自己就有九个奴隶，他认为奴隶制是奴役黑人的自然条件，并承诺"与南方人民共同抵制"对我们的宪法和自然权赋予的奴隶所有权的侵犯。

这一理论——在今天被称为科学种族主义——在当时的年代就是无可辩驳的事实。在被世界上最受尊敬的19世纪科学家路易斯·阿加西斯接受之后，这就已经成为无可辩驳的事实了。阿加西斯是一位卓越的自然历史学者，因对世界物理轮廓是如何形成的开创性研究而闻名。1837年，他首次指出是冰河时代导致物种大规模灭绝。1846年，他从瑞士移民到美国，并在哈佛大学任职。直到1850年，他一直都是美国最著名的科学家。人们用他的名字命名公园、山脉、湖泊和动物物种。

但是，阿加西斯也是多重起源论的不懈支持者，他和怀特、莫顿、诺特和格里登一样，以《圣经》中的描述作为生命起源的基石。阿加西斯自称是废奴主义者，但他个人却对黑人十分反感，并且毫不犹豫地支持种族隔离。

他对莫顿收藏的头骨非常着迷，并在第一次与黑人相遇时确认了莫顿关于黑人是劣等民族的理论。他在给母亲的一封信中描述了他的震惊：

我住的这家酒店里的所有服务员都是有色人种。我几乎无法描述我对他们的印象,他们给我的感觉与我们对于物种起源的所有想法背道而驰……尽管如此,我无法抑制他们与我们不同的感觉。我看着他们的黑色面孔、厚厚的嘴唇和那一排排令人毛骨悚然的牙齿,看着他们头上像羊毛一样的头发、弯曲的膝盖、长得不成比例的手、长而内弯的指甲和青紫色的手掌。我无法克制住自己紧紧盯着他们的冲动,希望以这种方式警告他们远离我。

阿加西斯坚持认为,他对黑人没有任何个人的敌意,也没有任何政治利益去支持奴隶制。但他的这种主张并没有阻止那些支持奴隶制的人四处鼓吹他的科学家地位,并且声称他也是奴隶制的同盟者,以此为奴隶制背书。

在19世纪的大部分时候,关注劣等种族的学术研究为奴隶制提供了科学的掩护。在获得科学支持之前,种族的地位还是有可能改变的,那时,人们认为:低级的人种也有可能爬上社会的阶梯。然而,一旦科学家们声称种族阶级是固定不变的之后,所有其他有色人种差异的表现都会成为永久的分界线。

黑人自然地位于黑猩猩和最高级的人类之间,这种差异无法通过时间或地域上的接近来弥补。

我花了几年时间阅读了很多古老的典籍,我翻着那随时可能支离破碎的泛黄书页,眼前是一幅幅粗俗地打着科学旗号的种族漫画插图。我从来没有看过这样令我震惊的内容。我探索着过去的那个黑暗时代,我期待从历史的尘封中锁定科学家的声音。但我完全没有想到,我会看到那些古老的插图,这些插图被鼓吹为黑人是劣等民族的永久性证明。这些插图打败了我。黑人的动物解剖学描述与我见过的任何人类都没有相似之处。

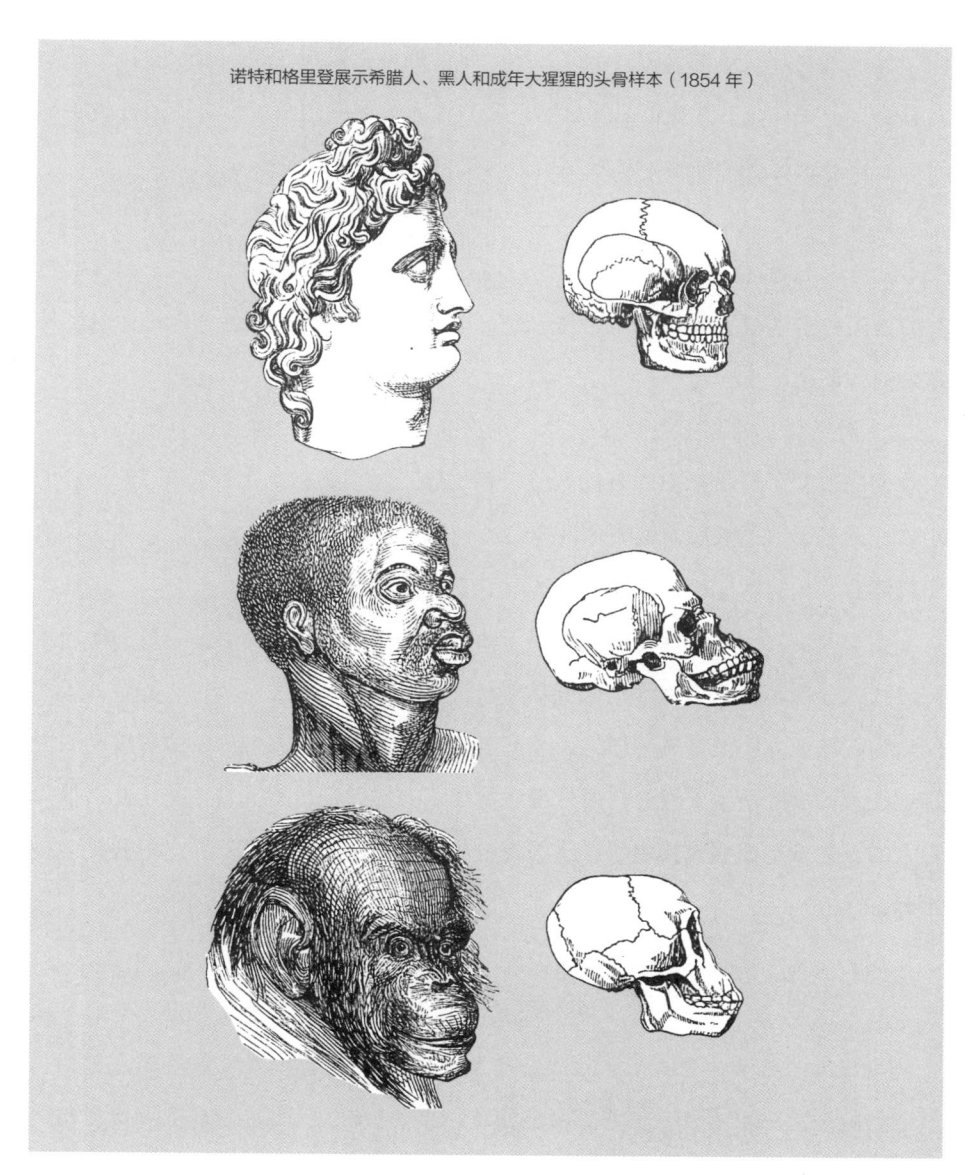

诺特和格里登展示希腊人、黑人和成年大猩猩的头骨样本（1854年）

格里登和诺特夸大了黑人头骨的结构，以暗示黑人头骨与黑猩猩的相似性高于与希腊神阿波罗的相似度。

看看已故斯坦福大学历史学家乔治·弗雷德里克森所说的"白人心目中的黑人形象"，我觉得毛骨悚然。我总觉得这些令人厌恶的图画仍然是我们种族印象的一部分，正是这种种族印象限制了黑人进入"人类"的圈子。

我希望我的研究能帮助我解释这些种族叙事是如何孕育偏见的，即使很多人根本就意识不到这种种族叙事的存在。但我首先不得不接受一个现实：我自己研究的这门科学学科的基础实际上混杂着一些不可信的理论，而这些理论的基础是猿类的解剖图。

19世纪著名的法国科学家保罗·布罗卡以发现大脑功能分区而闻名，这一发现彻底改变了科学家对大脑的理解，并指导了今天的医学治疗。在19世纪60年代，他是第一个确定大脑哪个区域会影响我们演讲能力的人。今天，额叶皮质中仍然有一小块区域被称为布罗卡区。

但布罗卡对大脑分区理论的兴趣与他对多重起源论的信仰有关。像他的许多同时代人一样，他认为生理特征可以预测智力，而欧洲科学家所青睐的特征是他们认为在欧洲人中最常见的特征。布罗卡认为，在黑人的大脑中，负责更高层级推理能力的额叶严重欠发育，而处理感觉加工的枕叶则过度发育。基于此，他为黑人的智力低下的假设提供了科学的理论基础，并用这种生理差异来解释社会不平等：

> 脸部下巴突出、黑色调的皮肤、毛茸茸的头发常常与智力、社会地位低下有关，而白色调皮肤、直发和下巴端正的脸则是最高级人种的特征。一群有着黑皮肤、毛茸茸的头发和突出下巴的人从来没法自发地发展出文明。

但布罗卡多重起源论的信仰无法超越查尔斯·达尔文的进化论。在达尔文的《物种起源》中，他为单一起源论提出了一个无可辩驳的论点：不同的人类种族都来源于一个物种。达尔文认为非洲才是人类的发源地（通常人们认为欧洲才是人类的摇篮），他还声称人类不是固定不变的，而是一种不断变化的物种，以应对我们的物理环境不断变化的需求。

虽然达尔文的发现彻底改变了科学，但认为黑人是劣等民族的信念却更加坚定了。被迫将所有种族视为同一物种的成员、科学家和公共知识分子再也不能认为上帝首先创造了与自己最为相像的白人，而黑人则是低级的衍生物。他们转换了思路，开始鼓吹白人是这个进化链条中最为复杂、最聪明，也是进化程度最高的人种。达尔文激进的进化论思想很快就被用来解释种族主义的思想，这种种族偏见非常顽固，而这恰恰让这种偏见更加可怕：它似乎永远不会消亡。

令人毛骨悚然的黑人种族形象和白人至上的概念引导了整个19世纪对种族的科学研究，但那个时代的心理学家对偏见的研究很少。相反，为了与其他学科的科学家保持一致，心理学家们认为这种对黑人的先天厌恶是人们对落后与劣等民族的自然反应。

人们不再使用粗略测量的颅骨尺寸来证明智力，心理学家发明了一种新的工具——智商测试。在20世纪初期，智商测试成为一种固化偏见的工具，它被广泛应用于一系列不受欢迎的群体。到1910年，美国科学家开始监督一系列测试，他们觉得这种测试可以量化黑人和美洲原住民相对于白人的智商差距。后来，对于欧洲来的新移民也会进行智商测试，移民被要求拼一个木质拼字拼图，那些未能快速正确组装完成的人可能会被贴上"弱智"的标签。在1915年之前，联邦法律规定，任何未通过该测试的移民都不允许进入美国。

这个木质拼字拼图是一种分类工具，用于"筛选移民，有些移民可能会因为智力构成成为国家的负担,他们的后代更有可能被收入监狱、收容所或其他类似机构"。埃利斯岛[1]的霍华德·A.诺克斯医生是这个拼字拼图的设计者,他把这个拼图称为"我们的心理测量量表"。但这也是"优生运动"影响深远的象征,优生运动的目的是清除可能污染美国基因库的国家的新进移民。

这种限时测试的结果显示出北欧人的优越性,因此也加剧了美国的移民选择倾向。来自南欧和东欧的移民,如意大利人、匈牙利人、犹太人、斯拉夫人,都被认为是不受欢迎的人,这些人可能会成为害群之马,让整个国家陷入困境。相比北欧移民,南欧及东欧移民的得分较低,也证明了他们低人一等。随着1924年《移民法》的通过,向美国移民的"不良群体"大量减少了。

几十年来,智商测试有助于我们了解种族之间所谓的"生而不同",但直到希特勒对异族人做出了"最终的审判",我们才意识到种族主义究竟有多么邪恶。

新的去人性化科学

我开始探索"劣等种族"的旧观念,这样我就可以衡量这种观念对我们今日的残余影响。我邀请了菲利普·高夫加入我的研究,他以前还是我带的研究生,现在已经成为约翰杰伊刑事司法学院的教授。我们最开始用的方法和我们研究种族与犯罪的方法相同。

---

[1] 美国主要的移民检查站,被视为美国移民的象征。

我们已经了解到，刻板印象会对我们的视觉注意力产生影响，这种影响是潜移默化的，我们自己甚至注意不到。我们修改并重新进行了我们早期的研究后发现，猿猴的图片会潜移默化地将人们的注意力集中到黑人的面孔上，就像人们在犯罪与黑人之间建立起的联系那样。事实上，结果表明，黑人和猿之间的隐含联系比黑人和犯罪之间的联系还要强得多。

我们的大脑不断受到刺激的轰击。就像我们对混乱进行分类，将秩序和连贯性强加于混乱一样，我们也会有选择地关注最显著的东西。科学已经表明，人们不会随意地去注意每一个事物。我们会根据我们头脑中已有的想法选择要注意的东西。

这使人们的注意力成为一种机制，会让我们更加相信我们本来就已经相信的世界的模样。威廉·詹姆斯被广泛认为是"现代心理学的奠基人"，早在1890年他就提出：

> "注意不会创造想法"，在我们注意到之前，这个想法肯定已经存在了。注意只是修复并保留了在"意识之光"照射进来之前的常规联想。

黑人与猿类有关的想法甚至可能从未被承认过，却会在潜移默化中使我们将注意力集中在黑人面孔上，而在一般情况下，我们是不会那样容易注意到黑人面孔的。那引起注意的焦点则有助于加强我们头脑中根深蒂固的联想。我们看到了我们早已做好准备要看到的世界，尽管这些准备工作一直都在无意识地进行着。

黑人和猿人之间的联想早已根深蒂固，甚至可以扭曲行为科学中具有里程碑意义的结果。我和阿妮塔·拉坦一起进行了一系列研究。她之前是我带的研究生，现在在伦敦商学院担任教授。我们在一个经过多次检验都被证明可靠的选择性注意实验中加入了种族元素，我们给受试者展示了一场著名的篮球比赛，但画面里会加入一只大猩猩。在这段比赛视频中，我们插入了一段静音的30秒钟的小片段，在这个片段中，两队的篮球队员互相传球。研究人员要求受试者们数出其中一支球队的传球次数，有一半的受试者因为太过专注，根本没有注意到在传球的过程中有一只大猩猩从场内经过。

我们对这个经典实验进行了微调，加入了种族的元素。在参与者观看视频之前，我们为他们提供了一个名单列表。一半的受试者拿到的是典型的白人名字：布拉德、弗兰克、希瑟、凯蒂。而剩下的受试者则拿到了典型的黑人名字：贾马尔、泰隆、尼什尔、莎妮夸。当他们观看视频时，拿到黑人名字的小组更有可能注意到大猩猩。简单地通过典型的黑人名字让人联想到非洲裔美国人，就把研究参与者注意到大猩猩的概率从45%提高到了70%。这些大学生当时并没有意识到猩猩背后的种族含义，就好像黑人和猿类的联系早就被悄悄地融入了他们的脑回路之中。

即使是在教室和实验室之外，也存在这种黑人和猿类的联系。经常有人拿这种联系来开玩笑，社交媒体上也有很多类似的恶搞表情包。这甚至成了执法领域话语体系的一部分，在这些领域，偏见的风险和成本都是很高的。

在1991年罗德尼·金事件之后，研究者对洛杉矶警察局进行了一项调查，他们公布了洛杉矶警察局警员巡逻车电脑聊天记录，研究人员发现警察们在沟通时经常将黑人比作丛林动物，并刻意模仿黑人的方言。

"他看起来像是猴子。"一条消息这样写道。另一名最终被判殴打了金的警员在描述了涉及黑人家庭暴力的时候，把这家人称作"现实版《迷雾中的大猩猩》"，警员们甚至为涉及黑人的事件创造了一个速记代码：NHI，意思是无人类参与。

在旧金山，就在 2016 年，警方发送的大量短信中都会把黑人和其他少数民族描述为野生动物、蟑螂、野蛮人和猴子。这种与动物相关的形象令人不安，不仅是因为这其实反映出了警察对待黑人的态度和行为，更因为它可以塑造公众对警员这种选择的评价方式。

2008 年，在我和菲利普·高夫以及其他研究者一起发起的一项研究中，我们向受试者们展示了一群警员围殴嫌疑人的画面，从视频中无法看清楚这个嫌疑人的样子。有些人认为嫌疑人是白人，有些人则认为嫌疑人是黑人。我们在放映视频之前，如果让观众潜意识地接触到与猿猴相关的词语，他们更有可能将警察残酷围殴犯人视为合理行为，但前提是他们认为嫌疑人是黑人。通过用像"狒狒""大猩猩"和"黑猩猩"这样的词语作为隐性触发条件，研究参与者更有可能相信警察使用暴力是因为黑人嫌疑人的某种行为，换言之，黑人嫌犯应该受到殴打。这就是黑人与猿类之间联想的强大程度，即使我们没有感觉到这种联想，它也可以对我们产生影响。

. . .

我在科学会议上介绍我们对黑人和猿类之间联想的研究，我知道这是一个让人谈论起来觉得很不舒服的话题。但事实证明，听到观众反应会令人更不舒服。我之前就已经预料很多科学家会不赞同我的研究成果，他们不敢相信这种源自 19 世纪的范式居然如此强劲持久。我和我的合作伙伴们有一个接一个的研究，可以解决他们的怀疑。

但是，要让他们相信，黑人在普通人的心目中与猿人有着千丝万缕的联系却并不是一件那么困难的事，甚至简单到让人觉得有些不安。我们从许多同事那里收到的各种学科的回应表明，黑人和猿类之间的联想影响的范围比我想象的要广泛得多。

在几乎所有的访谈中，我都会接受一位科学家的提问，不论年纪和性别。他们会大声提问，质疑我们的研究结果。他们想知道，之所以大家会有这样的联想，有没有可能是因为黑人本来看起来就比白人更像猿类动物。

"有没有可能你所展示出的所有种族因素其实都只是因为黑人和猿类的肤色接近？"也有人这样问过我。他们注意到，黑人和猿类的颜色相似。当人们看到一个皮肤黝黑的人时，他们更容易想到"黑毛猿"，因为两者看起来很像。

他们的回应困扰着我。他们把我带回了 19 世纪后期，当时心理学家并没有质疑黑人的天然劣势，因此也觉得没有必要去查证是否存在偏见。那些反应让我想起了我在翻看过去的文献时感到的那种不安，我翻阅了几百年前感觉都快要风化的书页，看到了对黑人最丑陋的描绘，更令我痛心的是，这种描绘居然还存在于当今世界上最聪明的学者们的脑袋里。

但我们现在处于 21 世纪，许多科学家并没有对我们的研究结果感到惊讶，不仅如此，他们也不相信种族认知其实才是黑人与猿类之间联系能够长久存在的背后驱动力。他们没有在陈规思维的框架上看待我们的结论，他们认为我们的研究结果展示的是一种自然的、理性的联系，而不是一些挥之不去的种族主义的余毒。

不过，此前我并没有意识到受过良好教育的人在科学会议上可以舒服自如地公开表达这种观点（更不用说私下思考了）。在我的同事中，我们也经常会展开这样的讨论。

前几次遇到这样的提问时，我就已经感到非常震惊了，然后我就见怪不怪了，每次都会给他们相同的回应：我们没有找到证据去证明人们看到黑人时会想到黑松鼠或是黑色短吻鳄，虽然这些动物都是黑色的。我们只找到黑人和猿类之间联系的证据。当我们在研究中使用猿类的线条图而不是黑色猿类的照片时，我们得到相同的结果，因此仅仅因为颜色相同而导致联想的这个假设本身就不成立。事实上，甚至在我们不使用图片，转而使用与猿类相关的单词时，我们也会得到相同的结果。当我们使用典型的黑人名字，而不使用黑人照片的时候，结果仍然相同。顺便说一句，我们也没有找到证据证明人们会把南亚人和猿类联系在一起，尽管许多南亚人皮肤也很黑。

这些年来所做的工作让我感到沮丧和疲惫，因为我花了多年的时间进行研究。我必须承认，我的种群被永久地作为国家集体意识中的特异点，这是非常令人不安的。我们的黑皮肤被视为一种污点，没有任何办法可以干净地擦除。而我的许多同事——在职业上与我同一种群的那些人，其实也都怀有同样的联想。

即使在我的私生活中，这种悲伤也跟着我。学术界以外的朋友和熟人经常有兴趣了解我在学习什么、学到了什么。我一直渴望谈论我的工作，但这项研究注定是没有办法拿上台面好好交流的。只要对偏见这个永远都不会死去的怪物避而不谈，就很容易让我的工作保持低调。我的沉默让我得以从这个研究中逃脱出来，我自己也需要尝试把自己从这个研究中分离出来。

2008年，我前往波兰参加了一个关于非人化的研讨会。我想知道这个问题是如何在其他国家和其他不受欢迎的团体中出现的。我想知道黑人和猿类之间的自然联想是否只存在于美国。

我向来自波兰、葡萄牙、意大利、西班牙、比利时、英国和澳大利亚的与会者提出了这个问题。他们都知道答案。他们操着不同的口音，纷纷表示，黑人和猿类之间的联想说在他们国家也很活跃。在我看来，世界上没有任何地方能够免于"黑人是劣等民族"这种论述的污染。

当然，在某种程度上，我已经为此做好了准备。现代有很多新闻报道欧洲和南美洲足球场上发生的种族事件，非洲裔运动员（或者只是黑皮肤，无论他们的种族到底是不是非洲人）都会被观众嘲讽，观众们会故意发出猴子的声音，从看台上朝他们扔香蕉，他们不得不在比赛的同时躲避这些攻击。我坐在波兰会议室的那张桌子旁边，听到一个接一个的人承认他们的国家也有这样的联想，听到一个接一个的故事，这迫使我接受，这不仅仅是体育流氓的事儿，而是一个广泛的社会现象。我学得越多，就发现真相越令人沮丧。

最终，我与波兰研讨会的研究人员，以及加拿大、哥斯达黎加、巴西和印度的科学家合作开展了一个项目。在这十一个国家和美国，我们收集到的数据都可以为黑人和猿类之间的联想提供有力证据。

世界各国的边缘化群体通常都是因为被比作动物而失去社会地位。不受欢迎的移民群体，美国的墨西哥人、德国的犹太人、意大利的罗姆人等，经常被比作昆虫、啮齿动物和其他入侵空间、传播疾病或迅速繁殖的害虫。这是历史的普遍固定现象。

数百万爱尔兰人在19世纪中期集体移民到美国的时候，乘坐的是和非洲黑奴去往美国海岸同样的改装货船，他们也受到了公然的偏见。"没有爱尔兰人需要申请"的标志旁边画着凯尔特人猿的图像，额头前凸，长相骇人。

但随着时间的推移，爱尔兰人却摆脱了那些丑陋的漫画，完全成了白色人种的一部分。而黑人却仍然被困在与猿猴的联想之中，这主要是由奴隶制的历史、几乎每个重要生活领域的当今差异，以及一系列重叠的种族刻板印象导致的。这加剧了这些不公平现象。除了皮肤黑之外，人们通常认为黑人智商低下、体格庞大、个性危险、具有很强侵略性、暴力、不受约束。不幸的是，前述的许多特征都与猿类直接相关。

在没有人直接给我们灌输这种想法，也没有人和我们对此进行讨论的时候，这种联想可能会潜入我们意识的底层。但是，在适当的条件下，这种联想又可以很容易地被唤醒。比如说，贝拉克·奥巴马当选总统就将黑人与猿类的自然联想带到了表面，再续了那些被认为已经消失（我们认为已经消失）了的过去联邦政府的种族主义遗毒。

在加利福尼亚州奥兰治县，一位著名的共和党官员向其他党派领导人发送了一封电子邮件，内容被称为奥巴马及其父母的家庭照片——两只大猩猩抱着一个婴儿，婴儿被打上了奥巴马的脸。西弗吉尼亚州小克莱县的一名政府官员在一篇庆祝唐纳德·特朗普当选的脸书（Facebook）帖子中称米歇尔·奥巴马是个"穿着高跟鞋的猿猴"，甚至连他们的女儿玛利亚也受到诽谤。福克斯新闻不得不在一篇报道玛利亚就读哈佛大学的文章下关闭评论功能，因为评论区充斥着种族主义言论，很多人称这名少女为"猿猴"和"猴子"。

对于许多美国人来说，这迫使人们对我们过去的事情进行了清醒的清算。一个黑人男子上升到声望和权力的顶峰引发了一场恶毒的反弹——旨在通过将他们与人类家庭分化来抹黑这个入驻白宫的黑人家庭。贬低奥巴马的图片让我感到恶心，但并没有让我感到惊讶。到那时，我花了五年时间在科学的垃圾箱里四处寻找，试图弄清楚是什么把我们变成了现在的样子。我开始了这个特殊的旅程，相信现代神经科学的力量能够拆解科学种族主义的蛛丝马迹。我将在一个不太可能的地方结束旅程：圣昆丁州立监狱的一间教室。

我站在那里向这群赎罪的人展示我的发现。他们全神贯注地听我讲课：身子向前倾，做笔记，并提出我期望在科学会议上听到的各种问题。但更重要的是，我对种族和非人化的研究对他们来说非常熟悉，尽管他们从未讨论它对他们生活的影响。他们作为人类的身份不断受到威胁。他们是社会的笼养动物。他们是我这项工作的唯一受众。他们感激我给了他们这个机会。

当我结束课程时，学生们自发地站起来排成一列，一个接一个地向我走来，跟我握手。"谢谢你分享你的作品。""谢谢。"一次又一次。当最后一个学生走到我面前的时候，他伸出了手，用力摇了摇头，仿佛在厘清思绪，良久，他对我说："我很感激你做的事，真的。"他直视着我的眼睛，接着说，"但我不知道你是怎么做到的，你怎么能够承载这些事实？你分享的内容真的很沉重。"这是一个被判终身监禁的黑人对我的临别赠言。

他们的反应让我再次回想起是什么吸引我去研究助长偏见和塑造不平等的心理联想。当然，这是令人沮丧的工作。但我开始意识到我并没有受到痛苦的束缚，尽管这种痛苦已经开始占据我脑海中越来越多的空间。我可以重新配置我的想法，并重新启动从一开始就推动我的希望。

我可以拿起神经科学的工具来证明人类不是固定在预定层次结构中的静态生物。我们的大脑、我们的思想，都是通过我们的经验和环境塑造和改造的。我们有能力改变我们的思维方式，去除古代恶魔留下的余毒。

随着社会威胁的增加、文化规范的转变，群体极化日益极端，我们正在遭受越来越多的非人化，这会放大我们更糟糕的冲动。我们不能听之任之，不管不顾。

3 出路在望

第七章　家的安慰

当我推着五个月大的儿子走进帕洛阿托附近的塔吉特百货时，我对我作为一个母亲的细致入微感到十分满意。婴儿车就停在我的脚边。当我挑选架子上的婴儿衣服时，他的眼睛睁得大大的，闪闪发光地看着我。

这时，我眼角的余光看到一个女孩在拐角处蹦蹦跳跳地朝我们走来。我还不太擅长推测儿童年龄，但她看上去只有三岁左右。她的脸上绽放着灿烂的笑容，穿着可爱的小礼服，那头纤细的金发中绑着一个小小的蝴蝶结。

当她看到我的婴儿推车里的艾比时，突然停了下来，眼睛睁得大大的，我听见她深深地吸了一口气。她凝视着他，然后大声尖叫起来。在我听来，这尖叫声更像是透着喜悦。她接着又跳了起来，不停地挥舞着双手，仿佛兴奋之情使她的小身体无法承受。紧接着，她就跑走了，到处喊着她的妈妈。

我把艾比从婴儿车里抱出来，跟随小女孩的声音。小女孩一直喊着："妈妈！妈妈！妈妈！"她找到妈妈的时候，我都能从过道上听到她的声音。"妈妈，妈妈！你猜我看见什么了？"

她的声音因自己的发现而兴奋地颤抖着："猜猜我看到了什么！一个棕色的婴儿！一个棕色的婴儿！那边有一个棕色的婴儿！"

她是如此兴奋、如此纯真，我禁不住大笑了起来。我低头看着艾比，他也用那双棕色的大眼睛看着我。然后我暗暗想："嗯嗯，他确实是一个棕色的婴儿。"他的皮肤是牛奶巧克力的颜色，头发是卷曲的，深浅不一的铜棕色在头顶卷成一团，而且我今天给他穿着一身棕色的衣服。

我径直走向女孩和她的母亲。因为我觉得这实在是太可爱了，而且也很有趣。我面带微笑地走近两人，准备和她们一起分享这份快乐。

但是小女孩的妈妈看上去很生气，她的白皮肤泛起了明亮的红色，她的脸、脖子、胸口都向我传达了她所感到的尴尬。她很担心我对她女儿的轻率举动有所反应，也许她没有注意到我脸上的微笑。我看着她飞速转身，带着她的女儿迅速跑走了。

就在几分钟之前，我还以为我们就要建立起同作为母亲的纽带了，毕竟那位女士也是一位母亲呀。我对她的反应感到惊讶，像她女儿一样，我的眼睛也瞪得大大的。在一次短暂的相遇中，我目睹了肤色的力量，既愉悦又分裂，让这位母亲尴尬地逃开了。

我们一家刚刚从康涅狄格州的纽黑文搬到了加利福尼亚州的帕洛阿托，后者的黑人人口仍然仅占2%。我们住在斯坦福大学校园最边缘的公寓大楼里，每天在我的周围会经过数百张面孔，而我们唯一看到的另一个黑人是孔多来扎·莱斯，我经常看到她出门开车或是倒垃圾。

这种现实意义上的种族隔离并不是硅谷的独特现象（但在硅谷这种现象确实很普遍）。随着城市地区的多样化，全国各地的多民族社区越来越多，但是黑人和白人仍然有可能在不同的社区中结伴而出。这个小女孩的惊讶之情反映了这种残余鸿沟，这种鸿沟源于历史、根植经济，并伴随日积月累的偏见力量得以持久。

被隔离的空间

我们今天生活的种族隔离模式是我们国家并不那么遥远的过去的遗产，当时公共机构和私人力量串通一气，通过限制黑人的居住地来使白人社区保持白人至上状态。

联邦政府在创造隔离的空间中刻意地起到了直接的作用，如拒绝在种族混合的社区中支持抵押贷款、补贴全白人郊区的私人发展，以及限制《美国军人权利法案》的住房福利——黑人退伍军人只能购买少数族裔社区的房子。

这些政府行为受到当地法律和习俗的支持和加强，使种族隔离的范围扩大到了学校、医院、酒店、饭店和公园。歧视，而非收入、个人选择或便利程度，决定了黑人的住所。

早在20世纪初，许多城市的分区法规就禁止黑人进入白人社区。试图融入白人社区的黑人家庭经常遭到暴力对待。民权组织向法院寻求补救，最终，1917年，最高法院取缔了种族的区域划分条例。但是，该裁决却为新的种族隔离工具铺平了道路，这种新的隔离工具同样有效且更难应对。种族限制契约是一种书面协议，要求白人拒绝将财产出售、出租或转让给"非高加索人（白人）以外的任何人"，任何敢于违反契约的人都可能被起诉或被迫搬家。

从加利福尼亚州、蒙大拿州、马里兰州到纽约州，全国各州的法院都维持把黑人从所购房屋中驱逐出去的裁决，这种契约裁定与正式种族分区限制不同，这些属于自愿性私人合同。结果，到20世纪40年代，芝加哥和洛杉矶等城市中80%的社区禁止黑人进入。

1948年，最高法院才宣布这种契约无效。但是，由于联邦政府的行动和法令，这种契约创造的居住模式和少数民族聚居区仍然存在。

联邦资金有助于确保种族隔离在20世纪30年代和40年代蓬勃发展。在大萧条时期，他们用纳税人资金建造公共住房，但会指定该住房是供给黑人居住还是白人居住。私人建筑只有在其房契中加入种族限制，才能获得联邦政府支持的贷款。为使房屋所有权易于使用而成立的联邦机构拒绝给黑人批准银行贷款，甚至还会拒绝居住在黑人附近的其他居民。

直到1962年，因为民权运动进展顺利，住房机会均等的原则才成为举国关注的问题，约翰·F.肯尼迪总统下令停止住房歧视。两年后，1964年的《民权法案》禁止任何接受联邦资助的组织进行种族歧视。

但是，没有哪种补救措施可以对由私人经纪人、银行家和建筑商推动的房地产市场产生很大影响。四年后，经过城市骚乱，1968年，国会通过了《公平住房法》，并全面禁止在建筑、营销、融资、租赁和出售住宅物业上的种族歧视。

但是在那之前，得到政府背书的歧视手段（分区限制、种族契约、拒绝黑人抵押贷款，以及建造仅向白人开放的建筑）已经对黑人造成了不良影响，黑人家庭不得不挤在设施稀少的欠发达地区，可供居住的住房余量不足，经常进行廉价建造，街道两旁是工厂，这些工厂排放了很多工业污染物。

这些歧视性习俗的残余如今仍然存在，助长了陈规定型的观念，使人们对黑人和黑人社区进行污名化。研究表明，这些刻板印象的力量可以塑造我们生活中最基本的决定之一：我们在哪里安家。与其他任何群体相比，非洲裔美国人更有可能居住在隔离的社区中。无论是在大城市还是在小城市，无论是经济意义上还是社会范畴中，非洲裔居民的聚居隔离现象都持续存在，令人震惊的偏见性的联想使这种隔离现象更加根深蒂固。

超过一半的白人表示，他们不会搬到黑人占30%以上的地区，因为他们认为在那里住房储备不足，犯罪率很高。实际上，根据社会学家林肯·基里安和德瓦·佩哲的研究，一个社区中的黑人越多，人们就越会想到犯罪率，无论统计数字是否能证明这一点。这与恐惧和偏见有关。他们认为自己的邻居"肤色越黑"，白人就越有可能受到犯罪的侵害。某个空间中黑人的存在与否完全变成了衡量危险的真实指标，它扭曲了安全感，并给人们带来了危险感。

种族也会影响人们对周围物理环境的判断。社会学家罗伯特·桑普森和斯蒂芬·劳登布什发现，附近的黑人与社区中的黑人越多，人们"感觉"自己会看到的乱象也就越多，即使他们并没有实际看到很多涂鸦的标语、木板房子或街道上乱堆乱放的垃圾。而且，不仅是白人，其实黑人自己在黑人聚居社区中也会"感觉"更容易出现混乱的景象。

这暗示了一种隐性偏见，它更多地与我们通过历史和文化所吸收的固有联想有关，而非明显的种族歧视，不过二者结果都一样悲惨。数十年的研究表明，白人回避有黑人的社区是种族隔离的主要驱动力，这种种族隔离加剧了从学校到就业再到医疗保健等生活各个领域的不平等现象。

种族、空间和不平等之间的关系是我2016年与社会心理学家科特尼·博南和希拉里·博格西埃克共同发表的一篇论文的主题。我们的研究表明，即使我们认为我们的行为是种族中立的，集体定型观念也会塑造个人的住房选择。与种族和自然空间相关的负面看法会加强隔离，阻止我们彼此了解，拉远社会距离。

在一项在线研究中，我们要求人们列出与黑人相关的空间特征。每个种族的人都对这些特征达成高度共识：贫困、犯罪、破败、危险、肮脏。正如人们有着对社会群体的相同刻板印象一样，他们对这些群体所占据空间的刻板印象也如此类似。

在另一项研究中，我们在克雷格网[1]上找了一批房屋中介。我们伪造了一个姓托马斯的家庭，并且放出消息说这个家庭正在出售一栋房子，让他们来评估这栋房子卖出的可能性。这栋三居室的房子位于郊区，占地四分之一英亩，所有研究参与者都阅读了有关其功能和改造的相同描述。我们仅更改了一个变量：房主的种族。我们向一些参与者展示了一张黑人家庭的照片，他们站在屋子的空房间里。其他参与者则看到了一张白人家庭的照片。

我们发现这些中介对黑人托马斯一家出售的房屋的评价比白人托马斯一家的同一个房源更为负面，并预测，如果要卖黑人托马斯一家的房子，还需要做更

---

1 美国一家分类广告网站，提供工作、住房、物品出售、社区服务、演出等相关信息。——译者注

多的工作才能吸引买家。实际上，仅仅想象一下这家人附近的其他黑人家庭，他们就将房屋价值降低了近 2.2 万美元。即使我们根本不给他们任何有关周围社区的信息，当潜在卖方是黑人托马斯一家时，他们自己就在脑内描绘出了周边的情况——没什么购物区、劣质的基础设施和服务、很普通的学校及维护不善的社区。

从某种意义上说，这反映了一种理性的认识，其根源在于房地产历史。五十年前，放贷者通常会在黑人聚居区域周围的地图上绘制红线，并拒绝将贷款借给想在那儿购买房屋的人，因为金融投资被认为风险太大，劣质社区不太可能保持其价值。正是这种红线塑造了当下的感知和现实。就连思想开放的买家，在看黑人托马斯一家的照片时，都会产生不少的负面联想，让研究参与者觉得自己和邻居"没有什么联系"。即使这个黑人家庭搬走，他们也会在社区留下污点，仅仅因为他们曾经住过，他们的住所就会变得毫无价值。

甚至都不需要黑人托马斯一家的全家福照片，就可以触发这种联想。在我们进行的另一项研究中，我们要求参与者从一家化工公司雇员的角度出发，为一家可能会存在危险的化工厂选址。我们研究的参与者中有一半被告知考虑选址的社区主要是黑人聚居地，而另一半则被告知该社区居民多数是白人。当参与者考虑在黑人社区建厂时，更有可能假设那里已经有工业设施，他们个人与该社区的联系会有所减少，对在该地区建设化工厂的反对也减少了。黑人聚居区域陈规定型的样子受历史和当今种族不平等的支配，使我们的研究参与者可以想象出黑人聚居的社区已经受到了污染。这种形象使他们减弱了对空间的保护，更倾向于加剧现有的环境威胁。

被污染的人

也正是同样的联想让我们将黑人聚居空间判断为肮脏和受污染的，这种定型的联想可以超越这些空间界限，并同时将这种联想扩展到那些将这些地方称为家的人身上。在整个历史中，世界各地的移民都承担了这种基于地点的偏见的负担，这种偏见认为，出身于这些臭名昭著的地方的人身上必然也带着相同的恶臭。他们故国的异味跟着他们一起来到了新的国家，影响了他们的公众话语，并限制了他们做出的选择。

研究表明，对移民的态度很大程度上是由对大量新移民的文化影响的担忧以及他们与当地主要居民的差异造成的。这使美国和欧洲国家都制定了限制移民的政策。

美国曾出台移民旅行禁令，还有对于难民和庇护所的限制，不允许合法移民将家人带到这里的"链条式移民"，墨西哥移民在穿越国境时如果被抓捕，则会强行把父母与孩子分开。

在欧洲，由于非洲和中东的人潮涌入曾经基本上是同一人种的国家，移民被视为一种安全风险。在欧洲大陆，关于移民的观点正在发生变化，针对穆斯林的仇恨犯罪急剧上升，这和美国种族隔离的原因很像，都是人们对社会分裂的担忧和固有的劣等民族观念所导致的。

通常，人们会以暗示污染的词语描述新来的移民："肮脏""污秽""病态"。这些看法会自发地引发一系列保护冲动，甚至在支持移民或欢迎新移民的人中也是如此。耶鲁大学的社会心理学家约翰·巴尔及其同事研究了移民状况与对疾病的恐惧之间的联系，发现这种联系比我们意识到的要更加根深蒂固。

2009年猪流感疫情盛行时，巴尔进行了一项在线评估移民态度的研究，研究参与者在就其与移民有关的感受进行调查之前就已经了解了猪流感病毒的威胁。之后，巴尔询问他们是否已接种流感疫苗。巴尔发现，与已经接种流感疫苗的人相比，未注射流感疫苗的人对移民的态度更为负面。他们对疾病的脆弱感与对被感染的移民的恐惧有关。

从偏见的角度来看，移民不是唯一患病的非社会主流群体。无家可归的人在社会图腾柱上的地位更低。社会心理学家拉萨娜·哈里斯和苏珊·菲斯克发现，无家可归的人被认为非常污秽，以至于对他们的污名化已经可以反映在我们大脑的内部运作中了。通常，当你看着另一个人时，随着神经元开始剧烈放电，被称为左内侧前额叶皮层的大脑区域会活跃起来。

但是，当哈里斯和菲斯克向研究参与者展示无家可归的人的照片时，在研究神经影像扫描仪中，研究参与者在看见他人时通常具有的高度反应的神经元活动性明显降低。相反，与厌恶有关的大脑岛叶区域和杏仁核则更加活跃。无家可归的人的处境使我们对他们的自然反应变得迟钝，我们并不认为这些无家可归的人与我们同属于人类。没有家的舒适生活，不仅减少了他们在社会上的地位，也让他们作为人类的身份开始消失。

即使非主流群体被主流社会所接受，这种接受也可能是暂时的，通常与主流文化、政治和经济政策有关。当好的时代过去，犯罪或社会问题加剧时，非主流群体就很容易成为指责或迫害的目标。

我在斯坦福大学遇见的一个学生，毛里西奥·沃沃维奇与我分享了他的祖父的故事。他的祖父是大屠杀的幸存者，他的姐姐和父母死于意图消灭犹太人的纳粹政权的手中。纳粹政权认为犹太人是"不被需要的"种族，并认为这对雅利安[1]种族纯正血统构成威胁。毛里西奥的祖父当时年仅十五岁，父亲是鞋匠，母亲是裁缝，他们家中有六个孩子，他是最小的一个。在纳粹占领波兰的时候，他们住在距离华沙几百英里处的一个小木屋里。纳粹分子将犹太人聚集在村庄的一座城堡中，然后将他们塞进圈养牲畜的牛车，运往德国最大的奥斯维辛集中营。毛里西奥说，当他们从牛车上卸下纳粹俘虏时，"给他们排了两行队列，一队是身体比较弱的人，另一队则是有工作能力的人。我爷爷的父母和姐姐直接被纳入了毒气室的那一队……这是我的祖父最后一次见到家人的时刻。"

他的祖父认为，他之所以能够生存下来，是因为他一直很注重外表清洁和强身健体。毛里西奥解释说："祖父认为，在纳粹选择要把谁送去毒气室，谁留下来工作的时候，外表确实很重要。"

在寒冷的天气里，犹太囚犯们只能在室外洗澡，但他的祖父每天都会洗澡。他时刻注意自己的鞋子，一沾上灰尘和污垢就会立刻擦掉。而且，他一直都在用自己的口粮——两片面包——来换取更好、更合身的衣服。他认为，如果他看上去不那么不修边幅，纳粹分子就会认为他还有可以剥削的价值。他无法摆脱自己作为犹太人的地位，但他可以展现自己的价值，这种价值能够让他继续活下去。

毛里西奥在成长的过程中，一直听着祖父的故事。他九岁那年，祖父去世了，但是他仍然记得在祖父的胳膊上有两处标示囚犯身份的数字刺青。其中一组数字被划掉了，然后又文上了第二组数字，"因为当时纳粹搞错了号码，他们对待他的手臂就像一张纸一样……哦，这是错误的号码？那就划掉然后再文一个。"

毛里西奥的祖父在奥斯维辛集中营待了两年半，直到他十八岁那年，这个营

---

[1] 纳粹德国把优等民族称为雅利安人。——译者注

地才被解放。后来，他祖父独自搬到以色列，后来发现他的一个远亲在墨西哥安家落户。那里就是毛里西奥出生的地方。

毛里西奥祖父的故事突出了一直以来刻板印象的力量。自中世纪起就有这种迫害犹太人的言论，宣称"肮脏犹太人"的言论通过报纸、小册子和日常对话渗透到20世纪德国人生活的方方面面，丑陋的绰号已进入普通市民的脑海。毛里西奥的祖父在他还是个小男孩的时候就已经知道，即使他竭尽全力抵抗德国集中营的污秽、肮脏和致命的威胁，有时还是不能有效地消除刻板印象的污点。在美国，欧洲移民经过几代之后就能够洗净污垢，并被美国主流社会吸收。然而，深色皮肤呈现出不同的困境，深色皮肤的人总是和破败联系在一起，这种情形已经存在了几个世纪。

早在18世纪末，托马斯·杰斐逊在考虑南部各州黑人奴隶的困境时，就意识到了这一点。在《弗吉尼亚笔记》中，他提到了"永远无法移动的黑色面纱"，这将永远是非洲的代名词。他写道，这种"不幸的肤色差异，是这些人求得解放的强大障碍"。即使是独立宣言之父，也做出了这样的暗示，美国黑人可能会因为肤色而永远无法融入主流社会。

两百年后，著名的美国黑人作家拉尔夫·埃里森也精疲力竭地如此承认。美国的黑人就像"牛奶中的苍蝇"，他写道："黑人遭受歧视并且受到惩罚不是因为他们个人违反了赋予美国社会秩序的规则。"

确切地说，是因为我们的黑皮肤。

近墨者黑

黑色皮肤的部分污名与文化联想有关,这种联想会将白人与纯洁绑定在一起,而将黑色赋予其他含义。确实,研究表明,人们迅速而轻松地将黑色与不道德联系在一起。社会心理学家盖里·舍曼和杰拉尔德·克劳尔在一系列涉及颜色命名任务的研究中发现了这种自然关联的证据。研究参与者在计算机屏幕上看到了一系列单词。每个单词都以白色字体或黑色字体出现。研究人员发现,当用黑色字体显示与不道德行为有关的单词(例如"粗俗")时,研究参与者会比以白色字体显示相同单词时更快地说出单词。同样,当看到白色(而不是黑色)字体显示与道德相关的单词时(例如"善良"),他们会更快地说出这个单词。人们认为:"罪不仅是肮脏的,而且是黑色的;道德美德不仅是干净的,而且是白色的。"

这些联想允许隐性偏见将肤色变成价值判断的依据。但是肤色实际上只是我们祖先居住的地方的标志。数万年来,随着人类在全球范围内迁移,我们的肤色已发生变化,以满足新家园环境的需求。

当太阳发出有害紫外线辐射击垮了早期人类时,我们身体产生的黑色素可以更好地保护我们。黑色素提供给我们的是一种保护,我们的身体产生的黑色素越多,我们的皮肤就会越黑。很多物种都会产生黑色素,从青蛙到枣,都像人类一样,其外表颜色会根据其栖息地的环境而变化。人类学家尼娜·贾布隆斯基解释说:"肤色是人类生物学变异最明显的模式之一。"黑色素对我们所处的物理空间具有高度的响应能力。

就像物理空间可以改变我们的外观一样，特定空间的细节也可以影响我们的思维方式和做出的判断。我特别喜欢夏天，于是，有一年夏天，我和丈夫以及我们三个十几岁的儿子一起去牙买加度假。

我的丈夫瑞克喜欢冒险。因此，当他决定带领我们穿越蒙特哥湾嘈杂、拥挤的城市街道，以及蜿蜒曲折不知名的乡间小路时，我有些担心。在牙买加，他们的马路是英式的，车道是靠左行驶，方向盘的位置也和美国的车型相反。我丈夫在靠右行驶的规则下开了三十五年的车，我作为科学家的心蠢蠢欲动，想知道长期靠右行驶的经验是否已经在他的大脑神经通路上留下了印记。但同时，作为一个母亲和妻子，我只是希望我的家人能毫发无损地到达目的地。

"我们是美国人。"当我们驾驶车子进入陌生地点时，我提醒瑞克。我们周围的一切似乎都在相反的一面，路灯和标志也是如此。男孩们看到他们的父亲坐在汽车的另一侧操纵方向盘，也觉得大吃一惊。我坐在副驾驶座上，被任命为哨兵，我要确保我们能够安全行驶在这个与传统完全相反的异乡道路上。

刚刚出发，我就感觉到我们有麻烦了。我坐在左侧的位置，这个位置本应该坐着驾驶员，因此我花了好久才克制住我自己才是那个开车的人的感觉。我必须努力防止自己的手臂向上移动，以抓住不存在的方向盘。当我们遇到堵车的时候，我发现我的右脚会不自觉地向下压，想踩刹车。

第一次看到汽车从相反方向驶向我们时，我感到惊慌失措。"往左！往左！"我大声警告着丈夫。然而，即使我大声喊出正确的建议，我内心的某些声音仍在暗示我应该往右。这种精神上的角力让我的心怦怦狂跳。我们要遇到大麻烦了，我心里这样想着，紧接着从我们身旁就又开过去一辆车，那个方向总让我觉得是错误的方向。我的脑子知道我们现在到底处在什么地方，但是我的身体直观感觉到的却是恰恰相反的东西。我内心一直不断在自发地给我发出提醒："这是错误的。你有危险！快往右边开。"

当我们到达市中心时，上下班高峰时间已经到了。在加利福尼亚的时候，我就不喜欢交通高峰时间，更别提在这道路交通完全和加州相反的外国了。我们在拥挤的大街上行驶，路上不仅有汽车、自行车、摩托车，还有站在街中间兜售商品的人。但此时此刻，我需要保持镇定。

我们终于开上了通往乡村的高速公路的偏远路段。我们这才放松下来，开始有心思欣赏沿途的风景，甚至在当地的旅游胜地做了短暂停留。但当我们度假结束返回城镇的时候，我丈夫作为驾驶员的神经就要崩溃了。

当瑞克并道驶上高速公路时，男孩们开始在后座尖叫。我转过头，想看看发生了什么事，结果也被吓得不轻。我看到两个巨大的18轮重卡以惊人的速度并排驶下高速公路，直奔我们而来。但是瑞克没注意到这两辆车，他正在专心致志地看着道路的另一侧——在加州开车并道时应该看的方向。我也大叫了起来，但瑞克专注于眼前的任务，慢慢地并入高速公路，并且进入了卡车的车道，他的眼睛仍然看着道路的另一侧，不知道我们为什么大惊小怪。

卡车司机没有减速，他以为我们肯定会停下来让行。谁会傻到挡大卡车的路呢？情急之下，我用我最大的声音喊道："停车！停车！现在就停车！"我的恐慌使我丈夫猛踩刹车，我们看着卡车从我们面前疾驰而过，距离我们的车头只有几英尺。我满头大汗，我的心怦怦直跳。我们沉默地坐了好一会儿。

在美国，一辈子在道路右侧驾驶对我和我丈夫的影响超出我们的想象。它不仅影响了我们将车辆放置在道路上的方式，还影响了我们倾向于看的地方、转向的方式和时间，以及吸引我们注意力的事物。它塑造了每个司机做出的一系列反射选择。

我们大脑内部有一个复杂而协调的系统，在我们的意识范围内运行，而且很难被超越。其实，在驾驶过程中，我们需要做大量的动作，但一直以来，我们都忽略了它们。尽管我们之前学过开车，但久而久之，我们更多是根据"本能"进行操作。那天在车上，我希望能提供额外的眼睛来提供帮助，保护我们的孩子，但恰恰是我们的没有驾驶经验的儿子看到了我和瑞克忽略的卡车，因为他们没有受到限制，只能以某些方式或期望的方式去看待或看到特定的事物。

在许多方面，这就是偏见的运作方式。尽管我们有意识层面的动机和渴望，但偏见仍然制约着我们看待世界和在世界中生活的方式，即使这种制约会给我们带来危害。就像驾驶员会受到自己国家道路建设习惯的制约一样，我们也受到种族叙事的制约，种族叙事缩小了我们的视野并让我们在看待周围人的时候带有偏见。

迁徙

在任何一个地区待上足够长的时间，都可以让这个地方成为你的舒适区域。对于 20 世纪初美国南方的白人来说，要想维持自己的舒适区，就必须让非洲裔美国人屈从于白人的优势，而这种观念根植于自奴隶制以来对黑人种族的贬低。

我父亲的曾祖父和他的两个兄弟在 19 世纪中叶出生于佐治亚州。家里的所有男孩都被卖给了另一个奴隶主。一个兄弟成为赫德家族的财产，另一个兄弟成为费腾思家族的财产，而我父亲的曾祖父则属于埃伯哈特家族。1865 年废除奴隶制后，三个人都跟从了他们主人的姓氏，并获得一小块位于他们被奴役处附近的土地，他们耕种这一小块土地，成了佃农。

在奴隶制废除之后，因为害怕要与黑人分享权力，美国南方的白人建立了种族等级制度,继续按照习俗和法律压制黑人。凭借《吉姆·克劳法》[1]中规定的限制措施,南方的白人建立了一个物理环境,以支持和强化黑人属于劣等民族的认知。他们通过日常的活动使每个人都了解并接受自己的地位,黑人男性和白人男性在人行道上相遇时,黑人男性必须走下人行道让白人男性先行通过,黑人女性从来不会被尊称为"某某夫人"。这种劣等种族的叙事被铭刻在他们所见、所做、所触碰到的一切上。

1910年,即奴隶制正式结束近五十年之后,非洲裔美国人占美国人口的10%,而其中90%的黑人仍然生活在南部,在那里,社会重建承诺被白人至上的恐怖主义和《吉姆·克劳法》所破坏。

在接下来的十年中,黑人和全球其他受苦的移民族群一样,以被压迫换取机会。第一次世界大战开始后,劳动力市场需求有所扩大,南方的黑人开始涌入北部城市,并受到北方城市的诱惑,因为北方有着更自由的生活前景。这种迁徙趋势会改变芝加哥、匹兹堡、纽约、克利夫兰和底特律等城市工业中心的复杂性。

1921年,我父亲的祖父母约克·埃伯哈特和艾玛·埃伯哈特离开了他们在佐治亚州哈特威尔的老家,成为第一批离开南方的黑人移民。他们与其他一百万名黑人一路向北,受到各行业的吸引,北方黑人的报纸上刊登着各种广告,提供交通补贴和高薪工作,吸引南部的黑人。我父亲的祖父母最终决定定居克利夫兰,约克在那里找到了一个在煤场的工作,后来又去克利夫兰铁路供职。他们搬进了后来成为中央大街贫民窟的社区。该社区曾经是贫穷的犹太人和意大利移民的聚居地,但南部来的新移民泛滥成灾,便也挤进了这个社区。正是在克利夫兰,他们的儿子霍伊特遇见并娶了一位名叫贝西的年轻姑娘,这姑娘是他妹妹最好的朋

---

1 *Jim Crow Laws*,泛指1876年至1965年美国南部各州以及边境各州对有色人种(主要针对非洲裔美国人,同时也包含其他族群)实行种族隔离制度的法律。——译者注

友。他们一共生了六个孩子。他们的第二个孩子——我的父亲哈兰生于 1936 年。

我母亲的家人参加了第二次移民浪潮，该浪潮始于 1940 年，吸引了五百万南部黑人移民去到北方城市。我的外祖父母都在阿拉巴马州的安尼斯敦长大。他们于 1948 年离开南方，移民定居克利夫兰，在那里一直居住到去世。

我认识的许多南方黑人移民家庭都经常回南方探亲，但是我们从来没有回去过。我从未去过安尼斯敦，也不知道是什么让他们如此突然离开。直到我开始写这本书时，好奇心才促使我寻找自己家族树上散开的每一个枝叶，以了解他们的旅程。我在芝加哥找到了外祖父的表亲，她帮助我填补了家族历史的拼图。九十二岁的吉恩仍然对早年和我外祖父在安尼斯敦一起成长时的往事记忆犹新。

我的外祖父和他的弟弟还在上小学的时候，父母就去世了。于是，两个男孩就搬去与吉恩和她的母亲一起生活。吉恩回忆说，即使还那么小，西德尼也已经"相当老成"，他很活跃，善于交际，"和周围所有人打成一片"。男孩们一天天长大，西德尼一直四处奔波，直到他爱上一个名叫玛贝尔的姑娘。1935 年，他们结婚了。他们买了一间小房子，育有两个孩子，儿子叫桑尼，女儿就是我的母亲，他们都喊她小玛丽。

西德尼在安尼斯敦的一家钢铁厂工作，工作地点和吉恩家就隔着一条街，但是，一夜之间，他的生活轨迹发生了翻天覆地的变化。吉恩清清楚楚地记得那一天，她看见西德尼穿着工作服，匆匆忙忙地往家的方向跑去，她觉得西德尼肯定是工作上遇到什么麻烦了。她说，西德尼从小到大都是一个乐天派，她从未见过他如此慌乱焦虑的样子。吉恩回忆说："他来问我有没有钱，因为他要离开安尼斯敦，而且即刻就要出发。"

她拿出了自己所有的钱，西德尼接过钱，就顺着库珀大街朝市区的方向跑去了。他登上了火车，甚至没来得及与他的妻子和孩子告别。他到了克利夫兰才给

第七章　151

家里打了一个电话，他有一个姐姐住在克利夫兰。几周后，玛贝尔带着桑尼和小玛丽也登上了前往克利夫兰的"满是黑人的火车"。

吉恩一直不知道，当时到底发生了什么事让西德尼匆匆逃离安尼斯敦。既然西德尼没有说，她也就没有开口问，但她仍然记得当时表哥脸上的恐惧。"当时，我几乎把我所有的钱都给了他，因为他看起来真的很需要钱。我不知道出了什么问题，但我知道肯定有事。"

吉恩跟我讲述这个故事的时候，我在脑海中想象着我当时只有九岁的母亲突然有一天发现自己的父亲消失不见的情形。我能想象她当时受的苦。后来一家子搬去克利夫兰的时候，我的外祖母是怎么跟她解释的呢？她有没有想过，到底是什么让她的父亲突然离开家呢？离开舒适的家去到北方一个遥远的神秘地方，她对此又有什么想法呢？

无论那天外祖父在安尼斯敦遇到了什么危险，他都不能去找警察寻求帮助。别人的经验告诉他：走为上计。"如果他真的遇到了什么麻烦事，最要避开的其实就是警察。"吉恩向我解释道，"如果你脑子一热叫了警察，你可能就被杀了。"吉恩说到这里的时候，若有所思地顿了顿，然后接着说，"我生活在安尼斯敦那么久，从来没有听过有黑人会向警察求助。"

吉恩的话让我清楚地认识到，南方黑人之所以会举步维艰，不仅在于人们不断地提示他们二等公民的身份，如黑人和白人分开设立的饮水机、学校、餐厅、洗手间，以及按肤色划分的等候区、就座区、站立区和康复区。更严重的在于，他们不断受到暴力威胁，而且得不到任何的保护或救济。种族隔离成了一种规则，警察则普遍被认为是三K党[1]的余众，他们正是种族隔离的践行者。"我告诉你，

---

[1] 美国种族主义的代表性组织，奉行白人至上，歧视有色族裔。

有色人种只能自己保护自己。"吉恩向我解释道。

对于有色人种的女孩来说，南方尤为危险，这些女孩经常会被白人男子当作"猎食"对象，因为白人男子知道强奸和殴打这些女孩不需要承担任何后果。根据这座城市的历史记录，直到1965年，也就是在我母亲的家人离开南方很久以后，白人在安尼斯敦对黑人实施犯罪行为才会被判刑。

吉恩仍然记得黑人女孩在青春期到来之前必须记住的规则：如果她们独自走在路上，并感觉被人跟踪，她们应该躲进最近的安全屋，直到朋友或家人到达后再出来。"他们有专门的场所可以让你打电话求救，看有没有人可以过来帮你。"吉恩回忆道。每个女孩都必须知道那些安全屋在哪里。

那时的安尼斯敦，有着你能够想象到的各种各样的种族隔离形式。黑人别无选择，只能坚决抵制侮辱。吉恩还记得当时去市区的路上会经过一个公园，她沿着公园的小径看到了一个游泳池，"白人孩子在泳池里嬉戏，而黑人孩子则只能眼巴巴地站在边上，不能下水。"白人和黑人之间的分界线是如此严苛，以至于那些与黑人"太过亲密"的白人也会被视作受到了污染，并被贴上"可怜的白人垃圾"的标签。

人们的所有行为，无论大小都会被评估，要看看这些行为是会维持社会秩序，还是会挑战社会秩序，而任何挑战社会秩序的行为都会用暴力来解决。在吉恩还是孩子的时候，她的心灵就已经被现实打上了深深的烙印。她还记得20世纪30年代初的一天，一群白人开始聚集在从安尼斯敦通往亚特兰大的一条狭窄的两车道公路上。由于离得太远，吉恩看不清他们，但是当这些人从镇上走过时，她可以听到他们的脚步声和说话声。她可以感觉到空气中积聚的愤怒，并感到周围黑人的恐惧。那也让她感到害怕。她竖起耳朵听着亲戚和邻居们的窃窃私语，想了解到底发生了什么事。

原来，远处的骚动是一群暴民在集会，他们想聚众行刑，吊死一个黑人，而这个黑人的罪名是"过于富有"。"他的农场比其他所有农场都要好。"吉恩解释道。苦苦挣扎的白人农民在大萧条期间所积累的财富减少了，这实在令人难以接受。这群暴民由牧师领导，这个牧师在安尼斯敦最大的白人浸信会教堂中传教。直到今天，吉恩还是觉得这一点特别讽刺："教会里传教的牧师怎么可以领导暴民对人用私刑呢？"

在那之后的许多年里，每当吉恩的家人开车经过这条通往亚特兰大的高速公路时，吉恩都会在他们经过教堂的时候望向窗外，脑中不由得回想起那一天的情景，一群白人雄赳赳、气昂昂地要去处死一个黑人。她对此感到困惑极了，一遍又一遍地问自己："为什么他们如此讨厌我们？"

她经常问她的母亲，但每次都得到同样的让人无奈的答复："因为我们的肤色。"这个问题的答案真的那么简单、那么令人不满意吗？是什么使普通百姓不愿意透过肤色去看一看每一个人的个性？是什么让他们如此仇恨黑人，甚至要以致命的侵犯来表现这种仇恨？

八十多年后，吉恩仍然对此感到困惑。"我只是，我只是一直都想不通。珍妮弗，我从来都不懂他们为什么要这样对待我们。"

. . .

在我与吉恩交谈仅一个月后，2018 年 4 月 25 日，我抵达阿拉巴马州参加蒙哥马利国家和平与正义纪念馆开幕仪式。这座纪念馆也被称为"私刑遇难者纪念馆"，这是在布莱恩·史蒂文森的领导下的平等司法倡议活动期间创建的，旨在纪念所有经历过种族恐怖私刑的家庭。确实，人们四处奔波，寻求承认，寻求问责，寻求真相与和解。人们希望这座纪念馆能成为一个疗愈之地，就像华盛顿特区的大屠杀纪念馆或南非约翰内斯堡的种族隔离博物馆一样。私刑遇难者纪念馆已成为我们看待种族主义和民族遗产方式的有力象征，不管从个人层面还是国家层面来说都是如此，这意味着我们有能力解决偏见，甚至是最糟糕的那些偏见。

从19世纪中叶到20世纪中叶，很多人都遭受了私刑，施暴者却从未被起诉，这种迫害发生在美国各地，但在南部尤为猖獗，尤其是密西西比州、佐治亚州和阿拉巴马州。私刑遇难者纪念馆位于山丘之上，俯瞰着南方邦联最早的首都——蒙哥马利市的市中心。这是一座开放式建筑，几乎没有外墙，建筑本身和访客都会受到外界的风吹日晒。纪念馆内悬挂着八百个长方形金属纪念碑，每个纪念碑高六英尺，并对应一个经历过种族恐怖的私刑的县，刻在纪念碑上的是被私刑处死的受害者的名字。越往里走，地板随着山坡的走势越来越低，纪念馆的参观者被迫抬头看着生锈的金属纪念碑，每个金属纪念碑都悬挂在一根长杆上，并固定在天花板的架子上——就像私刑受害者的尸体在树上晃来晃去一样。

我发现了一系列刻有短句的小牌子，讲述了一个个阿拉巴马州黑人面临的日常危险。最早受到私刑的是杰克·特纳，他因组织黑人选民投票而在1882年被杀。1888年，有7个黑人因从白人的井里喝水而被处以私刑。1894年，杰克·布朗利因为让殴打他女儿的男子被捕而被处以私刑。遇难者名单很长，仅在1877年至1943年，就有340个黑人在阿拉巴马州被处以私刑。最后一条私刑的记录是在1940年：杰西·桑顿因为没有使用"先生"来称呼白人警察而被处以私刑。

我站在那儿，仔细咀嚼着那些肆意的野蛮言论，开始重新思考是什么导致了我的外祖父疯狂而恐惧的退缩。当他在克利夫兰寻求安全和慰藉时，他又逃脱了怎样可怕的命运？在新的家园与偏见战斗，从屈从到自由，我们一家人的跋涉反映了全国和全世界各少数族裔仍在进行的旅程。他们的举动不仅是以家庭为单位的流动，更反映出另一个事实：空间已经变成征服人们的方式，居住方面的限制会压抑人的潜力。无论是依据规则、习惯还是环境，当你可以决定其他人的住所、吃饭的地方、可以坐的地方、可以游泳的地方时，空间就会成为一种隔离和孤立的污名化力量，把人限制在一个固定的空间中，并践行社会的不平等。

但空间也可以让人得到解放。人们离开原本令人压抑的物理空间，通常是出于对生活的基本要求：他们想要更好的学校、更多的工作机会、更安全的街道。但是因此而得到的回报可能是超出他们基本需求的。搬家提供了一种利用社会流动性的方法，来超越陈规定型观念，并最终钝化偏见的影响。

就在吉恩帮助我外祖父逃离安尼斯敦后不久，她自己也离开了那里，定居在芝加哥。她之前曾在密西西比州杰克逊市郊的一所黑人大学陶格鲁学院接受教育，后来又去读了亚特兰大社会工作学院。因此，她到达芝加哥的时候，是以专业人士的身份去的。吉恩对她的美好生活充满希望。然而，北方没有提供她想象中的避难所。她的种族地位仍然禁止她从事某些工作，她也无法去某些商店购物，或是在某些街区生活。实际上，北部的种族隔离似乎比南部的种族隔离更为严格，虽然可能不那么明显。

吉恩还记得，当她和她的丈夫来到芝加哥的新家的时候，周围的白人邻居是怎样迅速搬离的。当黑人搬进社区时，当地的房地产经纪人通常会故意提出对犯罪率上升和财产价值下降的担忧。很多白人会想在街区逐渐被黑人占据之前亏本出售房屋，以迅速摆脱困境。吉恩遇到了一个很好的白人邻居，他们一家住在马路对面，但是他们只遇到过一次。"他说的唯一一件事就是他和他的妻子是不会搬走的。"她回忆道，"我丈夫麦克斯却笑着对我说：'你觉得他们会在这里待多久？'我当时回答说：'应该待不过一周。'"结果如他们所料，那个白人邻居当周就搬离了。

在南方，黑人长期以来一直存在，即使没有被完全接受，他们也能适应。但是，在20世纪30年代和40年代，数百万名黑人向北部迁移，他们被视为一种丑陋的入侵力量，因此北部城市必须进行重塑和加固，以抵御黑人来袭的风暴。

正如历史学家理查德·罗斯坦在他的《法律的颜色》一书中所描述的那样，私人和政府合谋阻止黑人融入社会，并企图以此维护他们统治的社会秩序。一位杰出的城市规划者解释说，必须保护白人社区免受"种族入侵"，"为了公共和平、秩序和安全，种族分区至关重要"。

房地产经纪人被警告不要向"某些种族"出售房产，特别是黑人和外国人，因为他们的存在只会"降低社区其他房屋的价值"。在第二次世界大战后兴起的郊区社区非常实惠，但黑人不被允许搬入这些社区。在黑人家庭搬移到北部新家后的数十年间，种族进步引起的恐惧、厌恶和应享权利让偏见也跟着一起迁移到了新的空间。社会流动性让阶层之间的距离越来越近，却仍然遥不可及。

. . .

偏见以简单易懂的方式推动20世纪移民迁徙的同时，也掩盖着它。今天，在21世纪，偏见有了技术的助力，可以放大我们所看到的东西，但同时，也使我们忽略了所见背后的某些意义。

监控摄像机已成为主流，守护着我们每家每户的前门。在线社交网络可以保护我们的邻居。但是，保证安全并促进友爱的这套工具也可能形成一种管窥效应，扭曲我们对危险的感知，增加怀疑，甚至使他人的安全受到威胁。居民只需按一下按钮，就可以将"可疑"陌生人的照片传给邻居和警察，而无须任何证据去证明这个人到底做错了什么——这种做法会放大偏见，但一切又情有可原，因为他

第七章　157

们只是担心自己家的安全。

这些技术将很多无辜的人污名化,而同样的技术也正被用来记录和分享偏见,这些偏见在以前可能是很难被人注意到的,如北卡罗来纳州社区游泳池中的白人居民赶走了来游泳的黑人少年;餐厅里的拉丁裔员工被人大吼大叫并威胁,仅仅是因为她在纽约说西班牙语;一名亚裔美国人因族裔关系,他的爱彼迎(Airbnb)预订被取消,而房东在短信中解释说:"一个词就能说明一切:亚洲人。"

我们正在构建更先进的系统,以筛选出某些人,并欢迎其他人进入,但到底应该如何分类呢?这是我们终极的选择,而我们每天都在做出这样的选择。尽管我们希望技术能够减轻我们的恐惧,但它也鼓励我们对隐含的恐惧(无论是否得到承认)采取更快的行动。有时候,技术的存在似乎是让我们更有底气与我们认为可怕的人面对面。

密歇根州的一位白人房主在一个黑人少年按响了门铃之后,直接开了他的霰弹枪。在警察来之前,他甚至没有费心检查自家的监控摄像头。其实,这个男孩当时只是停下来询问去当地高中的方向,但是给他开门的白人妇女非常震惊,她大声呼救。她的丈夫跑下楼梯,看了看男孩,然后拿起枪,开了一枪。

虽然这一枪没有击中男孩,但是房主还是因此被捕了。这家人为了安全在门铃处装了摄像头,这个摄像头记录了整件事情的经过,并且为男孩的证词提供了证据。摄像头的记录也说明,男孩并没有做任何威胁性的事情,他只是想问个路罢了。这对夫妇看到这个男孩勾起了恐怖的刻板印象,而门铃处的摄像头无法记录这些。

研究表明,恐惧可能是偏见的驱动力,如果你的态度和经验都对你的大脑做出这样的指示,任何原始的刻板印象都会使一个紧张的十四岁少年看起来像一个危险的抢劫犯。这种对恐惧的本能反应本应保护我们的安全,但是它却以侮辱和威胁他人的方式激发了我们的偏见。我们用于减少外部威胁的科技也可能会遏制我们的人性。在这种情况下，监视设备捕获了促使那对夫妇反应过度的想法。"这些人为什么选择我的房子？"这名女子接受采访的时候说。但实际上，那天早晨，她的门廊上没有所谓的"这些人"，只有一个孤独的迷路男孩。

执法人员检查了录像带后，县治安官迈克尔·布沙德公开批评了房主，因为这位房主差点杀死了一个无辜的男孩。"这家伙走出来，开了霰弹枪，只是因为有人敲了敲门。"他告诉记者，"如果有人从你家跑出来，你一直追着人家，还要向别人开枪，那你将受到我们的刑事指控。"

2018年10月，在房主被指控"带有谋杀意图的袭击"六个月后，他被陪审团裁定罪名成立，罪名是袭击罪以及非法使用枪支罪，被判处两年监禁。陪审团仅用了三个小时就做出了裁决。

当地的治安官设定了允许伸张正义的界限。他将真理视为对抗偏见的武器，为在这种情况下应该做什么和不应该做什么提供了明确的方向。他退后一步，看了看整个过程，而不仅定格于一个被恐惧和先入为主的观念所笼罩的画面。从根本上讲，这是解决偏见干扰的合理方法，但是这样的处理方式在美国实在是不太常见。一些本应帮助我们架起沟通桥梁、弱化偏见的措施最终反而在潜移默化中将我们的偏见强化了。

· · ·

我从斯坦福大学郁郁葱葱的绿色校园驱车40分钟，到达旧金山那肮脏的交通拥挤的市中心，在Nextdoor首席执行官尼拉夫·托利亚陪同下，与Nextdoor的创始人之一莎拉·丽瑞会面。Nextdoor是一个面向社区的社交网络服务平台，每个社区都有一个自己的聊天室。Nextdoor 的用户遍布全美和世界各地，规模可达数千万人。该公司的使命宣言传达了其崇高的目标：提供一个值得信赖的平台，邻居们可以在此平台上共同建立更强大、更安全、更幸福的社区。它建设了一个本地社区在线网络，让邻里之间可以更轻松地交流。

该公司的总部设在一个高大而气派的大楼中，就坐落在推特（Twitter）公司主楼背后的市场街上。当我到七楼下电梯进入他们的办公空间时，我觉得这看起来就和我想象中的科技创业公司一模一样：酷炫而随意。这里没有配备高档办公桌的高档办公室。这里给人的感觉更像是透明的，仿佛可以从我站着的地方看到整个公司的运营情况：在宽阔的开放空间中摆满了白色的富美家牌的办公桌，甚至创始人的办公桌也与普通员工的桌子混在一起，没有任何隔墙。我们坐在带滚轮的塑料椅子上，在一个封闭的玻璃会议室里开会。这种平均主义的氛围正是 Nextdoor 一直追求的目标：无论是寻找失落的狗还是可靠的保姆，无论是要搬家具还是共享花园，无论是看到土狼在街区里游走还是看到从未见过的陌生人，人们都可以在这个平台上与从未遇见的邻居保持舒适的联系。而正是最后这一个选项引起了麻烦，这也是我来到 Nextdoor 的会议室的原因。

当时，Nextdoor 在美国超过 1.85 万个社区和全球 2.5 万个社区中运作良好。但是其"犯罪与安全"类别已经造成了很多问题。在 Nextdoor 里有太多带有种族主义色彩的帖子，黑人和拉美裔的人走在街上、坐在汽车里、用手机通话、敲门，都会被贴上"可疑"的标签，当奥克兰地区的一家新闻媒体报道该问题时，莎拉和她的商业伙伴对此感到震惊。他们开始从自己的用户那里听到类似的故事。该平台没有让邻居更加靠近，反而更多地暴露了原始的种族动态，伤害了邻里之间的感情，诱发了敌对情绪，并激起了激烈的在线争论。

Nextdoor 团队开始在平台上搜寻种族偏见的蛛丝马迹，并开始剖析挖掘处理这些偏见的方法。莎拉说，相对于每天数百万条消息的总量来说，他们发现的令人不安的消息数量"微不足道"。"但我们的想法是，即使只有一条这样的言论，也是一件很糟糕的事。……对我们来说，这是一种真正的内部检查和对企业灵魂的探索。"

她的团队仔细研究了很多实证的文章，试图突破深奥的语言，开发出一种技术，既能够保留用户在看到危险时举报的自由，又能让无辜的人不被误伤。莎拉说："大多数人都不是有意发这种种族歧视的消息的。他们自己可能都不会愿意承认这是一种种族歧视。他们只是知道在某一刻，他们看到了让自己觉得不安的东西，并为了安全起见，他们在平台上进行了分享。由于处于这种神经高度紧张的状态，他们发出了这条信息……他们认为这样做是对的。"

Nextdoor需要找到一种方法来遏制住这种仅仅因为肤色就让人感觉毛骨悚然的冲动。她的团队想要教育用户，而不是羞辱或疏远那些因发布尴尬或带有种族色彩消息而陷入困境的用户。她对此进行了研究，研究中揭示了我们在感到恐惧并快速行动的情况下最有可能出现偏见的情况，她也在这个过程中发现了可能的解决方案。我参观了她的办公室，分享了我在这个问题上的专业知识。

速度是技术的圣杯。大多数高科技产品的使用是为了减少摩擦，并让我们能够快速而直观地完成某一个过程。但是，技术让生活如此便捷的事实也使它在涉及种族和安全性方面风险很高。Nextdoor的目标是为用户创造轻松、快速和流畅的在线体验，使他们能够立即表达自己的想法。然而，正是这些导致我们暴露出了潜意识中存在的偏见。

为了遏制平台上的种族歧视,他们不得不考虑放慢人们发布此类消息的速度。这意味着要在发布有关"可疑人员"的过程中增加步骤，但又不能使事情变得过于烦琐，以至于用户根本就不想举报了。他们需要一些能够迫使人们超越种族范畴并思考特定特征的东西。因此，他们制定了一份提醒清单，提醒人们在进行"可疑人员"标记之前必须先浏览以下内容：

关注行为。那个人做了什么事让你觉得担心，这件事与犯罪有何关系？

给出完整的描述，包括此人的服装，以区别相似的人。如果描述过于模糊，以至于无辜者可能成为错误目标，请考虑意外的后果。

不要基于某人的民族或种族来假定犯罪，明确禁止种族特征描述。

我们的研究支持他们的做法，明确提出种族和歧视问题可以使人们的思想更加开阔，这样就可以更公平地行动，尤其是在他们有时间思考自己选择的时候。

Nextdoor更改了用户举报的发布过程，要求用户进一步了解行为，让他们跳出"如果看到某事，就直接说出某件事"的思维定式，迫使他们进行更具批判性的思考：如果你看到可疑的事，请说出具体的经过。

在举报过程中增加阻力，可以让用户放慢举报的速度，而且这并没有像行业观察家预测的那样导致Nextdoor用户数量急剧下降。这种举措真正的结果是，减少了种族偏见举报的发生率，Nextdoor的数据表明这种类型的举报已下降了75%以上。他们甚至根据民族、种族和宗教紧张局势的混合情况，针对欧洲国家使用了定制的过滤器，从而使整个流程更适应了国际使用。

该方法不仅仅在于减少邻里仇恨。这种摩擦及其产生的意识可能使人们更加愿意，也更有能力坦诚地思考和谈论种族。在多种族聚居的区域讨论种族问题可能会让人感到不适，人们会回避它们也在所难免。种族之间的融合是一项艰难的工程，整个过程中的威胁肉眼可见。白人不想成天担心自己说的话会不会有问题，也不想担心自己会不会被指控为种族主义者。而在鸿沟的另一端，少数族裔也不想知道他们是否会被一些不明真相的言论所侮辱。超越刻板印象所需要的互动交流需要精力、决心和意愿，我们要能够打开心扉，在我们的家中或是我们的社区之中，开诚布公地讨论这些原先让我们觉得不舒服的话题。

研究表明，与其他种族的人谈论种族问题对白人特别有压力，他们可能会觉得他们不得不更加努力地避开雷区。他们的这种不适甚至会体现在可以测量的生理表征之上：心跳加快、血管收缩、身体做出反应，就像在准备应对威胁一样。他们还会表现出认知枯竭的迹象，在做诸如单词识别之类的简单任务时都会非常吃力。

甚至只是思考谈论种族这件事也会让他们在心理上感到疲惫。一项研究想要了解当白人知道自己要与黑人交谈时，会如何安排物理空间，这些安排是否会依据聊天的主题而有所不同。当研究参与者被告知他们将以小组形式谈论爱情时，他们把椅子拉近了一些。而当他们被告知主题是种族特征时，他们把椅子拉得更远了。

Nextdoor 无法消除焦虑。但是，鼓励人们谈论种族并考虑一下背后的危害其实就已经可以改善当下的局面了。"我发现这可能是一次个人旅程，"莎拉说，"当你向人们提出这个问题时，起初可能会有点孤注一掷，不知道未来会走向何方。然后，你硬着头皮去解释后，却意外地发现得到了别人的理解：'哦，是的，这很有道理。'我认为，现在大多数人都觉得'我不应该进行有关种族的对话，我可能会让事情变得糟糕'。但是，如果人们相信，通过交谈实际上能让彼此更加理解，那么他们会更愿意进行交流。"

她看到这种情况发生在奥克兰，当时，人们正聚在一起谈论他们对种族偏见职位的困扰。"我认为人们只是被拒之门外，他们试图通过简单的假设来简化世界。"莎拉告诉我,"但很多人的生活可能比你想象的更加相似。当你与自己不同的人有直接联系时,你就会意识到这一点。"因此,那个穿着黑色连帽衫、看起来有点可怕的黑人少年其实可能是一个普普通通的名叫杰克的男孩,他刚刚从游泳队练习回家。

Nextdoor 做法的优点在于可以在人们做错任何事情之前就先意识到自己可能错了。莎拉解释说:"我们一直在尝试,也希望在处理这些事情的时候尽量多考虑到大家的感受,我们会假设所有人都是出于良好的意愿进行举报的。我认为人们真正感到尴尬的地方是,他们是出于好心,所以才进行举报,他们以为自己在帮助邻里,却被指责说'你是一个种族主义者'。"

Nextdoor 的举报前的前置步骤可让用户停下来思考,然后再发布那些可能会引起邻里直接争吵的内容。因为一旦发表评论,就很难再收回了。在一段对话中,一个人因为被标记为种族主义者而感到愤怒,而另一个人却总是不得不高举着道德的大旗:"你意识到自己的所作所为了吗?"如果我们在对话的时候有更多的体贴,减少彼此之间的防御,我们是有可能就种族的话题展开对话的。

我们终将把社区视为家的延伸。家是放下警惕的地方,是一个你希望能够感受到被爱、感到安全和舒适的地方。但是,生活在一个多元化的社区中,意味着其他人可能并不总是像你一样思考,大家的经验和观点都彼此不同。因此,整个融入的过程可能是非常具有挑战性的。但这也可能是扩大我们自己的视野,并检查自己的隐性偏见的机会。

· · ·

Nextdoor 提供了一个与附近邻居共享信息的在线平台,而爱彼迎提供了一个与远方的旅行者共享我们的家的信息的平台。当你注册爱彼迎时，你就进入了一个"将全球旅行者与世界各地的房东联系在一起的社区"。作为酒店的替代选择，爱彼迎可以为旅行者提供更便宜、更亲密的体验，并为房主提供了向陌生人开放家园赚钱的机会。本质上，这是私人住宅的公共市场，它的核心任务是向人们开放世界，让用户知道"每个社区都是你可以归属的地方"。

该公司的创意起源于在罗德岛设计学院相识的布莱恩·切斯基和乔·格比亚。2007年，他们在旧金山生活，每天都在为合租的小公寓的租金担忧。某一个周末，他们把自己公寓中腾出的空间租给了来镇上参加会议的技术人员，因为当时该地区的酒店已经被订满了。就这样，一个新的想法诞生了。他们花了一段时间才将那个周末的成功出租转化为可行的商业模式。一旦成功商业化，公司的发展将如日中天。如今，爱彼迎的社区网络已经遍布200个国家和地区的8.1万个城市，有1.5亿用户。全社区有超过500万套房屋可供选择，仅在美国就有66万套。到2018年，这家曾经陷入困境的初创公司的市值已经达到310亿美元。

注册用户上传自己的照片和个人资料，就可以浏览可租用的家庭住宅，然后在线预订并支付住宿费用。但是，与在酒店预订房间不同，住客并不是唯一的选择者，房东也可以选择要不要租给住客。因此，精明的住客会竭尽全力推销自己，发布自己的照片，主动与房东攀谈，以展现自己最好的一面。

但是，即使是出色的履历也不一定就能够确保房东接受预订。随着时间的流逝，少数族裔开始抱怨，他们认为拒绝接待他们预订请求的房东就是在歧视他们。到2016年，随着黑人用户进入推特、脸书和其他社交媒体网站分享他们的故事，这些被歧视的一个个独立事件已经从涓涓细流汇聚成了一场海啸。无论是在爱达荷州的小镇上还是在费城的大都市中，这些黑人用户预订住宿的经历都极为相似：他们想预订一个房源，业主却告诉他们这个地方不存在。有些黑人会让自己的白人朋友尝试在相同的时间段预订同一房源，突然间这个房源又神奇地出现了。一些黑人用户甚至尝试伪装成白人，用假的照片和假名，然后就发现他们可以轻松预订原先那些他们订不到的房源。

哈佛商学院的研究人员开始研究这个问题，并证明了这种现象的普遍性。一个严谨的田野调查发现，黑人住客被房东接受的可能性比白人低16%，并且没有办法通过调整种族以外的变量来解释这种差距。

研究人员通过系统地修正住客资料的名字，这些名字听起来会比较模糊，让人无法判断到底是黑人还是白人。他们使用这些个人资料联系了爱彼迎上遍及美国五个城市的约6.44万个房东。不管在哪个城市，预订的是哪种类型的房源（高端或低端），无论他们是长租还是短租，无论是单间出租还是整租，所有的预订情况都存在种族差异。这和邻居是否种族多元没关系，和房东是不是少数族裔也没有关系，甚至连黑人房东也歧视黑人。

当爱彼迎进行自己的深入调查时，他们的研究人员发现了证据，表明在平台上进行预订请求的所有人中，来自黑人住客的预订请求被接受的可能性最低，该公司显然存在种族问题。刚开始，爱彼迎的反应并不积极，但后来，在布莱恩·切斯基的指导下，该公司开始采取积极的行动来遏制种族差异。切斯基认为种族歧视是"我们公司面临的最大挑战……它直接定义了我们是谁以及我们所代表的价值观"。爱彼迎聘请了劳拉·墨菲以帮助他们应对挑战。劳拉是一位非洲裔美国人的民权律师，她为解决包括旅游业在内的种族不平等而孜孜不倦地工作。她花了三个月的时间与数十个利益相关者团体会面：员工、房东、民选官员、监管机构、旅游团体、民权组织和遭受歧视的爱彼迎用户。

作为律师，她首先寻求法律方面的补救。这意味着要弄清楚管理公共场所的法律如何适用于这种新的情况。旅馆显然不能基于种族拒绝某人的入住请求，当前的公共住宿法律禁止这样做。但是，爱彼迎是一个推广私人住宅住宿服务的公共平台。人们公开给自己的房子打了广告之后，房东对这个房子要租给谁，到底有多大的控制权和决定权？

劳拉建议，爱彼迎的领导层应立足于联邦法律要求，并自行确定应遵循的行为准则。她建议公司加强自己的非歧视政策，并要求每个用户签署"社区承诺"协议，该协议在注册过程中阐明：

> 我同意平等对待爱彼迎社区中的每个人，无论他们的种族、宗教、国籍、是否残障、性别、性别认知、性取向或年龄，我应尊重他们所有人，不带任何判断或偏见……歧视会让房东不再包容，让来到家里的客人和他们的家人感到自己不受欢迎，我们对此绝不容忍。

不愿意签署承诺的用户将无法再使用该平台。

那些违反反歧视承诺的人可能会被爱彼迎封号。该承诺为公司提供了维护核心价值的杠杆，并以与传统民权原则一致的方式规定了使用条款。正如旧的问题可以和人一起迁移到新的空间一样，旧的行为方式也可以自行调整，主动适应新的解决方案。

尽管政策上的补救措施已经开始，但强制人们遵守爱彼迎的价值声明也只能发挥有限的效果。在模棱两可的情况下，即使价值观被适当调整的人也可能无法按照这些价值观行事，他们甚至可能不知道他们在哪种情况下违反了规则。毕竟，有太多非种族的方式可以解释拒绝黑人申请者的方法：他们带着小孩，而我家有太多易碎物品；他们正在放春假，我不希望家里每天都办派对。你很容易告诉自己，你看到的不是种族因素，而是提出了许多其他理由，并且可以避免因有偏见而进行自我批评。劳拉的工作就是，使公司的经理专注于了解这些心理策略如何在潜意识中发挥作用。

劳拉说，主要问题不是"平台上的人们说：'看，我不想让任何非洲裔美国人住进我的家。'对我来说，我觉得爱彼迎最大的问题是无意识的偏见"。而且，与根除公然的种族主义相比，对隐性偏见进行补救更为困难。

鉴于技术行业的自然倾向是消除摩擦，因此爱彼迎牢记这一原则，开始着手制订解决方案。他们决定鼓励人们使用他们的"立即预订"选项，在这种情况下，预订事项无须主人同意就可以生效。这个选项就有点像订酒店或其他公共住宿场所：如果有足够的空间并且客人可以付费，客人则无须提供照片、个人资料，也不需要讨论双方的爱好或其他什么条件就可以进行预订。确实，爱彼迎的分析表明，当使用"立即预订"功能时，影响客人接纳率的种族差异消失了。

但是这种结果也并不让人感觉乐观。事实证明，只有一小部分住客（约3%）会选择"立即预订"功能。而且黑人比其他群体更不愿意使用该选项，这也许是因为他们想避免因主人的惊讶而引起的任何令人尴尬的相遇。如果歧视已经成为人们的期望，人们觉得每一次相遇的时候都会遇到这种歧视，那么在住宿之前，主人最好还是得提前了解一下住客的种族。因此，旨在掩饰种族追求平等的一种选择也揭示了一个事实，人们真的很害怕被拒绝。

另一种选择是增加预订过程中的阻力而不是消除摩擦。例如，每次收到预订时，房东都会收到该住客之前住宿的房东对他们的评论，这样住客的接纳率会更高，种族差异开始消失。这很可能是因为这种做法允许房东用有关举止的具体的、相关的、事实性的信息来代替模糊的种族刻板印象。确实，数十年的定型观念研究凸显了个性化信息在减少偏见方面发挥的作用。

当然啦，现在说这些调整是否足以消除引发投诉的明显歧视还为时过早。但是该公司已经创建了一个由工程师、研究人员、数据科学家和设计师组成的团队，其唯一目的是消除偏见。他们还开始将对歧视的投诉转达给调查专家，并创建了"开放家庭"计划，该计划有望为因歧视而无法预订房源的人找到一个舒适的住所。

劳拉·墨菲对这些变化感到满意，因为她理解"种族歧视在该平台上带来的痛苦"。她知道这种歧视若是听之任之，未来的风险会很高。尽管平台和策略可能一直推陈出新，但他们面临的问题却与美国一样古老。

劳拉·墨菲于20世纪60年代在巴尔的摩长大，是政治活动家的女儿。从小，她的父母就带她参加民权运动。然而，她的父母却非常害怕不带着《美国非洲裔旅行者绿皮书》（*Negro Motorist Green Book*）就出门旅游，这本绿皮书一度是非洲裔美国人出行的必备法宝，里面详细写明了每一个州里黑人旅行者可以安全预订的酒店，毕竟在当时那个年代，很多酒店、餐馆、小酒馆、加油站、汽车维修店禁止黑人进入。

这本小册子旨在"为黑人旅行者提供信息，避免他们陷入麻烦或尴尬境地"。在某些方面，《美国非洲裔旅行者绿皮书》其实就相当于20世纪中叶的爱彼迎，专门为那些被排除在常规商业住宿之外的黑人提供服务。这是对结构性问题的文化回应。然而，21世纪，我们面临的问题更多的是如何去管理和看待这种种族的融合，而不是种族隔离。既然法律已经改变，空间也正在发生变化，那么我们大家如何彼此寻找、相互容纳、彼此看到？

第八章　艰难的课堂

1957 年，伯妮斯六岁，她在密西西比州的奥利夫布兰奇开始上学。当时的校舍只有两间教室，没有自来水，厕所还是露天的。她用的教科书是白人学生用坏丢掉的，在书页上还能看到他们潦草的签名。在每个新学年开始后的几周里，那些黑人联邦学校会停学一段时间，这样伯妮斯和她的同学们就可以在接下来的一两个月里去田里工作了。在收割庄稼时，他们会看到载着白人学生的公交车向白人学校驶去。

其实早在三年前，学校内的种族隔离就已经被裁定为违宪了。但是对于南方的黑人孩子来说，仍然无法和白人孩子共用设施，他们只能使用破旧的校舍，他们所接受的教育也远不及白人。直到 1959 年，奥利夫布兰奇才为黑人修建了一座有室内卫生间的高中校舍。时隔八年之久，密西西比州才在联邦资金的威胁下被迫遵守联邦法律，允许黑人儿童与白人孩子一起上学。

那时，密西西比州制订了一项"选择"计划，黑人学生可以选择去所在地区的白人学校就读。这种新的政策避免了种族隔离的混乱局面，但即使有了这样的政策，也很少有黑人孩子会离开他们的学校前往城镇，涉入他们未知的地方。那时，伯妮斯还在读高中。当一个朋友决定去白人学校就读时，她同意和她一起去。那年，只有四名黑人学生去往全是白人的奥利夫布兰奇高中就读十一年级，而且四个学生都是姑娘。1967年，伯妮斯才第一次坐在有白人的教室里。

"真是太恐怖了，"伯妮斯回忆着说，"我真的很担心，因为我从来没有和白人交流过……我曾经在他们经常去的商店里打过工，在他们某些人的家里工作过，还与我母亲一起在办公楼里工作过，为他们打扫卫生、洗碗，为他们服务。但是我以前从来没有坐在全是同龄白人的环境中。"

而且事实证明，白人学生并不想接受黑人作为同伴。他们给黑人女孩取难听的绰号，拒绝与她们交往。学校迅速放弃了长期以来的传统和社会活动，甚至连舞会都不办了，以免白人学生和黑人学生混在一起。"他们对我们有很大的敌意。"伯妮斯回忆道。

当然啦，她去上学也不是为了和白人学生交朋友。她是一个来自贫困家庭的黑人女孩，而且有些口吃，她只是想在白人学校里获得黑人学校所缺乏的大量资源：新教科书、科学实验室、藏书丰富的图书馆、指导顾问，还有言语治疗师。她曾经是母校东部高中的杰出学生，她从未怀疑过自己的学习能力。然而，在奥利夫布兰奇高中，即使在教室里，她也会被白人排斥。

她的一些老师对黑人不屑一顾，其中一位甚至直接表现出敌对的情绪。上代数课的时候，班里的其他学生都是白人，琼斯老师直接给伯妮斯在教室的最前排安排了一个座位，让她一个人坐。

伯妮斯说："他不允许任何其他学生和我坐在一排。我当时在教室里，但我却无法融入课堂。"仿佛她这个人根本就不存在，这同时也成了一个奇特的景观。

在整个学年中,她都独自坐着,听着坐在她后面的学生发表讽刺言论,却无法转身面对。每天,她都感到老师在强化同学的优越感和她的低人一等。琼斯老师拒绝教黑人,也不允许白人学生坐在伯妮斯身边,因为他认为这是对白人学生的一种侮辱。他就当作伯妮斯不存在。

"我一点都不懂代数,我就是不明白,"伯妮斯告诉我,"只是坐在那里,我就会很尴尬,觉得非常丧气,这种经历真是太可怕了。"

与众不同的肤色只是让伯妮斯落后的原因之一。她的父母一共生了十个孩子,父母二人都没有读完小学,全家自己种地,自己做衣服。她的祖母在她的一位白人同学的家中做家务。

在她原先就读的学校里,无论你是用糖蜜桶装午餐还是用旧麻布袋装午餐都没关系,没有人会因此对你有什么想法,因为所有人都一样穷。但是在这里,情况则完全不同,贫穷使人感到羞耻。

伯妮斯在学校的图书馆里工作,这是针对来自贫困家庭学生的勤工俭学计划。每个星期五,学校都会用广播喊她拿工资,当她走出教室领取工资支票时,她的同学就会取笑她,因为她是唯一需要靠这份工资维持生计的学生。她不禁为家里的窘境感到羞愧。她的父亲自学了机械,做了一名机械师,每天放学,工作了一天的父亲都会开着他那脏脏油油的故障车,去学校接她。伯妮斯发现自己会默默祈祷他迟到,这样同学们就不会看到她的父亲。父亲每日的出现成为她需要忍受的另一种侮辱,因为这又一次地提醒她,她不属于这个地方。

但伯妮斯没有抱怨,她不想让父亲感到压力或无奈。她尤其想避免采取任何可能最终使父亲陷入危险的行动。当时,她的父亲正积极参加支持黑人普选权的活动,仅此就足以招致白人的暴力威胁了。因此,伯妮斯一直保持沉默。

她是否后悔过选择就读白人中学?"有时候会后悔,但大多数时候不会。有些东西是我在以前的学校里绝对学不到的，不可能的。"

通过治疗，她的口吃痊愈了。图书馆种类繁多的书籍扩大了她的视野。在第一年末，她的成绩非常出色，她也成了奥利夫布兰奇高中荣誉学会的第一位黑人学生。

她的经验证实了数十年来的研究成果：黑人和拉丁裔学生去综合学校学习时，他们的学习成绩都会更好，而有色人种学生的加入也不会影响白人学生的成绩。社会经济学在这一结果中起着关键作用：中产阶级和富裕地区的综合学校往往资源更丰富。与低收入社区的隔离学校相比，这些白人学校更有可能拥有经验丰富的老师，学生的父母也都受过良好教育，有着较高的学业期望。通过追踪学生的考试成绩、毕业率和大学成绩，结果显示我们的想法是正确的。

但是，更难以衡量的是伯妮斯所忍受的社会后果。20世纪五六十年代，支持学校停止种族隔离的人认为，不同种族孩子间的亲密接触将使他们的家庭和社区变得更加宽容，并能最终改善种族关系。

那时，种族偏见通常被视为无知的产物。因此，这样宽容的想法得到了广泛的认同，这使每个人都可以通过自己的名字、长相和发生在他们身上的事实来代替大面积存在的刻板印象，简单地使人们互相接触就可以减轻敌对的种族关系。一旦隔阂变小，社会融合会使少数族裔得以崛起。

对于人人都能平等接受教育的乐观期待已经成为现实，在综合学校学习了至少五年的黑人学生成年后的收入要比单一种族学校的同龄人多25%，并且他们到中年时的健康状况也要好得多。种族融合带来的好处已超越种族界限，并延续了几代。就读于种族多元化学校的学生比就读于单一种族学校的学生更有可能结识其他种族的朋友，他们会更有可能选择在种族混合的社区生活和抚养子女，并且会有更高的公民参与度。

但是，想通过种族融合来消除校园里的种族偏见却遇到了倡导者们意料之外的障碍。事实证明，仅仅坐在同一个教室里不足以修正陈旧的偏见，跨种族接触带来的好处是有条件的。

正如社会心理学家戈登·奥尔波特在其 1954 年的经典著作《偏见的性质》中所概述的那样，当互动满足一长串条件时，才有可能消除偏见。这些条件包括：交流必须是在地位平等的人之间展开，这种交流是得到权威支持的，并且是不浮于表面，而是深入到各自个性中。

当你有伯妮斯在代数班里一样的遭遇、被贴上"低人一等"的标签时，这种污名会传达给周围的人，并由周围的人吸收。如果你一直被代表着权威和信任的教师所鄙视，那不平等的准则就会得到班级里其他人的认可。如果没有人想和你一起深入交流，偏见就不会受到质疑，刻板印象会延续下去。尽管在今天的校园里，种族隔离可能不像伯妮斯那时那么严重，但要满足所有前述条件也确实是一个挑战，许多学校仍然做不到这些。

长期以来，即使是研究人员，对于交流接触可以消除偏见的看法也不是完全支持的。奥尔波特的"接触假设"指出了这种极简方法的陷阱。如果你和你确定不喜欢的人待在一起，实际上反而会固化本已有之的偏见：我之前就觉得这些人很愚蠢，现在发现果然如此。奥尔波特发现，如果接触交流可能会产生竞争或是焦虑感，非但不会减少冲突，反而会加剧冲突。接触和交流必须持续足够长的时间，且频率够高，才能使参与其中的人彼此适应并感到他们有共同的目标或纽带，这才是交流能帮助消除群体间的差异所造成的种族隔离的前提。

最终，这为大家真正接受伯妮斯铺平了道路。在她高三那年，荣誉学会计划去纽约市旅行。因为伯妮斯入选了荣誉学会，所以她也受到了邀请。但她对此感到非常焦虑。因为她以前从未离开过家，她也真的非常不想和一群对她总是抱有敌意的白人学生一起旅行。但这其实都不是重点，主要是她知道她的家人无论如何都无法负担她旅行的费用。

但伯妮斯的母亲却对她所焦虑的事情感到非常骄傲。她收入很低，但通过做裁缝、帮人打扫房子、卖手工做的皱纹纸花，最终还是凑够了钱为伯妮斯买机票、订酒店。她也知道她的女儿旅行会花比其他学生更多的钱，因为没有人愿意和她住一间，她只能一个人负担房费。

总之，克服了所有困难之后，伯妮斯踏上了旅途。她与其他的荣誉学生一起在曼哈顿漫步，并且很高兴自己能够参与其中。她和其他学生一样，对他人的善意很敏感。但是，当她身边的同学们试图微笑并与陌生人交谈时，他们并没有得到陌生人们的回应。"我们走在曼哈顿的大街上，看着纽约人，不停地向他们打招呼说'你好，你好'，"伯妮斯回忆道，"他们会直愣愣地看着我们，就像我们是火星人一样。曼哈顿的人都行色匆匆，走得非常快。"突然，伯妮斯和她的同学都变成外来人士了，在曼哈顿，所有人集体被降为二等公民。这种经历是一个转折点，她说："这使我们专注于彼此的共同之处，而不是不同。"

这种团结的感觉持续了整个旅程，使她最终可以享受这次她本来觉得肯定会丢脸的用餐体验。伯妮斯是该小组中唯一从未去过餐厅的人。当她和白人同学一起在纽约市地标绿苑酒廊用餐时，她都不知道要点什么。她扫了一眼菜单，拼命寻找自己认识的菜，她觉得非常尴尬，也没有办法向服务员或同学寻求帮助。"我终于看到了一道菜，叫'可尼西鸡'，然后我想到'鸡。那就是鸡肉，我就吃这个好啦'。所以，我就点了这道菜，"她回忆说，"我感到非常自豪。"但是当她的菜上来时，整个菜看起来就像一只小鸟。伯妮斯根本就不想动这道菜，因为她不确定这到底是什么。于是，她只吃了蔬菜，把这盘菜给了另一个同学，那个同学看起来非常想吃这只"鸡"。没有人嘲笑她，大家都坐在一起，笑着聊天。

当时的伯妮斯并不知道，其实在这一时刻，有一种力量正在削弱偏见。研究表明，当我们面对一个共同的敌人时，我们之间的偏见可以因为团结一致的求生冲动而暂时消除。我们受到威胁时，即使是最严酷的群体界限也可以重新调整。由于纽约人对所有人都视而不见，因此，伯妮斯的同学们第一次看到了她，也使她成了他们中的一员。她终于尝到了与白人平起平坐的感觉——也许她的同学们也第一次亲历了被人群抛弃的感觉。

并肩而行

我小时候，只知道克利夫兰的格雷斯蒙特小学，而且我觉得这个学校不错。教室很干净，老师们也过得去，篮球架篮板上有链环网，沥青操场也够大，课间可以在操场上踢足球。但是，1977年，我的父母决定搬家，从全是黑人的社区搬到几乎都是白人的比奇伍德郊区，我仿佛进入了一个新世界。比奇伍德当地的学校现代化而宽敞，教室都很大，运动场上绿草如茵。资源的差异是如此鲜明，并且带有明显的种族特征，使我对种族间的不平等产生了终生的兴趣。我当时还没有意识到，父母搬家的决定会为我之后的发展带来如此丰厚的回报。到我十二岁时，我不再需要隐藏自己对学习的热爱，每天不断地培养和加强我学习者的这个身份。

在比奇伍德高中，大学被视为常规教育之路的下一个阶段，而不是只有少数精英才可以选择的道路。尽管我原先住的街区离比奇伍德并不远，骑自行车就能到达，但我确定，如果我们没有搬家，我可能都不会去上大学，更不要说去哈佛读研究生了。这次搬家改变了我的生活。

然而，这种转变并非没有代价。就像伯妮斯的老师一直在提醒她，她并不属于学校。有时，在我就读的这所郊区中学里，我也会有同样的感觉，只是没有那么明显罢了。

中学毕业后，我在比奇伍德的朋友圈变得越来越大。我读的高中校园更大，种族也更加多元，不过所有的老师都是白人。整个学校可能有几十个黑人学生，我们平时经常一起玩。

比奇伍德高中本身对许多学科（包括艺术）所采取的进取态度让人感到自豪。因此，在高三那年，我和我的朋友玛丽·诺伍德花了几个月的时间做了一个以社会正义为主题的艺术项目。在我们的美术老师斯科特先生的支持和鼓励下，我们使用彩色粉笔和水粉画了一个巨大的画。

我们画了一个乍一看很像雪山的东西，但如果你仔细看，我们画的其实是三K党戴的兜帽。在这个"山顶"上，还有一个看起来像大树的东西，那其实是一只棕色的手臂，手臂上的血管清晰可见，它们突破重重阻碍向太阳所在的方向延伸，太阳中心印了马丁·路德·金先生的照片。整张图是为了两个80年代的郊区黑人少女所做的严正声明。斯科特先生对这幅画印象深刻，他将这幅画装裱起来，并挂在学校主要走廊上的显眼位置。

能在学校里留下我们的艺术品，即使只是自己认为的艺术品，也让我和玛丽感到非常骄傲。这幅画装裱完成后，我们邀请了几个女生朋友去学校地下室的木头商店提前看最后的成品。

我们从地下室上来，走在楼梯上时，所有人仍然在兴奋地交谈。就在我们过了拐角转到主要走廊时，我们注意到我的前代数老师柯林斯女士在盯着我们。我们迎面朝她走去，她的目光一直跟着我们。当我们离她越来越近的时候，她的眼睛眯了起来，走路的步子也越来越快。我可以感觉到她的敌意在空气中蔓延开来。

柯林斯老师离我们更近的时候，我们头也不回地往艺术教室的方向走去。她开始随便喊黑人女孩会叫的名字："多利西亚！塔尼莎！谢里塔！伊希亚！"没有人转身理她。我们小组中没有人叫这些名字。

"别往回看！"我和我的朋友们说道，心中升起了一股怒气，"除非听到你的名字，不然就继续走，我们不需要停下来。"柯林斯老师加快了她的步伐，我们也加快了步伐。她不停地喊着不同的名字："沙妮可！德里卡！"这简直荒唐可笑，接近侮辱。她没有喊出珍妮弗，也没有喊出玛丽。对她来说，我们不过是成群出现的她的刻板印象而已。

我们没有违反任何校规，我们没有做错任何事，但好像和其他黑人女孩一起走路本身就是在拒绝服从她一样。可是我确定我们不会退缩。最终，柯林斯老师放弃了，她转身离开了，没有再继续追我们。但我知道我们肯定要为此付出代价。

回到艺术教室时，我告诉斯科特先生发生了什么。"我们没有做错任何事情，我们没有必要停下来。而且，她甚至都没有办法正确地喊出我们的名字。"我说。我的美术老师马上就知道到底发生了什么。因此，当柯林斯老师和校长一起出现时，他已经做好了应对的准备。他们要求我离开房间，然后他们才能交谈。我不知道美术老师到底对柯林斯老师说了什么，但是我没有因为那件事受到惩罚，而且我告诉自己，以后绝对不要再和柯林斯老师遇上。

被人隔绝并一路跟回美术教室的经历，毁掉了我原本非常美好的一天。而这种基于偏见的猜疑还在影响着学校间的交流沟通，加剧了不同学校学科和学术表现方面的差距。但幸运的是，我遇到了斯科特老师这样一个值得信任的老师，我可以向他寻求帮助。斯科特先生愿意帮助我，证实我的观点，发现我的才能，听见我的声音。他对我的鼓励仍然在我的生活中振荡出阵阵涟漪。

. . .

综合性学校能够帮助我们成为全球公民，欣赏不同文化间的差异，并且能够在多元的文化环境中生活。在这样融合的空间里，我们对于跨种族交流更加习以为常。的确，跨种族和民族的人际交往常常能够钝化或减轻偏见。但是，正如研究和现实生活所表明的那样，这种种族融合空间的存在也可能加剧成为偏见目标后受到的威胁。因为自己的族裔受到贬低、诋毁，对于学生来说更是不可承受之重。

作为一个黑人母亲，我的三个儿子都去上过主要是白人学生的学校。我可以看到这背后付出的成本与获得的收益，我也看到这些成本和收益是如何在我孩子身上显现它们的效用的。

我最小的儿子哈兰即将升入八年级时，他去做了一个在他的黑人朋友中很受欢迎的高渐层发型。他剃掉了两侧的头发，只留了头顶的头发，微微卷曲着，发尾还染成了金色。我必须说，他真的很适合这个发型。

但是，当我和丈夫过完周末回家时，我发现哈兰金色的发尾消失了。他剪掉了发尾，当然不是自愿去剪的。他告诉我们，如果他不剪掉金色发尾，学校管理员就会扣留他，因为学校手册明令禁止学生"染发"。

哈兰就读的私立学校有严格的着装要求。有关于头发颜色的规定是为防止学生顶着一头绿色、蓝色或紫色的头发来上学。但是哈兰知道，他的许多女同学都染过头发。他觉得，不仅是他的发型，更多的是他的身份也受到了挑战，他因与众不同而被单挑了出来。实际上，他的许多同学都同意这个观点。当大家得知他被迫剪掉金色发尾的时候，几个女孩都对他表示了同情。她们告诉他，自己的头发其实也染了发尾，但是没有人指责她们违反了校规。女孩们把这看作是否能平权的事情，而我和我丈夫却认为这事关种族。

哈兰没有要求我们介入，而是给教员发了一封电子邮件，表达自己的立场和感受："我染头发这件事确实影响很大，我会在周二之前把染过的发尾剪掉。但我只想知道为什么所有在学校的白人女孩都能把头发染成金色，而我却不能。我知道有些人（在这里就不说她们是谁了）已经染了好几年，但是她们却从来没有被询问过染发的事。此致，哈兰。"

我们阳光又感性的孩子被迫失去了对他来说意义重大的东西。于是，我和我丈夫决定与教员见面。

她向我们解释说，她并没有针对哈兰，但她也不愿意为他打破校规。她说，她的职责就是执行这套规则。"暑假结束后，我通知了所有染过头发的孩子处理他们的头发。他们都照做了，而哈兰却没有。"因此，她给了哈兰一个选择："要么剪下你的发尾，要么染回原来的颜色。"

她承认，她不知道还有哪个学生染过头发。"其他学生染发真的很不明显，但哈兰染的金发就真的很明显，一眼就能看出来。"换句话说，我们的儿子因为无法掩饰自己的过错而面临受到惩罚的威胁。哈兰是这个教员班上唯一的黑人男孩，因此，不论哈兰做什么，总是会特别显眼。女孩子们违反校纪就没问题，而我们的儿子就必须被杀鸡儆猴，哪有这样的道理呢？

在我们和教员交谈时，她开始逐渐理解了我们的意思，她逐渐知道自己的行为可能会造成什么样的影响，而这种潜在的影响也让她吓了一跳。"哈兰觉得我是在故意针对他……"她顿了顿，仿佛整个人都僵住了，她的眼睛开始湿润起来。她抽了几张纸巾，这才继续说。她说："我并不是那个意思。""我和哈兰的关系一直都很好，但他竟然觉得这是一个种族问题，这太让我伤心了。"

我们的谈话使她措手不及。她一直试图以平等的方式执行校规，但她没有意识到，其实哈兰觉得这背后还有更大的原因在起作用。

她的眼泪也使我们措手不及。我回想起来，教员对我们的儿子一直很友善，哈兰平日里对她也很亲近。我可以从她的眼睛里看到这一点。但是我也希望她能从我们的立场来看待事情。

我向她解释了这一切是如何超越头发本身的。哈兰受到的谴责背后有一个更大的背景因素，他并不只是简单地决定要剪一个古怪的发型，让教员觉得不适的恰恰是年轻黑人男性的归属感。从某种意义上说，哈兰通过做这个发型，在一家白人学校里彰显自己的黑人特质。这也是多样性应有的样子。但是，如果他人对于他这种选择的反应是想约束他，他会觉得，他只有选择隐形才会避免别人的指责，而他的真实自我如何对他的学校毫无价值可言。

当我解释完后，教员已经泣不成声。她无意中伤害了哈兰，这让她觉得非常难过。她进入教学行业是为了培养年轻人，帮助他们，让他们理解自己是被爱与支持的。

我向她保证，我们并没有责怪她的意思。我们知道她关心我们的儿子，并且也知道，她一定很想了解，她不经意间所做的事情是不是会对孩子们的关系和学习产生负面影响。我们还希望她把目光放得更长远，这样才能应对种族融合带来的挑战：当每个人的立场不同时，对每个人都一视同仁并不总是如想象那般容易。

值得称赞和令人欣慰的是，这位教员采取了聪明的做法来认可我们的立场，并且接受了我们儿子的身份认同。

她找哈兰谈了谈，想让他知道他们的关系对她而言很重要。她告诉他，之前没有注意到更加广阔的社会环境，这让她觉得很抱歉。因此，她愿意重新审视学校政策。她甚至问哈兰有没有兴趣和她一起制定全新的校内发型管理条例。

她的举止成了教师和学校管理人员该如何以诚实和坦率的态度处理与种族相关的事情的模范。她愿意放下防备，听取来自外界的声音，并主动去感受我们儿子的心情。她了解到了一个看待事物的全新角度，而如果没有我们之前冒险进行的有关种族的谈话，她是绝对不可能了解到这个角度的。

我忍不住想，现在在对待其他少数族裔学生，或是其他特立独行的孩子时，我们当时的谈话究竟会对这个教员产生何种影响。我也觉得，我的儿子在这次经历中会得到让他一生受用无穷的东西：如何站出来为自己发声，用多元的方式来捍卫自己的权利，而不是尝试去分裂出更多不同的空间。尽管如此，这仍然是我们需要吸取的一次教训。

哈兰的经历并不只是一个艰难的时尚选择。它反映出学校内种族融合过程中所展现的价值观上细微的差别，这些差别很难像考试成绩或大学录取率那样容易衡量。虽然偶尔会有这样痛苦的时刻，但也恰恰是因为这种时刻的存在，多种族的学校也可以让学生有更强的能力来探索一个多元化的世界，并且更有自信在这种探索中取得成功。

尽管一路磕磕绊绊，但我们仍在进步。五十年前，在奥利夫布兰奇，伯妮斯必须独自忍受一所白人学校所有人决心抵制融合的偏执。几十年后，我有了一群黑人朋友，还有一位白人老师作为盟友，她愿意挺身而出，消除在种族融合的白人学校中表现出的偏见。去年，我的儿子得到了白人同学的支持，行政人员也十分体贴，甚至愿意重新制定可能会引发偏见的政策。就在几个月前，哈兰开始了高中一年级的生活，还做了一个雷鬼头——这才是他的本色。

新出现的差距

对于 20 世纪 70 年代和 80 年代的在校学生来说，种族融合似乎是成功的。很多校区虽然自身并无融合意愿，但仍然需要遵从要求在校园中创造多样性。

但是在近二十年里，校园内的种族隔离又有死灰复燃的迹象，这主要是由于出台了很多法律，它们再次影响了住宅区的种族融合情况——这些法律法规禁止跨区公共交通的存在，并且终止了法院下达的去隔离计划，还禁止种族作为确保"磁力"学校多元性的因素。刚起步的特许学校运动也起到了一定的作用。这些特许学校是由私人创建的，却由政府进行资助，这类小型的学校在生源的选择上往往趋向于同一种族。白人的特许学校在种族融合的混合社区中萌芽。特许学校大多坐落于城市地区，25% 的特许学校中有超过 99% 的非白人学生，而传统公立学校中，这一比例仅占 10%。

不断发展的人口统计方法使事情变得更加复杂，我们很难就一所种族隔离学校的定义达成一致。五十年前，公立学校中白人学生的比例高达 80%，而现如今，全国公立学校的学生只有大约一半是白人。拉丁裔现在约占公立学校入学人数的四分之一。随着美国白人人口的减少和种族多样性的增加，各个族裔的学生要以怎么样的比例混合才能创造出一种平均分配利益的融合方式？

美国人似乎仍然相信融合教育的价值。教育工作者专业组织 Phi Delta Kappa 于 2017 年进行的一项民意调查发现，70% 的父母希望自己的孩子上一所种族多样化的学校。但是 57% 的父母表示更愿意去距离近一些的学校。在所有希望孩子上种族多元化学校的父母中,只有四分之一的人表示,即使这些多元化的学校距离很远,也愿意花更多的时间去上学。我们长期隔离着的社区在全国范围内引发了挑战。

结果,根据加州大学洛杉矶分校民权项目的研究,白人学生不到10%的高度隔离的学校的数量在过去三十年中增长了两倍多。就读种族隔离学校的黑人学生比例增加了11%。黑人和拉丁裔往往选择在有很多贫困学生的学校就读,而白人和亚裔学生通常在中产阶级学校就读。加州大学洛杉矶分校的研究员发现:在美国最大城市集群的中心城市,种族隔离仿佛流行病一般蔓延开来。纽约州、伊利诺伊州和加利福尼亚州是种族隔离环境最严峻的三大州。这种趋势已经危及了学术进步。

而问题还不止于此。在种族融合的学校中,黑人和拉丁裔比选择了单一种族学校的同族人表现得要好得多,但总体来说,他们仍然落后于白人和亚裔学生。长期存在的学术成就差距在根本上与社会阶层的差距有关。但是,一种更为混合型的力量正在影响黑人和拉丁裔学生的表现,与白人相比,他们对课堂体验的理解通常会有所不同。研究人员确定了可以改善学校成绩的关键因素。这遵循一个基本原则:学生需要感到自己受到重视和尊重,并且他们能和教育过程中涉及的人和事建立联系。这些心理因素会影响我们的孩子学习的方式和程度。

一些看似简单的课堂干预措施已经证明有效,而背后的心理过程是非常复杂的。两项针对中学生的关键研究使用了特定的练习,这些练习可以增强学生的能力和联系感,并以持续且颇有成效的方式提高学生的学习成绩。

由社会心理学家杰弗里·科恩领导的一组学者测试了利用"价值观确认"进行干预的影响。从七年级开始,两组学生定期撰写结构化日志,一组学生需要每天写下一条关于对他们而言重要的价值观,如与家人和朋友的关系,或是对音乐的兴趣；而另一组要写一条比较"中性"的内容，如他们早晨做了什么活动。研究人员发现，撰写以价值观为导向日志的美国黑人学生成绩明显高于未撰写的那些黑人学生。

这一基本练习建立起了学生与外界的联系感，这种联系感通过三种方式释放了学生的潜力：它通过提醒学生在教室外的身份来确认自我形象，这也让他们看到学校是关心他们的信仰和感情支持的场所，它还帮助教师反思过去的刻板印象，并更好地以自己的视角了解这些学生。

这项研究证实了心理状态与学习过程之间的联系，特别是对于黑人学生而言，他们因为早期的学业失败而更加脆弱。这种"价值观确认"的好处在成绩差的美国黑人中表现得最为明显，这些孩子最容易受到"不够格"的影响。对于他们来说，早期失败可能证明了他们不像其他孩子那么聪明，这会加强他们注定无法在学业上取得成功的刻板印象。价值观确认练习可以帮助他们感到自己是精神富足的，可以减轻他们的心理压力，并中断他们容易陷入的恶性循环。两年后，那些价值观受到肯定的学生仍然表现得比对照组要好。

第二项研究还考虑了建立信任干预措施的潜力，以消除偏见的威胁，并释放少数族裔学生的潜力。很明显，有建设性的反馈是促进孩子智力发展的有力工具。学业的成长需要批评，也需要赞美。研究人员研究了教师如何在不损害学生学习动机的情况下传达批评意见，从而提高学生的学业水平。

由科恩和大卫·耶格尔领导的团队对黑人学生与白人教师之间的互动特别感兴趣。调查显示，美国黑人整体对他人的信任感要比其他族裔低，尤其是在和美国白人相处的时候。大量的研究找到了许多微妙或不太微妙的线索，如苛刻的纪律、施舍的称赞、冷漠的社会待遇，这些都会成为黑人学生不信任感的来源。

研究人员试图重新传达教师的批评，在批评的时候更强调自己对于学生能力的信任，而不只是强调学生的能力不足。这种方法其实是"智慧反馈"。

研究者们招募了一所学校的师生，其中白人学生的数量与黑人学生的数量相当，招募的教师全都是白人。他们给学生布置了一个写作作业，由招募来的老师给他们进行打分。在把作业发还给学生之前，研究人员在论文上贴上了不同的纸条，有些论文上贴着："我给你写这些评论是因为我对你有很高的期望，我知道你可以达到我的期望。"还有一些论文上则贴着："我给你写这些评论是为了让你得到一些反馈。"然后，学生们有机会修改并重新提交作业。

第二次收上来的作业显示，学生们对于不同纸条的反应存在明显差异。当老师在做出批评但同时表达出对学生可以达到更高水平的信任时，黑人学生的积极性明显提高。与收到那些没有表现出信任感的评论的小组相比，收到"智慧反馈"小组中的黑人学生选择修改并重新提交论文的人数高出四倍。他们新提交的论文比之前的一版更好，并且获得了更高的分数。

这是黑人学生的情况。相比之下，"智慧反馈"对于白人孩子来说，影响却没有那么明显，仅有少数白人学生会因为受到这样的反馈而修改论文。研究人员将其原因部分归于学生信任水平的差异。"智慧反馈"策略向学生传达了老师不是通过刻板印象来评判他们的信息。而白人学生作为一个整体，不需要那种明确的信任。他们会直接将批评视为可以帮助他们改进的信息，而不会认为这些批评可能带有偏见的色彩。

这种干预的结果在于学生是否感到自身的价值，并且能够信任担任权威角色的成年人。研究团队指出，黑人学生会很担心自己被白人不公正地评判，这种担心会使黑人学生更容易"将批判性反馈视为评价者的冷漠、迁怒或偏见的标志，导致他们不愿接受批评意见"。这种思维定式会让他们更容易自怨自艾。

但这种偏见的影响不仅是心理层面的，根据美国民权办公室对九万六千所

K-12[1]公立学校的调查数据，黑人学生被停学的概率是白人学生的四倍。这是无法用学生行为或社会经济地位的种族差异来解释的。在某种程度上，这种差异是由教师或行政人员在主观情况下所做的选择造成的。与其他群体相比，黑人学生因为较小的违规行为而受到处罚的可能性更大。

刚入学的时候，有着善良的老师，学生们也积极进取，那为什么随着时间的推移，黑人学生的纪律和行为问题会越来越突出呢？为了探讨种族偏见可能起的作用，我和杰森·欧科诺福阿研究了教师们在面对学生行为不端时的反应。在一系列的在线调查中，我们要求全国各地不同学校的在职教师阅读一名中学生的在校表现记录，该学生在教室里有一些不太合适的行为，但这些行为对于其他学生没有影响，如上课睡觉。我们给这个学生取了一个典型的黑人名字和一个典型的白人名字。我们发现，学生的族裔起初并没有影响教师如何判断违规的严重程度。但是当我们告诉老师，同一名学生再次发生了违规行为时，一切都发生了改变。

当第二次违规行为发生时，如果老师认为这名学生是黑人，老师们会感到更加困扰。他们希望对黑人学生采取更严厉的纪律处分。

这与早期的研究结果相吻合，这些研究表明，老师们常常会认为黑人学生更容易有负面的举止，有不良行为的历史也比白人更长。经过一些小小的违规行为之后，黑人学生比白人学生更有可能被标记为"麻烦制造者"。因此，当我们研究的老师认为这个学生是黑人时，他们更有可能认为这两次违规是习惯性行为，也更容易觉得这个学生是一个问题学生，并且会想象这个学生接下来会有更多的违规行为。

即使是很小的孩子，也会受到这些偏见的影响。耶鲁大学儿童研究中心的一

---

[1] 美国基础教育的统称，其中"K"代表Kindergarten（幼儿园），"12"代表12年级（相当于我国的高三）。"K-12"是指从幼儿园到12年级的教育，因此也被国际上用作对基础教育阶段的通称。

组研究人员进行了一项研究，研究者向早教老师展示了一系列的视频，其中，4个学龄前儿童（一个黑人男孩、一个黑人女孩、一个白人男孩和一个白人女孩）一起坐在一张桌子旁，做着他们这个年纪的"传统课堂活动"。研究者们要求这些参与研究的早教老师仔细观察视频片段，寻找可能产生问题的行为迹象。研究人员使用眼动追踪设备监视他们的视线，他们发现，早教老师花了更多的时间看黑人孩子，尤其是黑人男孩。甚至在上幼儿园之前，人们就会认为黑人孩子比白人孩子有更多的不当行为。

在这么小的年龄这些黑人学生就受到格外注意，这对他们的学业成绩和心理健康都有严重的影响。随着时间的推移，这些黑人学生会开始担心他们在学校环境中受到怎样的对待。而当他们上中学时，这些担忧会影响他们与老师的日常互动，影响他们的学术投入，影响他们对于学校环境的感知，影响他们对自己的学生身份的理解。这样，就开始了一个恶性循环：黑人学生越来越不喜欢和老师接触，老师也可能会因此变得更加烦躁，随着老师变得越来越烦躁，学生们变得更倾向于针锋相对，产生逆反心理。

有效的干预不仅要关注教师对黑人孩子的偏见，也要关注少数族裔学生表现出的不良行为。减少违规处理过程中的种族偏见需要老师和学生都专注于彼此之间的关系。这包括提醒他们自己的目标，并向他们展示实现这些目标的途径。这还意味着将他们的注意力转移到他们希望去建立的彼此间的关系，而不是继续聚焦于他们害怕的恶性循环的关系。

考虑到这些原则，杰森·欧科诺福阿、大卫·鲍奈斯顾和格雷戈里·沃尔顿开发了一种新颖的共情干预方法，成功地将黑人中学生的停学率降低了一半。他们召集了31名中学数学老师，这些老师在加州5所不同的学校任教，教授过的学生总数高达1682名。他们让这些老师参加同理心练习，或者其他旨在利用教学促进学习的活动。

在同理心训练中，老师们了解了一些可能导向不信任感和不当行为的各种经历和忧虑。他们回顾了学生的故事，描述了对他们的管教以及所产生的影响。他们也一起学习了其他老师如何有效训练学生的例子。他们提供了自己的例子，说明了如何尊重需要管教的学生。例如，一位老师写道："我从不怀恨在心。我试图记住，他们每一个人都是他们各自父母的心肝宝贝。"

研究人员发现，在同理心练习小组的老师们教导下的学生停学率会比对照组的学生停学率少一半。对于黑人和拉丁裔学生以及之前被停学的学生而言，这种下降的幅度尤其大。当对学生们进行调查时，就连那些过去曾经被停学的学生的态度都积极了许多。学生们认为，同理心小组的数学老师会比对照组的老师更尊重他们。这项以建立科学关系为基础的干预措施表明，带着同理心去理解那些导致不当行为的动因，能为学生和教师之间的互动带来更好的结果。

回避种族

在日常实践中，我们鼓励教师在学校环境中尝试解决种族问题时，同理心、智慧反馈、价值肯定与高质量联系这些做法往往会被老师们忽略。相反，学校最常采用的一种做法是"色盲策略"——尽量忽略学生的肤色，尽量不要考虑肤色问题。如果你自己不允许自己考虑种族问题，那么你就永远不会有偏见。

这听起来像是很理想的做法，却没有科学的支持，而且也很难实现。我们的大脑、我们的文化、我们的直觉都促使我们使用肤色作为分类工具。然而，这种"色盲策略"在美国社会是非常普遍的，我们的孩子也意识到，注意肤色是不礼貌的。还不到十岁的孩子们也会倾向于不去讨论种族，即使他们需要在一群人中去形容唯一的黑人。

成人的不适感会轻易地传达给我们的孩子和学生。当我们害怕、不愿或不具备谈论种族的能力时，我们会促使年轻人用自己的方式去理解他们看到的矛盾。实际上，"色盲策略"会阻碍我们迈向平等。当人们对肤色视而不见时，他们对歧视也很有可能视而不见。

在社会心理学家埃文·阿普菲尔鲍姆和娜丽妮·安姆巴蒂主持的一项研究中，这一想法得到了检验。研究人员向波士顿地区公立学校的六十名大部分是白人的四年级和五年级学生展示了一个录像带，内容是宣传种族平等。对于其中的一部分孩子，我们鼓吹色盲政策："我们所有人都必须努力支持种族平等。这意味着我们需要关注我们与邻居的相似之处，而不是与众不同的地方。我们想向所有人表明种族并不重要，我们大家都是一样的。"对于另一组孩子，我们鼓励他们重视多样性："我们所有人都必须努力支持种族平等。这意味着我们需要认识到我们与邻居的不同之处，并感谢这种差异。我们希望向所有人展示种族非常重要，因为我们的种族差异使我们每个人都与众不同。"

接下来，我们给所有孩子讲了几个故事。其中一些故事带有明显的种族因素，比如，一个黑人孩子踢足球时被另一个孩子故意绊倒了，仅仅因为他是黑人。即使在这种情况下，在有"色盲"思维定式的孩子当中，只有50%的孩子认为该行为具有歧视性。而在重视多样性的孩子中，有将近80%的孩子认为其中含有种族歧视因素。我们让孩子自己讲述这段故事，并且录像。我们给教师们观看了描述事件的儿童的录像，采取色盲策略的老师认为这些行为的问题较少，也不太愿意进行干预以保护目标儿童。鼓励儿童们对种族因素视而不见，其实会削弱他们发现歧视的机会，这会造成一系列连锁反应。色盲策略与其初衷背道而驰，反而让种族更加不平等。这让少数族裔儿童只能自生自灭，在这个环境中，威胁是看不见的，但它一直存在。

· · ·

我们的孩子们并不是对种族和民族分裂视而不见，这些分裂从一开始就在这个国家肆虐。通过社交媒体，他们能看到在生活中发生的对种族进行挑衅和侮辱的各种各样的行为：戴着手铐的黑人，只因未在星巴克购买任何东西而被捕；涂黑脸[1]的白人大学生，大声唱着带有种族歧视的兄弟会圣歌；棕色儿童被困在电网的另一边，绝望地哭喊着跨越国界的父母。

我们需要帮助儿童了解他们所看到的差异和种族仇恨。我们知道，在学校、工作场合、教堂和社区中与他人建立亲密关系可以帮助我们消除偏见带来的影响，并模糊群体界限。

创造了"刻板印象"一词的记者李普曼说得最好：如果没有突破我们脑中分类的个体接触，我们只会注意到某个种类里的一个显著特征，并通过我们脑海中的刻板印象，填补该种类其余部分的画面。

但是，要打破制度和偏见的束缚，并创造使我们所有人进入繁荣发展的平等局面，不仅需要改进人际关系，教育的作用也至关重要。某些人或整个社会团体是怎样走到他们现在的位置的？年轻人需要了解给种族融合和公平造成结构性障

---

1 特指白人为了让自己看上去像黑人，而将自己涂黑的化妆术。这个词源于19世纪的黑脸滑稽剧（Blackface Minstrelsy），21世纪以来，白人"涂黑脸"这种极具象征性的行为也转变为种族歧视的代名词。

碍的那一段历史。

李普曼说，历史是可以为刻板印象消毒的"杀菌剂"。它允许我们"去思考我们的想法到底从何而来，我们如何产生这种想法，又为何接受了这种想法"。

历史塑造了我们对当下的看法。我们开授了全面的历史课程，准备充分的老师们将为学生提供解决当今困扰我们的无聊问题的环境——从反犹太主义的兴起到奏国歌时跪下的黑人足球运动员形象。然而，研究表明，我们在教育的两端都没有达到要求：在学生方面，大多数学生所接受的历史教育严重不足，而且常常带有严重的偏见；在教师方面，他们通常没有足够的能力来应付这门学科应有的广度和深度。

根据针对在德国的犹太人物质索偿会议的一项调查，在21世纪的年轻成年人中，有22%表示他们从未听说过大屠杀。其中三分之二（四成是美国人）不知道"奥斯维辛集中营"是纳粹死亡集中营。

教授像奴隶制这样的带有种族歧视性的历史知识可能尤其具有挑战性，因此，老师通常会直接跳过这个部分。2017年，南部贫困法律中心对高中生和社会学科教师进行的一项调查发现，学生们甚至回答不出有关黑人奴隶制的基本问题。只有8%的高中生可以说出奴隶制是导致南方脱离联邦的主要原因，而将近一半的学生说这是为了抗议进口商品税。

调查发现："教师们会认真对待关于奴隶制的教学，但是在课堂上对此主题缺乏更深入的解读。"九成高中社会课老师说，他们其实都很认真地在教奴隶制这一部分，但六成老师发现他们的教科书上对这一部分的论述并不充分。到2015年的时候，美国最大的教科书公司之一仍在得克萨斯州的高中地理教科书中把奴隶描述成"工人"，他们从他们的家乡非洲乘船来到美国南部，辛苦耕作，发展农业。

教科书和老师们倾向于美化奴隶制这个曾经玷污美国国家历史的主题。这使学生免受这种机制所带来的真正恐惧。但是，这也使他们失去了探索压迫的残酷和忍耐的勇气，他们也无法了解奴隶制留下的遗产仍然在塑造今天我们国家的种族关系，奴隶制在以一种我们甚至都没有意识到的方式影响我们。调查证实："正如大多数美国人一样，老师们在努力就种族问题进行公开、诚实的对话。""他们如何在课堂上谈论奴隶制对种族暴力的影响而又不让黑人学生感到自己被针对？他们如何在不引起白人学生的愤怒或防御感的情况下进行相关讨论？"

加利福尼亚州的一位老师告诉民意调查者，在这种情况下，奴隶制这部分很难教。她担心教授这部分内容会对黑人学生造成的情感影响："尽管我是以一种不偏不倚的态度教授这个主题，但事实就是，这是我们国家过去普遍接受的一种做法，这就很容易让学生觉得，黑人的低人一等似乎是正确的。就好像是，因为这件事发生了，所以这件事就一定是对的。"

伯妮斯的成长与回报

当我站在田纳西州唐纳德法官那装修精美的司法办公室里时，我无法停止凝视那张挂在深色木板墙上的画。画布上打上了秋天的色调，红色、橙色和暴风雨的灰色混在一起，一群穿着工作服的黑人在棉花田旁排成一排，身上背着棉花。这群黑人等待穿着西装的白人称量他们的收成，并决定他们的劳动价值。

三十六年来，伯妮斯·唐纳德法官不断给自己的办公室添置了越来越多的高雅家具、昂贵的地毯和光彩夺目的装饰，而这一切都让墙上挂的这幅画显得那样格格不入。但是我知道那幅画对她意味着什么。

伯妮斯·唐纳德小时候就曾是采棉者之一。她从密西西比河三角洲的棉田一路爬到了美国联邦上诉法院。在她的家乡奥利夫布兰奇，她是最早去上白人中学的黑人学生之一。她也是自己家族中第一个从高中、大学、法学研究院毕业的人。她更是田纳西州第一位被任命为法官的黑人女性。

伯妮斯·唐纳德法官这一路非常艰辛，但是她从未忘记当年那个住在奥利夫布兰奇的伯妮斯，她早年的经历推动了她前进的步伐：那一年，她独自坐在那所高中代数课上，遭到老师的羞辱和同学的嘲笑。她与荣誉学会一起前往纽约市，在那里她终于了解了融合的感觉。她第一次进入大学校园时，其他所有孩子都穿着扎染的衬衫和牛仔裤，而她穿着母亲特地为她的开学迎新日定制的高跟鞋和蓬松的粉红色连衣裙。

现在回想起当年的经历，伯妮斯忍不住笑了。她和母亲在校园里走来走去，"我们看起来像火星人，因为其他人都穿着牛仔裤，"她回忆道，"而我穿着一件漂亮的粉红色连衣裙……还穿着蕾丝袜子。"

她的过去教给她一件事，就是不要被同龄人的任何想法所困扰。她说："我真的感到非常自豪。""我遇到了很多人，对此我感到很兴奋。"

孟菲斯大学离家很近，但是伯妮斯不确定要如何驾驭陌生的大学生活。她努力平衡学习与工作，还要时不时地帮衬家里。大一那年，她父亲喊她回家帮忙。她父亲在城镇上为一名妇女打工，但是在报酬上出了一些问题。"伯妮斯，"他说，"我要你穿西装，我要你和我一起去，我们要一起去把我的报酬拿回来。你来做我的律师。"

她在奥利夫布兰奇高中的岁月给了她信心，她穿上蓝色西装，和父亲一起开

第八章

车去那个女人家。她告诉那个女人，她的父亲，博伊德先生，如果拿不到他应得的报酬，就准备提起诉讼。女人看了看他们，关上了门，然后手里拿着钱回来了。

当伯妮斯决定上法学院时，她父亲很高兴。她对我说："我爸爸觉得，律师才是真正捍卫人民权利的人。"他们是"站在压迫与自由之间"的人。

作为法官，她高坐在上，面对房间，作为正义的最终仲裁员，周围环绕着提供支持的律师、法警和书记员。当我们在舒适的会议厅里讲话时，我想象着年轻的唐纳德法官被迫独自坐在奥利夫布兰奇高中的代数课堂中，只有她一个人是黑人。她成了嘲讽的对象，无法回头或表达自己。她成了田纳西历史上的第一个黑人女法官，唐纳德法官被邀请回到奥利夫布兰奇高中接受表彰。尽管伯妮斯现在已经完全与过去和解，但是她仍有一个心结。

她几年后才得知，学校校长禁止大学辅导员向黑人学生提供有关其学术成就的奖学金的信息。因此，伯妮斯本来可以拿到全额奖学金的，但由于没有获得相关信息，她不得不在读大学的时候打零工以维持生计。

她回忆说："我们的校长是一个性格开朗的人，这其实是一种欺骗，因为你会认为他确实相信平等……但他显然发自内心地认为，所有的黑人学生都没法儿上大学。"

但是，除了欺骗手段、种族歧视和其他负面对待之外，她的代数老师的行为使她每天都感到被羞辱，这给她留下了不可磨灭的伤疤。再次回到奥利夫布兰奇，伯妮斯想起了过去所有不愉快的经历，但这也给她提供了面对过去然后继续前进的机会。

唐纳德法官接受了邀请，在一个拥挤的房间里发表了讲话，她的整个讲话都很平静，没有愤怒，也没有痛苦。之后，当人们排队向她致意时，她认出了当年的代数老师琼斯先生，他也排在了队列中。她顿时觉得非常不安。因为她不确定琼斯老师会说什么,也不知道自己会作何反应。当琼斯老师走到她身前的时候,她发现他的眼睛里都是泪水。伯妮斯只是站在那儿,惊讶得说不出话来。"你能原谅我吗?"琼斯先生轻声问,"我们错了。"

伯妮斯在讲话中并没有提到代数课上的屈辱,所以琼斯先生其实也不需要特意来道歉。他们俩都知道他做了什么。在那一刻,她还没有准备好原谅他。伯妮斯说:"我觉得真正困扰我的是,我知道我有义务原谅他,但我就是无法说出'我原谅你了'这句话。所以,我只能说'那是很久以前的事情了……'。我已经原谅了他,但显然我还没有完全走出当时他给我带来的伤害。"

但在那一刻,唐纳德法官突然意识到琼斯先生的举动也对他自己造成了影响。他的眼泪其实也表明,琼斯先生自己也为自己的行为感到耻辱。有偏见的人和被偏见伤害的人都被迫停留在他们所扮演的角色中。

我这才开始理解为什么这种侮辱最难治愈。即使过了五十年,偏见造成的伤害仍然存在。唐纳德法官和琼斯先生都没能够逃离这样的伤害,因为没有人能够超越这种伤害。他们仍走在治愈之路上,我们也是。

第九章　伤痛的教训

他们的皮带上和胸前都绑着武器，想要发动一场种族战争。他们大喊纳粹口号，拿着印有联邦标志的装备，高举着火把，模仿当年穿着白袍到处放火的三K党。这群人包围了弗吉尼亚大学校园，夏洛茨维尔市的困局让针对美国种族和偏执的对话转移了，向着我们十年前完全无法预见的方向转移。

二十多年来，我一直在研究那种无意识的偏见，这种偏见是如此安静地存在着，社会科学家不得不努力去证明这种偏见真的存在。现在，我的客厅中正放着电视影像，这些影像中的内容本不应该出现在我们现在的历史进程中。我们一直致力于解释和消除隐性偏见，这也让我们忽视了一种可能性，隐性偏见可能会再次变得明显和危险。现如今，社会和政治常态发生了改变，那些曾经相对封闭的、对种族很偏执的人再次有了发声的可能性。

我试图想象，白人至上主义的种族运动会对弗吉尼亚大学的学生产生怎样的影响，在他们这一代人生长的年代里，已经有一位黑人曾连续两届担任总统了。

但他们的校园却仿佛见证了时代的倒退，反而掀起了白人至上主义运动。虽然夏洛茨维尔市市民也站了出来，向游行者发起挑战，但损害已经产生了。

从本质上讲，大学一直是广泛社会变革的推动力量，大学也可以反映出正在进行的社会变革。怀揣理想主义的年轻人不受狭隘看法的束缚，对社会不公反应激烈，他们不怕挑战权威，渴望改变世界。

1960年，北卡罗来纳州格林斯伯勒的四名黑人大学生走进了伍尔沃思学院，他们坐在"仅限白人参加"的午餐会场，并拒绝离场。自那时起，民权运动就提上了国家议程。这引发了数月的抗议，而且导致了"自由乘车"[1]和"选民登记"运动。来自全国各地的大学生组成了多种族联盟，与南方的种族歧视势力做斗争。

给美国越战画上句号的反战运动其实就来源于校园运动。1970年，在肯特大学的一次抗议活动中，有四名学生被国民警卫队士兵开枪打死，人们无法对这一暴行视而不见。随后的示威浪潮吸引了四百万名学生，四百多所大学校园因此关闭。在纽约大学，一个窗口悬挂着一个横幅，上面写着"他们无法杀死我们所有人"。

那种群情激愤的感觉至今仍然存在。实际上，根据对新生的调查，大学生对校园运动和公民参与的投入，比过去五十年来的任何时候都要高。自1973年以来，现阶段有更多的学生表示自己是"自由主义者"，这种趋势比之前任何时候都要明显。

但是，2016年唐纳德·特朗普的选举激起了自由派学生的愤怒，同时鼓舞了右翼边缘团体，使大学校园成为捍卫权利、向公众发声的战场。

2017年8月12日，这种价值冲突在弗吉尼亚大学爆发。数百名手持枪支和同盟国国旗的白人民族主义者在弗吉尼亚州夏洛茨维尔市中心集会，抗议该市拆

---

[1] 美国的民权活动家们发起的活动，他们从1961年开始乘坐跨州巴士前往种族隔离现象严重的美国南部，以检验美国最高法院针对艾琳·摩尔根诉弗吉尼亚州案（1946）和波因顿诉弗吉尼亚案（1960）判决的落实情况。

除美国内战时期南方将领罗伯特·李的雕像。游行最终演变成了一场暴力冲突的闹剧，一名白人民族主义者驾车冲撞反对游行的人，一名妇女当场死亡。

而在集会的前一天晚上，一百多名手持火炬的新纳粹分子在弗吉尼亚大学校园的中心地带大胆地游行，这是对过去半个世纪以来美国制定的种族平等规范的挑衅。

大学是年轻人发现和重塑自我的地方。在大学里，我们形成了一系列自己的指导思想和行动规范，但同时，这一系列规范又在不停地受到外部环境的冲击。从校园中酝酿的思潮会逐渐影响更大的文化。这使大学成为新社会运动的孵化器，也成为衡量美国前进方向的"晴雨表"。

夏洛茨维尔的暴力游行是整个国家的倒退，而当时在弗吉尼亚大学校园里的学生们还太过年轻，无法牢记这件事的重大意义。我想知道那个讨厌的夏天是如何影响教室内外的学生和教授们的。他们会如何思考和谈论偏见？这次游行造成了什么样的伤害？我们可以从中吸取怎样的教训？我们要如何尝试继续前行？这些问题一直萦绕着我，我不得不在 2017 年 11 月 1 日前往夏洛茨维尔，亲自找出答案。

. . .

我的航班降落在夏洛茨维尔的时候已经很晚了，我觉得很疲倦。在接下来的七十二个小时中，我安排了二十七位采访对象。我的思绪早就已经飘向了事件发生的时刻。因此，当我的优步司机问我"你来这座小镇要做什么"的时候，我才毫无防备地被拉回了现实。这是个很普通的问题，但当下的情况却并不普通。

我该如何回答这个来自南方的中年白人男性？毕竟纳粹主义者不久之前还

拿着枪支，手持火炬在街上游行，叫嚣着要开展种族战争。他会是其中一员吗？

"我来这里采访，因为我正在写一本关于种族偏见的书。"我在后座上紧张地回答。

我不知道司机对我的回答会有怎样的反应。我坐在后面，只能看到他的后脑勺，他那顶破烂的棒球帽下面支棱出一撮灰色的短发。

我的回答打开了他的话匣子。他跟我讲了一个故事，这个故事是关于一个抚养他的女人，他真的很爱她。她叫丽塔，不久前去世，享年九十岁，是个黑人。丽塔不仅是在他家工作多年的保姆，也是他一生中最重要的人之一，一个把他当亲生孩子一样照顾的女人，而他自己的母亲却忙着照顾残疾的妹妹。他在回忆她的时候，声音明显哽咽了。

想到眼前这个白人与一名黑人女性之间的联系，我的紧张感减少了一些。他突然沉默了，而后似乎换了一个情绪，用一种与刚才截然不同的沉闷声音说："但我觉得我的种族偏见是与生俱来的。"

天哪……

"你怎么知道？"我试探道。

"我能感觉到。"

"什么时候？"我接着问，"你是什么时候感觉到的？"

他思考了片刻，厘清了思路。"当黑人的数量比我们白人多的时候，"他回答说，"我就感觉到了我自己的种族偏见。"

当他是环境中唯一的白人时，他会产生种族偏见。这不仅仅是针对弗吉尼亚州的黑人，而是针对所有的"异类"。他说，他在佛罗里达州居住了多年，周围是拉丁裔，在那里他也感觉到了自己的种族偏见。

他这种坦率的诚实使我震惊。在他自己的车里，他遇到了我这么一个研究种族偏见的专家，于是，他开始坦白这种让他不得不接受但又无法理解的心态：即使在他成长的过程中，他一直发自内心地爱着那位黑人女性，但种族偏见还是蛰伏在他的内心，随时可能会爆发。

当他倾吐完自己的心结后，车刚好停在了我入住的酒店门口。我向他道了谢，下了车，走进酒店登记入住。我的脑海中仍然在思考他的每一句话和这些话背后的含义。

我们的相遇将为我在夏洛茨维尔的任务打下基础。在美国，白人地位的变化是他们民族主义燃起的诱因。当白人是主流，而其他异族是"少数群体"时，对于我今晚遇到的这名司机这样的人来说，一切就显得安全又舒适。

但是根据美国人口普查局的预测，到21世纪中叶，白人可能会成为美国的少数族裔。社会心理学家莫琳·克雷格和珍妮弗·里奇森的一系列研究表明，只是点出美国白人人数正在减少的事实，就可能会使白人对黑人、拉丁裔和亚洲人展现出更为消极的态度。

我的司机无法解释他身上出现的"种族偏见"，但是社会科学可以解释。其他族裔人数上的反超，对于一直以来白人的统治和特权地位而言，会是一种威胁。这可能会引发恐惧和不满的情绪，从而加大他们破罐子破摔、想要回统治地位的可能性。人们常常说"种族格局正日趋多样化"，而这导致一些白人会更强烈地倾向于只与自己种族群体的成员进行互动，在这种互动中，他们会感到社会对白人的歧视反而正在增加，他们会更加赞同更保守的政治观点和政策。

但是社会科学只能部分解释白人的种族偏见。要想真正了解夏洛茨维尔和其他地区的情况，我们还需要回顾历史。

· · ·

这个夏天的仇恨之火是白人民族主义者点燃的，他们来到夏洛茨维尔市抗议提议——拆除在美国内战中担任南方将领的罗伯特·李将军的雕塑，该雕塑位于城市市中心的一个历史悠久的公园。该提议是夏洛茨维尔当时领导人的一项政绩工程，他们希望研究历史是如何在公共场所传达的，并规划出一条新思路来讲述更完整、更准确的夏洛茨维尔历史。

弗吉尼亚大学历史系教授约翰·梅森，担任该市蓝丝带委员会的副主席，该委员会主管种族、纪念馆和公共空间设计方面的事宜。约翰的职责是筛选出夏洛茨维尔的历史要素，以便更清楚地了解在当下应该建造一座怎样的纪念馆，以及这座纪念馆需要传达怎样的理念。

这意味着他不仅要考虑突出南联邦的象征，还要提高对有关非洲裔美国人历史象征的关注。

约翰指出："弗吉尼亚州是主要的奴隶输出州。"在南北战争之前的三十年里，弗吉尼亚州有五十万人被卖到南方农场种植棉花。"其中一些奴隶步行去南方，一些被装上船运往南部，还有的被火车运往南方。每个奴隶背后都有一个破碎的家庭、破裂的群落，人们失去了朋友、家人，断开了一切与熟悉环境的联系。"

夏洛茨维尔市广场上的奴隶拍卖场上只留下"一个小小的牌子，埋在人行道上，每天都被人们踩在脚下，不被重视"。约翰哀叹道。

该委员会也在重新评估罗伯特·李将军的纪念雕像。"但是，当我们对此进行公开听证会时，有关雕像的讨论却是压倒性的。大家谈到雕像的去留时，紧张气氛一触即发。"他说。

罗伯特·李将军骑在马背上的铜像自1924年以来就一直凝望着这座城市，

它坐落于弗吉尼亚州一位富有的白人商人捐赠的一片草地上。当时正值三K党恐怖统治的鼎盛时期，距内战结束已近六十年。竖立这座雕像其实是一种蓄意的恐吓行为，提醒着当地人民白人的力量：这是出于卑鄙的目的，而不是充满玫瑰色浪漫的历史怀旧情怀。

在夏洛茨维尔，去除这种南邦联象征的想法已有数年之久。罗伯特·李雕像是弗吉尼亚州在南邦联里最夸张的象征，它永远提醒人们，黑人只适合被奴役。

反对将其拆除的白人居民认为，这座雕像是具有巨大历史意义的礼物。约翰告诉我，这群反对拆除的白人居民告诉蓝丝带委员会，他们都有着在"李将军"的注视下在公园里玩耍的"美好回忆"。"他们的语言里几乎没有种族色彩，却有着对白人民族主义和南方民族主义的明确认同感。这种认同感让人们觉得，南方白人的历史才是'正史'，以其他任何方式理解南方历史都是错误的。"

雕像之争成为一个窗口，从里面可以看到更为广阔的城市分裂问题——是应该坚持经过美化的历史，还是与曾经确实存在过的白人霸权做斗争。

"南北战争的故事深深植根于这么多人的内心深处，对此我并不感激。"约翰告诉我，"很多人认为南邦联虽败犹荣，南邦联在南北战争中的失败对他们来说是一场可怕的悲剧。"

在他担任委员会委员之前，这位身为黑人奴隶后裔的历史学教授一直很疑惑，历史学家所谓的"败局命定"理论为什么依然影响着许多人。"在他们心中，对罗伯特·李将军的羞辱就是对他们的羞辱，是对他们灵魂的打击。"因对李将军这位令人尊敬的南邦联代表怀揣着同样的情感，全美，从里士满、新奥尔良、亚特兰大、巴尔的摩到威斯康星州的麦迪逊，进行了大讨论。

在夏洛茨维尔，关于雕像的公开讨论其实已经不再倾向于拆除或移动雕像了。但是，当白人进步主义者开始在委员会会议上露面时，情况突然改变了。当地居民加入了种族公正组织（SURJ），该组织的宗旨是"打破白人至上的地位，并努力实现种族正义"。

约翰回忆说："他们比我更激进，他们说：'不，不，不。不需要转型。摆脱它们。'右翼人士以为我是激进的黑人炸弹客。而左翼人士觉得我是屈服于白人的'汤姆叔叔'一派的。"

他们的抵抗模糊了种族分歧。"听到这么多白人谈论白人至上确实是重要的。"约翰说，"真的，真的很重要。"他们的肤色使他们免受典型的针对黑人的指责。没有人能指责他们打种族牌或是宣传种族分化。

最终，委员会投票通过，将罗伯特·李将军的雕像移出李公园，夏洛茨维尔市议会表示同意。而法院的质疑使该计划陷入停顿，这座雕像的未来再次变得不确定起来。雕像仍然在那里，但在2017年6月，雕像立起来的一百年后，李公园更名为解放公园。

· · ·

新纳粹分子来的那天晚上，黛安正在校园拆行李。那是8月中旬，还有一周才会开学，但她早早就搬进去了，因为她非常兴奋能够成为少数幸运儿之一——能住进校园中心沿草坪的那个历史悠久的宿舍。

晚上八点半左右夜幕降临，她的手机屏幕显示收到一条学校发来的短信。她记得那是一条非常直接的警告信号："纳粹分子九点会来学校。"好像是在宣布一个期待已久的访客。

每个人都知道第二天计划要举行的大规模的"团结右翼"集会游行，届时，将有数百名新纳粹分子和白人民族主义者出现在夏洛茨维尔市中心。但是，没人想到他们会在那个星期五晚上，把目光投向距离集会地点两英里的校园。

九点钟悄悄地到来了，周围的一切是如此安静，黛安紧绷的神经开始放松了下来。接着，她就听到了口号声："犹太人不会取代我们！你们不会取代我们！"她看向窗外，看到了"成百上千愤怒的暴民"。他们大喊着，高举着火把，穿过校园草坪，径直朝着她所在的宿舍楼走来。他们越来越近，她甚至可以看到他们的纳粹万字文身。

她摘下了所有可能证明自己是犹太人的配饰。然后，她从后门逃进一条小巷，小巷通往附近的教职工居住的综合楼。那天晚上，她就在教授家的阳台上看着这混乱的一幕。

最后，她收到了学校发来的另一条信息，"意思大概是'校园安全了，他们走了，离开学校了'，就好像在说'好了，你可以回房间睡觉了'一样轻松。但是我做不到，我只是不想待在那里。"黛安那天晚上去了住在市里的朋友的家里过夜。

这是她有生以来第一次体会到这种被人当成目标的感觉。黛安是一个棕色皮肤的犹太女孩。她的母亲是犹太裔白人，父亲是印度裔天主教徒。她的家人都不会谈论种族或宗教。她还有一个姐姐和一个妹妹，三个女孩都在马里兰州长大。黛安说："但我认为我是姐妹中最像犹太人的。我的父母根本不了解作为一个有色人种是什么感觉。"黛安在学校里有一个多元文化的好友圈，这是她第一次感到自己像校园里的局外人一样，处于危险和不安全之中。

我对黛安故事的理解远比其具体内容要深。这不仅仅是对于潜在的人身伤害的恐惧。黛安感觉到的，是三年来她全身心投入其中的弗吉尼亚大学本身带给她的威胁。她曾是班级的副班长，参加了许多活动，同时也是大学校园里的向导，会带领游客和想来这里上学的学生们参观校园，了解这所学校的历史。这是她之前对自己的定义。

但是，我们每个人都有自己内心的多重自我。到底哪一个自我会主宰我们的思想、感受和行动，这取决于我们所处的环境。具体在哪个时刻出现哪个自我，其实不完全在我们的控制之下。

在那个星期五晚上的几分钟里，黛安的身份从"弗吉尼亚大学的女学生"变成了没有归属感的犹太人，她从校园中心被驱逐到了边缘。

. . .

在黛安逃离游行者集会的当晚，沃尔特·海内克教授则冲向了暴风眼。

周五晚上，沃尔特甚至还制订了应对其他可能发生事件的计划，以更好地应对离夏洛茨维尔越来越近的右翼袭击。

当晚，他正准备去弗吉尼亚大学校园对面的圣保罗纪念教堂，却发现了"一群白人至上主义者"手持点燃的火炬，正在大学校园里活动。那天晚上，来自各个种族和宗教的近一千人聚集在教堂里，沃尔特赶忙冲去教堂。

就在布道和演讲结束之时，有人抓住了麦克风，告诉所有人冷静："另类右派带着火把过来了，我们不知道他们想干什么。"教堂立刻被封锁了。对教堂里的人们来说，好像整个城市都被包围了。

沃尔特冲出了教堂，赶回了学校。他看到，携带火炬的暴民们已经去到了黛安住的那栋历史悠久的宿舍附近的圆形大厅，并且威胁学生们，后者在保护大学创始人托马斯·杰斐逊雕像。"有一百五十名举着火炬的愤怒白人大喊：'你们不会取代我们！犹太人滚回老家！'"沃尔特回忆道，"他们说的每句话都是你能想象到的关于种族最恶毒的话。"

"事件不断升级,你能感到紧张和危险在空气中发酵。我也有点不知所措了,我从来没有陷入那种种族仇恨和暴力之中。"

学生们开始高呼:"黑人也很重要!黑人也很重要!"游行者们则不甘示弱地大喊着:"白人才重要!"

沃尔特和弗吉尼亚大学校长艾伦·格罗夫斯穿过游行队伍,走近了学生们。"我开始一个一个跟学生们确认:'你还好吗?你想不想离开这里?'只要学生自己想走,我们都会帮助他们离开这里。"沃尔特说。但是没有一个学生想离开。

突然,一根火炬从游行队伍中飞出,刚好打在了格罗夫斯校长的身上,划伤了他的胳膊。沃尔特回忆说:"很快,情势就失控了,就是那么一瞬间的事情,砰!砰!砰!"

游行者开始挥舞起棒子。"几个游行者开始殴打学生,向他们投掷火把。当时的场面非常暴力,有很多肢体冲突。"他说。

然后他们听到警笛声,警察来了。"新纳粹分子就开始撤离,"他说,"这场在大学校园里的闹剧基本上结束了。"

但是真正的恐怖即将开始。

现身

安息日刚好是一个星期六。早晨,信徒们在教堂的礼堂举行了礼拜。这时,三十名新纳粹分子突然包围了礼堂,一名男子在过道上高举手臂,摆出纳粹的敬礼姿势,大喊:"希特勒万岁!"祈祷结束后,信徒们被迫从一扇侧门离开圣殿。

尽管如此,吉奥夫还是松了一口气,幸好没有发生更糟的事情。吉奥夫毕业于弗吉尼亚大学法学院和商学院,而他的妻子则是夏洛茨维尔唯一的犹太教堂——贝斯以色列公会的牧师。游行的前一天,他们从犹太教堂的休息处取回了一部18世纪的捷克神圣经卷《摩西五经》,以保护历史文物免受掠夺者的伤害。

纳粹分子在欧洲恐怖统治期间没收了成千上万件宗教文物。第二次世界大战后,数百部捷克古卷被救出,并最终进入世界各地的犹太教堂。

这种营救行动本身就带有一种让人痛苦的讽刺意味,也让吉奥夫颇为困惑。"那些古卷原先归属的犹太社区都被灭绝了。而我们抢救出来的这部古卷,现在再次受到纳粹分子的威胁。"

因此,吉奥夫和他的妻子在周六离开犹太教堂后,就毫不犹豫地成了抵抗游行集会的抗议者。

吉奥夫解释说:"当人们说'别走'时,这就是我们的祖先在欧洲的时候互相转达的事情。'就让他们来吧,他们只是很少的一群人。他们只是一小群人,他们不是认真的。如果我们不理会他们,他们就会自己走开。'我认为对于我们来说,历史已经证明对他们听之任之是一种失败的策略,所以这一次,我们想主动出击。"

对偏见视而不见的策略确实未能阻止歧视,然而强大的阻力会让人们无法直面偏见,即使他们认为自己确实应该这样做,在看到歧视行为出现时采取的小规模行动——为种族歧视的受害者挺身而出或指责某人使用种族侮辱语言,也需要花费比我们想象中更多的精力和承担更多的风险。

研究表明,人们往往会高估他们反对偏见的程度,尤其是当他们自己不是偏见攻击的目标时。公然反对种族主义是很危险的,死于夏洛茨维尔的街头的希瑟·海耶证明了这一点。当一辆汽车冲撞抗议游行的人群时，这名三十二岁的女性不幸身亡，还有数十人受伤。驾驶汽车冲撞人群的司机叫詹姆斯·亚历克斯·菲尔兹，这个来自俄亥俄州一个小镇的男青年自称是新纳粹分子。这次游行事件结束十六个月后，2018 年 12 月，二十一岁的詹姆斯被夏洛茨维尔陪审团裁定犯有谋杀罪，建议判处他 419 年监禁。

在我到访夏洛茨维尔的时候，痛苦的情绪仍在这座小城蔓延，每个和我交谈的人几乎都会提到希瑟·海耶的惨死。在菲尔兹撞死海耶的地点，人们仍然在纪念她，人们用彩色粉笔写着：同为人类，不再仇恨，永不忘记。我们停止反击之时，即是种族主义胜利之时。

. . .

在那场游行开始的那天早晨，吉奥夫和他的妻子决心加入抵抗游行的队伍。他们前往解放公园，在那里，他们看见一群信仰不同的神职人员跪在地上对抗狂热的仇恨。

后来，一位旁观者告诉我，那些宗教领袖在跪下时，被白人至上主义者嘲弄，他们还朝这些宗教领袖的脸上吐唾沫。

在这个黑人与白人的历史断层线分明的南方城市，犹太人被迫面对的不仅是部分反犹太主义的明显复苏。这些口头攻击还意味着向其他所有人发出信号，即犹太人不再被视为白人。他们的身份还处在试用期当中，在威胁时期就会受到威胁。

通过贬低和非人化黑人和犹太人这种古老的刻板印象，白人至高无上的语言一直以相同的中世纪风格来妖魔化黑人和犹太人。夏洛茨维尔游行由激进的右翼分子和白人民族主义者组成，旨在动员新一代的种族仇恨势力，将时代倒推回过去那个黑人和犹太人都知道自己位置的时代。

根据反诽谤联盟的数据，美国的反犹太人事件在2016年至2017年跃升了近60%，其中大部分增长发生在白人至上主义者组织活动的大学校园中。那一年，校园中的反犹太事件几乎翻了一番。在对夏洛茨维尔的暴力游行进行全面报道之后的几个月里，关于威胁、人为破坏以及对攻击犹太象征和机构的报道在全国范围内激增。

在我去到夏洛茨维尔时，每个人都会用不同的方式指称"团结右翼"组织。他们是白人至上主义者，是纳粹，是新纳粹主义者，是克兰斯曼，是白人民族主义者，是白人分离主义者，是另类右派，或者仅仅是不合时宜的一群人。他们在这个城市里渗透了多年，蛰伏在地下。分歧性的政治言论和新的宣传工具使他们的愤怒逐渐浮出水面。

他们愿意挥舞着明显的种族主义符号，如火把、邦联旗帜、纳粹万字，使原本不可想象的事情看起来好像稀松平常，削弱了平等主义准则的掌控，而这种平等主义准则是重视多样性的，至少能够容忍多样性。准则的转移是使隐性偏见现出原形的原因。

"团结右翼"集会是当代白人至上主义者最大的一次公开集会。研究仇恨团体的专家说，社交媒体使人们更容易建立联系，同时让防止种族主义的护栏越来越低，使得种族主义者的地位正在逐渐提高。

2016年，针对在推特上蓬勃发展的白人至上主义者关系网的一项研究发现，两个主题标签吸引了最多的转发：＃白人种族屠杀＃和＃唐纳德·特朗普＃。

· · ·

坎贝尔来到夏洛茨维尔是因为他热爱南方。他在纳什维尔长大，是一个白人，对种族和政治持开放态度，他想研究法律，这样他可以修改那些支持不平等的法律。

当白人至上主义者带着枪支和邦联旗帜出现时，他才刚开始在弗吉尼亚大学法学院第二年的学习。

面对他们丑陋的言辞、对于种族主义的骄傲，坎贝尔并不觉得吃惊。他更多的是感到羞耻，以及某种责任感。

他告诉我："这些人和我是一个社群的。他们有可能是我的堂兄弟……因此，从某种意义上说，我对此也有责任和过错，我需要采取行动纠正他们，这是很重要的。"

夏洛茨维尔市中心抗议游行的前一天晚上，坎贝尔和来自新泽西州普林斯顿的黑人女同学布列塔尼正准备去参加一个聚会，在路上，他们看到弗吉尼亚大学草坪附近的小火把。他们觉得学生们一定要保持警惕，为第二天抗议游行做好准备。

布列塔尼说，对于一个南方男人和一个黑人女人来说，远处的景象看起来"非常像三K党"。她和坎贝尔开玩笑说，这些学生模仿"三K党"真的很幼稚。

然后他们意识到，他们看到的确实是三K党。白人至上主义者在他们的校园中游行，挥舞着火把，喊着纳粹口号，还发出猴子一样的声音。

布列塔尼说："我始终不敢相信他们居然真的举着火把。"在大学校园里，仿佛突然冒出了白袍种族主义者和燃烧的十字架。

坎贝尔和布列塔尼那天晚上都没有在聚会上待很久。布列塔尼解释说："我们和其他人一起出去玩，而当纳粹分子在草坪上游行时，这种感觉真的很奇怪。就是这种认知失调的感觉。"

对于布列塔尼而言，这是种族差异变得清晰明确的时刻之一。她的白人同学在听说这一幕后，可以选择保持距离，独善其身。"他们可以说：'哦，这太可怕了，但我不会让这件事影响我。'但是，对于我来说，这却不是一个可以选择

第九章　213

的事情。"她说。

对坎贝尔来说,这种不和谐因为传承和意识形态的错流而变得更加复杂。

他说:"我感到很奇怪,因为我知道我第二天早上醒来要去抗议种族主义者反犹太人的运动,而参加那个聚会的大多数人都像没事人一样,那个聚会上的大多数人对此并不真正关心。"

"我们与他们"的界限已经开始转移,并变得模糊。在夏洛茨维尔,火把已经不是用于和平守夜,而变成宣泄仇恨的工具。坎贝尔希望与自己站在一起反对种族主义的同学们似乎都不在意这一切。而他计划反对的那些人,在他看来都是那么熟悉。

当坎贝尔在周六早上到达抗议游行现场时,他穿过了一片人群,那些人"拿着枪走来走去,穿着迷彩服……很难分辨出谁是警察,谁是弗吉尼亚警卫队队员,谁是民兵"。

随着冲突加剧和小规模冲突的爆发,坎贝尔发现,把坏人与好人区分开变得越来越困难。根据后来的估计,反对游行的抗议者大约有两千人,比游行者的人数多,比例大概是4:1。

坎贝尔并不畏惧,但还是有点担心,因此他给父亲打了个电话。"我当时就说:'嘿,就是告诉你一下,我今天在市区购物中心。我会没事的,但万一发生了什么事,你至少得知道我在这里。'"

他遇到的所有反对游行的抗议者来自各个行业,有神职人员、教徒,有社会主义者,有女权主义者、和平主义者、学生、"黑人的命也是命"运动的社会活动家、激进的反法西斯战士、"乡下人起义"组织左派人士,还有一些训练有素的负责安抚双方情绪的专业人士。

游行者们则拿着长枪,穿着防弹背心,身上带着南邦联徽记。他们统一的制服也显示出他们与坎贝尔深爱的这个州的联系。

"有几个人穿着田纳西州的衬衫,我的女朋友指给我看了。"他说,"我来自田纳西州,也非常喜欢田纳西人。看着自己的同乡举着南邦联的旗帜参加游行,虽然我并不惊讶,但觉得很难受。"看起来,坎贝尔成了同乡眼中的"异类",好像他在为自己而战。

这可能会引起忠诚和身份问题,坎贝尔无法与他长大的地方切断联系,但是他可以选择到底要成为哪一个自我。

他说:"如果你是南方的一个自由派白人,那么你就不可能不长久地为种族问题而苦苦挣扎和思考。与种族相关的事保持距离并不是你想做或能做的事。"

"我认为,被 8 月 12 日的游行震惊到的大多不是本地人,但清一色是白人。因此,他们更可能产生的想法是:'嗯,反正我明年是要回纽约的,这些南方人都是些土包子。'"

. . .

弗吉尼亚大学心理学教授苏菲·特拉沃尔特本来要在周六下午的大学活动中发表演讲。"这个演讲是针对游行抗议的,但落脚点是要智慧地反思民主。"

但是她希望年幼的儿子,用她的话说,"可以像平时一样度过那一天",所以在那个周六的上午,他们一直待在家附近的室内游乐场里。

在开车回家时,苏菲看到了一个不祥的景象:一群拿着机枪的男人站在她家附近的街角。

她四岁的儿子很安静,直到他们进了家门,他才问了他母亲害怕他会问的问题:"妈妈,那些人为什么拿着大枪?"

苏菲没有多想，脱口而出道："你知道，今天有些人来到了我们镇上，他们可能是被吓坏了，因此很生气，所以就拿枪来这里吓唬别人。我觉得他们是来这里打架的，所以我们就不要多管闲事了，好吗？"

她的丈夫对这个答复并不满意。他觉得，对一个这么小的孩子来说，这一切太难理解了。

于是，他们反思了一下，用孩子听得懂的话跟孩子讲述了这一切。她说："我们与他谈过，为什么有些人会因为其他人跟他们不是同一个种族而讨厌他们。因为生气就刻薄地对待别人，这样不好。仅仅因为别人的长相就对素不相识的人生气，这样也不好。善良的人会从多种不同的角度来看问题。"

跟小孩谈论种族歧视可能会很尴尬，特别是对白人父母而言，他们在自己的生活中可能也不会处理种族问题。但是，在夏洛茨维尔发生的丑恶一幕迫使全美各地的父母不得不就仇恨、种族和历史与孩子进行不舒服的对话。

通常情况下，对于许多白人父母来说，他们的本能就是干脆不谈论种族问题，以这种方式来告诉孩子们，种族其实不重要。成为一个好父母就意味着不能注意到肤色。"色盲"是宽容的标志，是所有正确美德的象征。但是对于大多数黑人父母来说，他们的本能则是相反的：帮助孩子理解种族的重要性，并向他们展示如何在可能有偏见的人中生存——这些是保护他们，并让他们为立足于世做好准备的对话。实际上，研究表明，黑人父母会比白人父母更早、更频繁地与孩子谈论种族。

苏菲的儿子当时只有四岁，他还不了解种族的概念。她说："他不了解种族到底是怎么起作用的。"但是他确实知道，他的保姆和保姆的女儿都是黑人，他们赚的钱比自己的爸爸妈妈少，他们住的社区也不太好。

苏菲告诉我："我们想与他谈谈这些事情。"他们买了一本关于罗莎·帕克斯的儿童读物。"我们认为这是一个很好的起点。"但是她的儿子还不是很能理解。"他感到震惊，因为他以为我们的保姆艾博妮仍然必须坐在公共汽车的后面。书里并没有说明这其实是很早以前的事。"只要想到周围有人会因为艾博妮是黑人而故意刁难她，他就会忍不住哭起来。

苏菲说，有时她儿子还会问他自己是白人还是黑人。在当地一家全食超市里有一张黑人小男孩的照片，他的笑容和她儿子的很像。"每次看到海报时，他都会说：'妈妈，看！那是我！'"

我很难告诉这样一个男孩，尽管那些支持种族主义的新纳粹分子正在我们生活的这座城镇中游行，尽管他们讨厌像他的犹太父亲和黑人保姆那样的人，但他是无辜的。所以，他应该是安全的。但是苏菲感到不得不与她的儿子谈论游行，因为"毕竟这些事情正在上演，而他是目击者。以孩子能理解的方式为他解释这一切，让他认知到这件事的同时，又不会心生恐惧，真是一件很具挑战性的事"。

不过苏菲本人倒是很难不被吓到。当她在手机上观看"一个年轻人被一群持棒球棍的白人至上主义者殴打"时，她必须控制自己不尖叫出声。夏洛茨维尔已经宣布进入紧急状态，苏菲原定的在大学的演讲也已经取消。苏菲看到的袭击视频发生的位置距离他们家只有三个街区。那天下午，苏菲一家人决定收拾行装离开，直到游行者离开再回家。

他们不得不选了一个不同于平常的出城路线，以避免刚好遇上游行队伍。苏菲的婆婆就是犹太人，她对眼前发生的一切感到恐惧。她想让他们站出来，与反犹太主义做斗争。她当时说："我不敢相信我们现在还得逃避纳粹分子。太疯狂了。"

苏菲说："我们所有人都有这种感觉。而且我们所有人都感到害怕。"她被自己的双重身份和必要的平衡行为困扰着。作为一个母亲，她必须承认留下来很危险，而且她还有一个孩子需要保护。但是作为心理学教授，她知道这种时候只有站出来才能展示力量。

在两种身份的斗争过程中，母亲的身份胜出了。在事后三个月，我与苏菲见面时，她仍在为当时的选择而感到纠结。

. . .

法学院教授安妮·科夫林在周六游行期间担任医务人员，她因此受到了很大的伤害，生活也变得意外地复杂。

在游行期间，她和丈夫都自愿担任医务人员。他们有面包车、水、绷带和一些医疗用品。他们负责照顾那些被催泪瓦斯攻击的人、被殴打的伤员，并且安抚那些被所见所闻震撼到无法停止哭泣的人。几天来，她始终感觉嘴里有一股催泪瓦斯的化学剂味道，这股味道挥之不去，不断提醒她那些受伤的身体和灵魂。

作为一个有社会正义倾向的刑法教授，她想让学生思考系统性种族偏见。但是，随着游行者和抗议游行者在教堂外的人行道上发生冲突，这些种族之间的对抗就已经超越了学术意义。

她看到了"载有新纳粹分子和右翼人士的汽车一辆接一辆地从你身边开过，你看着他们就会觉得……真是吓人"。他们举着纳粹和邦联的旗帜，数都数不清。但是让她震惊的不是那些看起来像是从综艺节目《鸭子王朝》里走出来的人，而是其中那群很认真的年轻人，他们看起来都很像她刑法课上的学生，不同的是，他们带着武器，脸上写满仇恨。

她说，在那之后的几周里，"每次见到白人，我都会觉得害怕。看到一个白人本科生的时候，我的心里会觉得他也许是个另类右派……一个穿着蓝色西装外套和休闲裤的白人男孩走向兄弟会的时候,我也会觉得很害怕,因为那些极右翼人士的装扮让他们看起来就像是南方的年轻绅士"。

这场游行让她将白皮肤与暴力直接联系在一起——就像我们之前一直都将黑人与暴力联系在一起一样。她的生活仿佛一瞬间被颠覆了,这位漂亮的白人女律师突然开始以黑人的视角审视生活。

教堂是抗议游行者的聚集地,教堂入口有金属探测棒检查来访者是否携带了武器。安妮告诉我:"他们让所有人都通过了,但我的丈夫被拦下来单独接受检查。他们对他说:'我们很抱歉,但是所有白人……'"然后他们意识到,"哇!这是对白人的种族思维定式。因此,他们开始检查所有人,我认为这有点反应过度。"

但是,当看到教堂外的一个白人至上主义游行者身上带着枪时,大家都变得严肃起来。安妮赶紧快速地让所有的年轻黑人进入教堂,确保他们的安全。她告诉我:"其中一个黑人被激怒了。他离我很近,却并没有看我,只是向我大喊:'我们也有枪!''我们也有枪,'我想,'好吧,快进教堂吧。'"

然后,这个年轻人就开始对着安妮和她的帮倒忙的队员发火了。"他开始用最脏的字眼骂白人自由主义者。'你们太让我们失望了。我们绝对不会支持你们!在与纳粹分子、三K党打交道时,我们至少知道自己在跟谁打交道。但对白人自由主义者……'"

"这时,我看到一个年轻的犹太人,我能认出他是犹太人,因为他戴着毛线帽……他转头对那个黑人说:'你说得对,我们现在做得很糟糕,未来我们需要做得更好。'"

"这就是我的故事。"安妮说,"我该怎么做?"

后续影响

安妮似乎已经动摇了。我来夏洛茨维尔是为了收集信息，但是我发现自己在接受安妮提供的信息的同时，也在吸收她的痛苦。仅仅作为后续影响的见证人，我就已经感受到比我想象中更多的东西了。我曾近距离目睹过人类的斗争、暴力冲突，及其后续的影响。

几十年来，安妮一直是促进平等运动的倡导者。但在这个充满仇恨的夏天，过去的努力似乎都变得一文不值。她告诉我："一直以来，我都把自己当作他们的盟友，但我现在已经不知道我到底是什么角色了……他们认为我是假的盟友。天哪，我不知道该怎么办。我该怎么办？"在夏洛茨维尔经历了所有这些事情之后，她最担心的就是自己的努力被误解，并最终导致他们功亏一篑，这位年轻的黑人谴责"白人自由主义者"显然刚好击中了她的痛处。

但是我对她说，即使失败了，黑人也想知道你们曾经为他们努力过。在民权运动中挺身而出的黑人，在暴力面前游行示威、保持稳定的黑人，觉得他们已经胜利了，整个世界即将向他们开放，我父母的家人逃离了南方，所以我们不用再忍受《吉姆·克劳法》的暴政。他们期望我们——他们的孩子们，能够带着希望跨过民权运动的终点线。而现在，我们这一代人中的许多人都觉得我们仿佛在驾驶室里睡着了。但是，在夏洛茨维尔发生的事与我们所有人有关。

我们一直在犯的错误，我们所有人一直在犯的错误，就是认为我们的工作已经完成了。我们过去所做的一切努力会使我们不断前进。我们所看到的任何进展都将促使我们避免历史的倒退——点燃十字架、藏匿《摩西五经》。

但是夏洛茨维尔的这一刻则会成为我们的命运、我们留下的遗产。这是我们的历史和大脑机制一次又一次困扰我们的地方。向前迈进需要时刻保持警惕，它要求我们不断关注自己是谁、如何做到这一点，以及我们有能力成为的自我。

. . .

那个充满仇恨的夏天过去之后，弗吉尼亚大学恢复正常教学是非常困难的。学生感到不安和抗拒，教授们想用游行这件事来教导学生，但又不想延长或加剧这种创伤。

苏菲说："对于教师而言，很难真正知道我们对这些事件的责任到底是什么。我真的为此感到困惑，因为目前我们都不知道我们的行为会带来怎样的结果。"

她教授的许多课程都涉及这些问题，因此她很难绕开种族这个话题。她告诉我："我在所有课程中都会谈论种族、性别、社会阶层和地位。相比以往任何时候，今年谈论这些都变得更加充满挑战。"

在"团结右翼"游行仅一周后，她就向八十五个在弗吉尼亚大学就读公共政策专业的本科生讲授关于价值观和偏见的内容。在她看来，这些学生似乎比她教过的任何其他学期的学生都更有参与感。但是，并非每个学生都能从同一角度看待游行和游行所引发的问题。

有些学生会和这类问题保持距离，注重探讨问题背后的思想意义，以此来检验我们对言论自由的投入或历史周期性的象征。而其他学生则将其视为对生存的挑战。对他们而言，这是一次相当丑陋且充满负面情绪的经历，是一次近似于恐怖主义的全面袭击。

尽管如此,她仍很高兴她的学生愿意克服彼此认知的差距。"但是我得承认,这个学期是我从事教学工作以来经历的最为活跃的课堂,有的时候讨论的激烈程度甚至让我觉得不舒服……"

像大多数大学一样,弗吉尼亚大学的学生群体倾向于自由主义,但是它又比普通的大学更为保守。在这里,保守的学生往往"相当保守"……"对于学生来说,这是一个非常艰巨的主题,因为他们觉得自己很容易成为目标,"苏菲说,"我认为学生们自己能够畅所欲言地说出自己的感想,就已经是我们这堂课的一个伟大胜利了。"

实际上,大家的畅所欲言可能有些过了头,以至于课堂讨论演变成激烈的争论。一些学生会因为在争论的过程中被激怒而直接愤然离开教室。她说:"当然,他们还是会回来。我感觉我所有的学生都像是水面的泡泡,很小的事情就能让他们爆发。"

她的目标是允许学生们腾出空间来安置自己的感情,以此处理游行前、游行中和游行后发生的事情。作为社会心理学家,她还认为这些讨论是使她的学生了解科学价值的方式。"在我看来,让他们辩论这些事情真的很有用,因为该课程的重点是探讨我们拥有的价值观和偏见,正是这些价值观和偏见塑造了我们制定公共政策的方式。"她说,"通常,随着讨论的进行,学生们会看到偏见的作用变成讨论的焦点,然后他们就会说:'好吧,快跟我们讲一讲这背后的心理学原因。'"

但是,对于游行带来的影响的讨论并不总能以这种方式解决。在这个主题下设定界限会更加困难,不仅要让学生尽可能大胆地探索替代视角的作用,还要避免让他们感到生气、受伤或侮辱。

安妮设定的基本规则一如既往,简单明了:在评论的语气和内容上要尊重他人。但是这次,她说:"学生真的为此挣扎良多,很难遵守预设的规则,这真叫人惊讶。"他们的论点太过两极分化，而且他们在讨论中也投入了太多情感。

. . .

来自弗吉尼亚大学法学院的学生也度过了艰难的时期。在访问的最后一天，我在两个讨论组里约见了十几名学生。在几个小时的访谈中，我们谈论了发生了什么事，以及之后需要注意什么。他们反复提出的一个主题与言论自由的概念有关，而言论自由的概念受到美国宪法第一修正案的保护。实际上，这也是我在校园内听到的有关游行事件的一个主要论调：即使我们鄙视和质疑听到的信息，也需要保护第一修正案赋予的言论自由的权利。在这种情况下，有些人认为大学是宪法权利的拥护者，学生情感上的创伤仅仅是附带损害。

你可以谴责人们的言论，但你不能谴责其发表言论的合法权利。这是许多具有历史意义的校园运动取得成功的固有条件。许多学生认为，他们没有给那些抵制并试图压制游行者口头攻击的人以足够的支持。似乎道德制高点属于那些行使言论自由权的人，而不是那些为维护他人尊严生活的权利而行动的人。全国各地的大学行政管理人员和领导者都在努力寻求一种平衡，但通常来说，他们似乎更关心如何强调法律赋予的价值，而不是被贬低和去人性化的生活价值。人们急于保护法律，但是在保护校园中的平等准则方面却步履蹒跚。

我理解为什么教授在权衡问题上会产生冲突，以及为什么大学不想煽风点火或鼓励这种暴力纠纷。但是许多学生告诉我，他们认为其他同学发表的偏见或不敏感言论在课堂上其实不会受到质疑和挑战。如果忽略这些评论，就会错过教育每个人的机会。

来自普林斯顿市的就读法学系的黑人学生布列塔尼，与我分享了她的一个朋友在宪法学习课堂上的经历。在该课堂上，一名同学在讨论平权行动时侮辱黑人学生，一直暗示班上的黑人学生根本没有资格上法学院。

对于这种言论，"教授完全没有回应，"她说，"说这所学校的所有黑人学生其实都没有资格来上学，或暗示他们在某种程度上缺乏生物学上的能力，这本身就有悖于事实。因此，作为老师来说，肯定需要及时制止这种行为，而不应出现'我正在展现我的偏见'或'我要让我的课程继续下去'的情况。"被边缘化的学生只能为自己辩护。布列塔尼说："对于那些被边缘化的学生来说，这并不是他们应该承受的负担。"

另一个法学院的大四学生告诉我们："如果你从来没有作为班里唯一的黑人和一群白人学生坐在一起学习奴隶制相关主题的经历，你就绝对无法对黑人的难受感同身受。"

这种身份威胁如果不加以解决，可能会影响学生对学校的依恋，以及他们在学校中发挥作用的能力。如果一直有人在挑战你存在的权利，你就很难静下心来学习。这可能会影响学习成绩，甚至会付出灵魂被扭曲的代价。

布列塔尼曾帮助大学进行招聘，也交了很多朋友，但她发现自己已经不再对弗吉尼亚大学的一切那么痴迷。她说："我没法和以前一样参与学校活动了。即便是那些联系得特别、特别紧密的事物，在我眼中都是支离破碎的……我无法摆脱这种想法，而且因此一直无法忘记发生的事情，因为对周围的一切充满不信任，我感觉自己正变得越来越孤立。"

. . .

"团结右翼"集会可能是这一代白人至上主义者最大的公开聚会，但它不是突然出现的。而且在出现可能的伤亡之前，这个游行就先被制止了。

这是夏洛茨维尔市的政府报告中的结论。撰写这份报告的是蒂姆·黑非，他毕业于弗吉尼亚大学，曾担任过律师。他调查发现，警察过了很久才开始认真对待这次集会，而且他们担心，一旦插手这场纷争，人们可能会觉得警察处理得太过激进。

警察的这番顾虑被证实了，许多夏洛茨维尔居民指责警察反应迟钝且准备不足。一些居民认为警察根本不在意这次集会，而另一些人则认为他们与那些种族主义的恐怖分子站在同一阵营。

在8月12日游行的一个月前，三K党就在夏洛茨维尔办过一次集会。四十名三K党成员参与了集会，当时来了一千多个抗议集会的人。这次集会仅持续了四十五分钟，之后警察将其驱散，并护送三K党成员离去，抗议者们欢呼着庆祝。但是，当那群前来抗议的人未能迅速解散时，警察返回现场，宣布他们在非法集会，并使用催泪瓦斯对付他们。

蒂姆在一次采访中告诉我，这在抗议游行的人看来，就是"警察护送种族主义者，保护他们，却对我们使用催泪弹"。当时，警察部门因过于激进而受到抨击。

因此，当8月12日的游行到来时，警察们干脆袖手旁观了。他们不想保护任何一方。游行者和抗议者混在了一起，无法区分。当人们被嘲讽、被威胁和被殴打时，现场警务人员没有进行干预。正是因为警方的不作为，一些高举着反法西斯旗帜的武装抗议团体参与了进来。对于某些人来说，那是一个超现实的事件转折，现场乱成一团。

那位犹太教牧师的丈夫吉奥夫回忆，当一个主持不同信仰团体的教堂遭到极右翼分子袭击时，"拐角处的警察根本没有理会。我既是商科学生，也是法学院的学生，受到共产党和无政府主义者的保护"。

调查证实了公共安全违规行为。蒂姆对我说:"我们身上带的摄像机拍到了这一幕,警察们就站在路旁二十英尺之外的路障后面,无所作为。我认为人们会觉得非常没有安全感,这将产生长期影响。"

他的报告于 2017 年 12 月 1 日发布。不到三个星期后,夏洛茨维尔警察局局长下台了。

蒂姆的职位也发生了变化,他现在是母校弗吉尼亚大学的顾问,并渴望为他认为是"美国最好的公立大学"提供服务。

蒂姆告诉我,在那个夏天之前,人们一直将夏洛茨维尔视为"这个田园诗般的社区……一个安全的地方。现在很难说了"。

这种不安全感席卷了整个城市。在游行发生的时候,许多白人抗议者深感不安全,而且没有得到警察保护,这让他们第一次体会到了黑人经常体验到的那个世界的滋味。

实际上,沃尔特·海内克教授对我说了很多,他"终于……体会到了一个非白人的人在这样的一个社会中生存会觉得有多么不安全,那天,我真真切切地体会到了这一点"。

. . .

在新纳粹分子走出宿舍,手持火把并大喊反对犹太教徒的口号之后,这种不安全感也向黛安袭来。三个月后,她仍然觉得"自己深陷其中",她说:"有时候我感觉一切都回归了正常,但有时候,当我晚上在草坪上行走时,我总觉得我看到了那晚的火焰。"

她感到"精神上和情感上都筋疲力尽,受到创伤"。即使是志趣相投的同学的某些举动，也可能引发某种恐慌，使她再次感到恐惧。不止一次，在看到守夜的烛光或听到低沉的吟唱时，她会误以为纳粹分子又来了学校，后来她才意识到这是宣扬和平与正义的集会。

这种恐惧感跟随她进了教室。她发现自己条件反射般地"突然数出班上有多少有色人种……并且会克制不住地默数班上有多少犹太人"。

黛安一直知道自己是处在这个白人主流社会中的非白人，但现在她感到自己非白人的身份是一种威胁。她说："在教室里的心理安全感只是一方面。"让她感到焦虑的不只是这一点。黛安还给我说了她受到的其他几个影响，如"无法集中注意力专注于课堂内容，因为我始终心有不甘，为什么这些白人都可以继续他们的生活，而我还被困在过去"。

我试着去体会黛安这种突然失去安全感的感觉，于是我回想起了二十六年前父亲去世时的情形。父亲在五十五岁的时候突然去世，当时我还在读研，希望将自己的思维方式训练得更像一个心理学家。他的去世让我的世界变得动荡不安，我意识到我的安全感与父亲的存在息息相关。好像我和他一起经历了人生，不管我在地球上的什么地方，他都会提供一个看不见的力场来保护我，他死去的那一刻，那个力场就消散了。黛安给我讲述的内容让我觉得非常熟悉。在最广泛的层面上，她的故事似乎是关于失去的安全感与自由。

当然啦，黛安仍然坚持并致力于保护弗吉尼亚大学，她不会让恐怖分子获胜。"我太喜欢这个地方了，我希望大家记住这所大学不是因为当年右派的集会，而是因为这所大学真的非常优秀。有时我会觉得伤心，因为我必须为这里辩解。人们总是说：'夏洛茨维尔？弗吉尼亚大学？你为什么要去那里？那里不是有一堆很坏的人吗？'"

黛安还继续在做大学校园向导，她也一直在寻找更好地谈论那个充满仇恨的夏天的方式。在带领申请大学的高中应届生们参观校园的时候，她说："我坦率地承认，对于那天在这里发生的事情，我确实感到害怕。"而此外，她会继续告诉他们，大学计划采取新的更好的安全措施，以提升校园里学生的勇气和同情心。

不过，在介绍这里的历史时，黛安感觉还是很难驾驭。在叙述中，她曾经提到一条"奇妙的弧线"，她会先提到夏洛茨维尔和弗吉尼亚大学过去的一些不太光彩的历史，如奴隶制、种族征服、种族隔离和歧视，然后再着眼于城市和大学是如何从当年的历史中跳脱出来求得发展的。现在，再谈论这些发展反而变得有些讽刺。相反，她不得不承认我们仍然面临的危险，并强调我们正在倒退的事实。

. . .

当地人总是觉得，对于北方人来说，夏洛茨维尔属于南方，因此他们都愿意来夏洛茨维尔；而对于南方人来说，这个小城则属于北方，南方人也很乐意过来生活。在这里，不同的南北世界碰撞共生。而弗吉尼亚大学就在这种碰撞的中心，这是托马斯·杰斐逊所建的学校，他仍然站在这所大学华丽的圆形大厅的大理石基座上。

我能感觉到他在校园里的存在，人们讨论着他的事迹，定期参加关于他的讲座，发表关于他的正式演讲，以及有关他的日常对谈。每天我踏入校园时，我都会看到他的画像，听到有人提起他的名字或他的想法。在这里，杰斐逊一直活着——他的精神得到了支持和培养，成了指导之光。这位《独立宣言》的起草者不仅是弗吉尼亚大学的创立者，还是一位有远见的建筑师，他建立了一个致力于人类进步与发展的机构。每一天，他的门徒们都对他表达称赞，并向他鞠躬。

2017年8月，杰斐逊缔造的这座"学术村"却成了游行者的眼中钉。在挥舞着火炬的新纳粹分子走过杰斐逊珍爱的草坪的时候，弗吉尼亚大学正准备庆祝成立两百周年。学生们手拉着手围住杰斐逊的雕像，不让游行者们靠近。

游行者来参加一场种族战争。但是从许多方面来看，那场种族战争其实早在两百多年前就已经埋下了种子，杰斐逊本人其实就是这种冲突的体现。这个宣扬独立与平等的人比几乎所有生活在弗吉尼亚州的白人拥有更多的奴隶。他笔下写着"人人平等"，但他自己却坚信白人至上，认为黑人在"身心"方面均不如白人。作为知识分子，杰斐逊相信科学具有推动人类进步的力量，但也相信黑人无法在智识方面有所成长。

杰斐逊奴役黑人劳动力建造了弗吉尼亚大学。白人学生入学，而背后的工作却都是由黑人奴隶完成。根据杰斐逊的设计，这些黑人奴隶被隐藏了起来，他们被安置在地下室的临时帐篷里，或住在校园的蛇形墙后，每天被迫工作。在建造蒙蒂塞罗庄园时，杰斐逊也使用了类似的方式，在该住宅的后方路堤中专门建了独立的地下空间，作为奴隶的休息区和工作区。把黑人移出我们的视野，自由的人们就可以和平生活。

作为一个国家，即使我们试图稳步朝着杰斐逊的平均主义理想迈进，并摆脱了他的白人至上主义观念，但偏见仍在我们内部寻求庇护。在夏洛茨维尔，被我们奉为历史遗珠的种族主义面具被无情撕破。实际上，偏见一直都在我们看不到的一个地方默默积聚力量，在这个地方，我们不承认这种偏见的存在，不管是对自己还是他人，即使它已经触及我们的灵魂并影响我们的行为。

在这个国家，黑人已经提醒了我们重新注意那些我们一直以来拒绝看到的种族偏见。确实，黑人已经成为不受欢迎的象征。在大学校园这个塑造新一代的环境中，这一点甚至显而易见。"美国黑人学生在这所大学里总是感到疏远和不受欢迎，"弗吉尼亚大学的约翰·梅森教授说，"原因很难说清，但我认为这在很大程度上与我们的历史有关……奴隶制在这里确实根深蒂固。"

我与黑人学生交谈，这些黑人学生对质疑黑人人性的叙述感到厌倦。在埋葬奴隶尸骨的地方，人们往往最能感受到这些非人化的叙述话语，而且这种叙事方式在全美和全世界范围内仍然非常活跃。它们在我们的思想中流通，并为我们的文化注入活力。它们也驱使着人们为了和平和自由而战斗。

第十章　底线

1976年,我十一岁,上了我的第一堂经济学课。这堂课是我爸爸教给我的,当时我刚刚在我的第一个商业项目中经历了一场失败。

我在克利夫兰附近找了一份送报员的工作,有很多顾客。每天,我的老板都会在我家附近一角放下一捆用麻线打包好的报纸。放学后,我就直接去那儿取报纸,解开麻线,把这一捆报纸顶在头上,双手紧紧撑住两边,徒步给订了报纸的客户们送去。轻车熟路之后,我就可以在不到一个小时内送完所有的报纸。

我每周会跟所有的订阅客户收一次订报费用,并将费用交给我的老板。他会从中抽出一点钱给我作为佣金,虽然每次都不超过十美元,但对当时的我来说已经是一笔财富了。

我为有薪工作而感到自豪。这个工作完全是我自己在负责,我感觉自己好像在做一件很大的事——做订阅记录、送报纸、处理钱款,还要统筹我在送报纸的过程当中可能遇到的阻碍,如大雪封路啦,送报纸的时候遇到一只很凶的狗啦,等等。

但有一个阻碍却是我无法协调的。每个星期五，我的报纸都会被当地的青少年抢走，他们会悄悄地来偷每周报纸里夹带的电视指南，电视指南里会提前预告这个周末播放的电视节目，对于当年那个本来就没什么电视节目可看的时代，这个信息还是很有价值的。

他们偷走了电视指南就意味着我的那些订阅客户就没有电视指南了。因此，我做出了我自己觉得非常明智的商业决定：我每周会向某一些客户提供电视指南，下一周则向前一周没被我提供的客户提供电视指南。但是，当我在星期一进行巡回收集前一周的服务费用时，没有收到电视指南的客户就会拒绝付钱给我。他们认为，如果没有收到电视指南，那么我这周的工作其实就没有完成。

但我仍然需要把订阅的费用全额给老板，所以每周我几乎都会缺钱。为了弥补这个差额，我不得不向父亲预支我的零花钱。

不久之后，我爸爸就"底线"这个话题跟我聊了聊。他说："我想和你解释一下工作到底是怎么一回事，拥有一份工作到底意味着什么。我们为什么要工作？工作是为了赚钱，而不是欠钱。"因此，我父亲表示，他不会再给我预支零花钱了。"你要么想清楚以后到底要怎么办，要么就干脆辞职吧。"

我不想辞职，所以我不得不找到一种方法来保护我的报纸，并让我的顾客满意。我发现，存放报纸唯一安全的地方就是我家的后院。我的老板同意把报纸放在那里，毕竟，他的收入多少也取决于我到底送出去多少份报纸。

在接下来的几个月中，我向满意的订户分发了报纸，在我赚的余钱里拿了一部分在我家附近的商店里买了我想要的所有糖果。我的这笔小生意终于不再入不敷出，我的生活也正常运转了下去。

这让我在某种程度上意识到，就业可能是推动我的生活前进并提高生活水平的一种主要机制。但我没有意识到的是，对于那些偷我报纸的年轻人来说，就业是多么困难。如今，黑人青少年和年轻人的失业率大约是白人的两倍。在形成重要的工作习惯和生活技能的年龄阶段，生活在企业、餐馆和零售商店稀少的低收入社区中的黑人青少年可选择的机会越来越少，在应聘入门级工作的时候，甚至还会面临着与成年人的竞争。

我们居住的地方和我们就读的学校都会对我们的生活轨迹产生影响，我们从事的工作也是如此，它不仅可以为我们提供财务资源，而且可以为我们提供拓展、设定目标和发展的机会。我们所做的工作成为我们自己以及我们体验世界的一部分。然而，就业领域却是种族差距日益扩大的地方。

从历史上看，黑人不仅比白人受雇的可能性要小，其得到的工作也会更糟糕、收入更少。造成这些差距的因素很多，包括申请人的社交圈质量以及某些工作所需的教育、技能或经验水平。

但是研究表明，种族偏见和少数族裔在求职和工作场所中的表现也是影响雇主选择的因素。在对美国劳动力市场上的歧视进行的一项经典研究中，经济学家玛丽安·贝特朗和森德希尔·穆莱纳桑着手证明种族对求职过程的影响。他们根据芝加哥和波士顿报纸上列出的实际用人要求编写了许多虚构的简历。简历里使用的名字都是特别典型的黑人名字或是白人名字，以此来作为种族变量，然后他们将五千份简历发送给了一千三百个职位。

在对雇主回访进行统计时，他们发现泰隆、贾马尔、基沙和塔米卡接到的回访电话要比杰弗里、布拉德、艾米丽和吉尔少得多，即使他们的资历和经验完全相同。

具有黑人名字的申请人比具有白人名字的申请人收到回访的可能性要低50%。种族差异的出现与申请人的性别无关，与广告的投放位置（《芝加哥邮报》或《波士顿邮报》）无关，与工作的职业类别（销售、行政支持、文书或客户服务）无关，也与职位位置是入门级或管理级无关。

即使拥有具有更多经验和技能的"高质量"简历，也无法提高雇主对黑人候选人的兴趣。实际上，合格的黑人求职者被回访的可能性甚至还比不上资历不够格的白人。就算是那些自诩为"平等"的公司也同样会歧视求职者。

虚构的白人求职者每发出十个申请就会收到一次回访，而虚构的黑人求职者就需要发十五次简历才能得到一个回复。这使黑人在招聘一开始就处于不利地位。很少有黑人能够跳出这个怪圈。

该研究报告发表于 2003 年，但随着时间的推移，其结果却一直延续到今天。求职回访率的明显种族差异不仅限于美国。在澳大利亚、欧洲和整个北美地区，已经出现了针对非白人的就业歧视。在加拿大，研究人员使用类似的方法发现，对于那些简历上的姓名明显看出是外国人的，如来自中国、印度、巴基斯坦和希腊的求职者，雇主会带有偏见。在澳大利亚，姓名带有明显中东地区和东印度地区色彩的求职者的简历最有可能被忽略。

在美国，通过对过去二十六年来十二个研究机构的研究数据的评估，发现黑人和拉丁裔在求职过程中都受到了偏见的不利影响。社会学家林肯·奎安组织的一项研究分析了超过五万四千名求职者，他们总共申请了超过两万五千份工作。研究团队发现，白人收到的回访比黑人多 36%，比拉丁裔多 24%。即使在控制性别、教育水平、工作类别和劳动力市场条件的情况下，差距仍然存在。在过去的二十五年中，种族偏见在招聘决策中扮演的角色似乎一直没有变化。

. . .

在美国，我们花了数十年的时间来谈论平权行动，四处宣传多样性的重要性，但即使是我们国家最有前途的少数族裔大学生，也仍然被迫与求职时遭遇的偏见做斗争。

从 2013 年开始，一组研究人员通过采访数十名积极求职的黑人和亚洲大学生，调查了大学生们对此的看法。社会科学家索尼娅·康、凯瑟琳娜·德赛勒斯、安德拉斯·提尔希克和索拉·君想知道大学生们在求职过程中计划如何展示自己。该研究小组跟进了之前的一个研究，之前的研究表明，黑人和亚裔求职者受制于成见，可能会在雇主或招聘人员之中产生不利的共鸣。

受访的学生在发现研究人员担心偏见会制约他们求职的时候都觉得非常惊讶。实际上，许多人都竭尽全力去制作自己的简历，以避免所有可能会造成破坏性成见的雷区。

他们会使用昵称或首字母缩写他们的名字，以免被认为是"钟"或"贾马尔"。他们淡化或忽略了种族归属和承诺，如领导黑人学生协会或与韩国医疗保健团体提供志愿服务。有些人会增加一些额外的兴趣爱好，如野外徒步，这些爱好通常与白人有关。

一位找金融工作的亚洲年轻人告诉研究人员："你会力求在你的简历里多提到一些面试官可能熟悉或与他们相关的事情。"

这种特殊的求职方法运用得如此广泛，以至于人们还给这种方法取了个专门的名字叫"美白简历"。在我们采访的学生中，有三分之二对简历进行过"美白"，或者是认识会做"简历美白"的人。就像寄宿家庭平台上的少数族裔可能会美化他们的个人资料，来提升被接受的概率一样，这些来自顶级私立大学的学生都会美化自己的简历，以免在筛选简历的第一轮就被淘汰。

这些青年男女正满怀理想，但是他们也有足够的生活经验，知道种族的重要性，并且明白歧视会以不同的形式存在。

任何人都会受到偏见的影响，尤其是在做出私密决定时，如决定谁要留在家里或要让谁进入你的团队工作。当某人看起来陌生、不熟悉或不可预测时，你的直觉反应会让你产生警惕。那就是"异类"偏见的本能反应。

实际上，神经影像研究表明，与消极信息相比，我们的大脑在处理与"异类"人员有关的积极信息时反而会更吃力，对于同族成员则恰恰相反。我的几个同事布伦特·休斯、娜丽妮·安姆巴蒂和贾米尔·扎基发现，这种趋势甚至已经扩展到了金钱方面。

把钱给异族成员确实会引起参与执行功能的大脑系统的注意。大脑就会像发出了全系统警报一样，强调这种危险：现在要当心。

这些年轻人试图回避这种本能。一名年轻的韩国女性直言不讳地向研究小组讲述了她的恐惧："尽管我的英语很完美，但我认为他们的确将我视为'异族'，尽管我在美国长大，我是美国公民……但因为我是亚裔，所以还是常常会被污名化。"

正如一位学生所说，对于亚洲学生来说，目标是使自己看起来不那么像外国人，在文化上更接近美国白人，"去适应更美国化或西方的友好人格"。

"你会想在某种程度上把你的兴趣美国化，"孟加拉裔的一名男大学生解释说，他在美国出生、成长，并在联邦政府工作，"你不想过多地多元化……因此，很多人会穿上远足鞋，开始玩单板滑雪等，因为这在美国或西方文化中很普遍。"

对于黑人学生而言，面临的挑战是不要被看作激进分子或煽动者，而且需要树立一种对种族问题不感兴趣的非政治人士的形象。

一位黑人大四学生分享了他对这一观点的看法："在现实世界中，我认为人们……想雇用很棒的黑人工人，其实是想要一个适合自己的随从……会顺从、低调行事、只按雇主意愿行事的人。"

这些学生正在使用传奇社会科学家欧文·戈夫曼所说的"同化技术"。你会限制有关身份特征的信息,这些信息最有可能成为歧视的基础。通过淡化他们的少数族裔身份,他们试图"向占多数的白人发出令他们安心的顺从信号"。对我来说,很难读懂学生在21世纪仍然经历的那种扭曲,他们只想安抚占多数的白人。

一位对投资银行感兴趣的黑人学生隐瞒了他与美国黑人工程师协会的关系,因为"他们会知道我是黑人或可能是黑人"。

大学黑人基督教奖学金的负责人将其称为基督教奖学金。

一名华裔学生在简历的"兴趣"部分写了很多冒险项目,"以区别自己,证明自己不仅是千篇一律的完美亚洲人"。

一位计划从事教育事业的黑人大四学生在简历中甚至省略了他获得的享有盛誉的奖学金,因为大家都知道这个奖学金只颁给少数族裔学生。

他们所面对的偏见是如此根深蒂固,以至于大学职业顾问和企业招聘顾问也建议他们在介绍自己的时候弱化种族因素。

校园职业服务中心鼓励一名年轻女性美白自己的简历。她说:"大一时,我用了我的正规名字,听起来很中国化。"一位职业顾问建议她改用她的英文名,因为"如果你的名字听起来更像美国人,就会让人力部门的人更有共鸣"。她说,写有中文名字的简历没有得到回应。而在她把名字改为英文名后,"我获得了面试资格"。

"高盛的一名黑人员工"建议另一位即将毕业的黑人学生淡化他在黑人中学教书的工作经历,因为他所教的"生活技能课"包括与专制的白人警察打交道的内容。"他告诉我……要把简历中的那一部分拿掉,因为这部分会让我看起来很矛盾。"人们提醒他,"与企业形象不符"的工作经历可能不利于他找工作。

他最终还是对简历进行了修改,却对个人价值感到很矛盾:"感觉这就是在告诉我们，为了获得机会，我们只能展现我们种族身份的一部分，而需将另一部分压制住不让人看到。"

也有不少学生会抑制这种美白自己简历的冲动，原因也有很多。有些人认为这很虚伪，尤其是当他们的职业计划涉及与边缘群体合作时。其他人担心，去掉他们的志愿工作或领导角色的简历会使他们显得阅历不足。许多人说，他们不想在容忍歧视的地方工作，因此他们认为没有必要掩盖自己的真实自我。还有一些人坚信美国是精英制，在不考虑种族的情况下，他们的成就将得到公平评估。

他们下定决心要融入他们想象中的职场，这一点令我大为吃惊。很多公司自诞生之日起，就一直鼓吹着"多样性"的口号。这本应反映他们对新观点的热情拥护，以及倾听和容纳以前被边缘化的声音的意愿，但现实与之相反，多样性似乎已经变成一个数字游戏。公司希望只是单纯地完成多样性的任务，但不改变其文化。因此，年轻人拼命地调整自己以适应这种常态。而且，我想知道在此过程中被抛弃的那些自我会发生什么。

这种温和的欺骗手段使隐性偏见的作用在招聘和管理领域变得更加复杂。负责招聘的主管可能不是顽固的种族主义者，他们是不会直接丢掉黑人或亚裔的简历。但是，他们会更偏向于优先考虑更让他感到舒适的合适人选，而不是重视差异。他们现在做的是偏爱同类，而非排斥异类。这是一种思维定式，在人们没有意识到的时候悄悄滋长。

在研究团队完成对学生的采访之后，他们制作了自己的简历库，并将美白后的简历和未美白的简历发送给了有真实雇佣需求的雇主。

两组简历之间都出现了清晰的模式：与未美白的简历相比，美白后的简历收到了更多回访。当求职者将自己的姓名和经历美白时，雇主对待他们的差异特别大。这种差异表明，传递种族同化和整合的信号是少数族裔试图在白人主导的行业中找到工作的关键策略。

研究人员发现,即使是那些公开表示会遵循多元化承诺的公司,也很可能拒绝种族特征最明显的候选人。相信多样性的学生们处于不利地位。这导致研究人员得出结论,对于少数族裔而言,美白简历其实"不是一个解决方案,反倒会让他们陷入两难的境地"。

这些研究结果和这些学生的经历与美国流传多年的种族观念背道而驰:平权行动有所倾斜,少数族裔在一切事务上都有优势。由于我们的社会对多样性过于痴迷,反而让白人在经济上沦落。

哈佛大学公共卫生学院、罗伯特·伍德·约翰逊基金会和国家公共广播电台在2017年进行的一项联合调查显示,超过一半(55%)的美国白人相信当今美国存在针对白人的歧视。

"如果你申请一份工作,他们似乎会更优先考虑黑人。"俄亥俄州一位中年白人告诉记者,"这种情况已经持续了数十年,而且对白人来说,情况正变得越来越糟。"他非常不满意,因为和他一起竞争升职的黑人进入了最终选拔,他却落选了。当然,最终这个职位挑选了一个比他年轻很多的白人来担任。

· · ·

那些美白简历的学生正在争取公平竞争,以克服第一个障碍,以便他们能够继续参与竞争。但是,即使他们成功进入了职业竞争的下一步,偏见也很容易渗透到这一过程中。而且,这不仅仅发生在美国。例如,在瑞典进行的一项研究中,研究人员发现,专业招聘人员提出的面试问题根据求职者的种族会有所不同。招聘人员准备向那些具有阿拉伯语名字的人询问有关其"文化适应性"的问题。相反,他们为具有瑞典语名字的人准备的问题是针对"工作本身的",如"您以前有什么经验与这项工作最相关"。而且,面试的问题很重要。在另一项研究中,招聘人员指出,他们问的最有用的问题就是与求职者本身资格经历有关的问题。

但是有时候,具有无可挑剔的资格仍然不足以使人们免受工作场所的偏见。即使在高风险的创业市场中,与白人相比,少数族裔和女性在争夺投资资金方面都要面对更高的标准。

我和我的同事海泽尔·马卡斯共同管理斯坦福大学的SPARQ中心,该中心旨在将研究人员和从业人员聚集在一起以解决此类问题。最近,我们与管理一家私人投资公司的达林·道森合作,希望单独分析出种族在投资市场中发挥的作用。

我们设计了一系列研究,招募了资产配置经理,他们的工作是确定要投资入股哪家企业。在一项研究中,我们向资产配置经理介绍了一支高素质的风险投资团队,在介绍该团队管理合伙人的时候,分成了黑人组和白人组。我们发现,黑人领导的团队往往资质越好,他们面临的偏见就越多。资产配置经理对高素质的黑人领导团队的业绩评价更为负面,并认为他们的"执行战略"能力不如具有相同资历的白人领导的团队。在白人男性占99%的投资世界里,你可能会发现,黑人之所以被拒绝,并不是因为黑人的资历不如白人,而恰恰是因为他们的资历相同。

对女性的偏见与针对少数族裔的方式几乎相同,无论她们是在职业生涯的初期还是顶峰时期,无论她们寻找的是低薪工作还是高薪工作。研究表明,在简历内容完全相同的情况下,女性候选人收到的回访比男性少。因此,一些女性会在其简历中使用看不出性别的名字,就像黑人和亚裔学生试图让自己的名字看起来不那么具有种族特点和威胁性一样。

对于女性来说,太聪明也会让人反感。社会学家娜塔莎·夸德林进行的一项研究发现，GPA[1]高的男性求职者的简历回访率是相同成绩女性求职者的两倍。当这群求职者是数学专业的学生时，男女之间回访率的差距是三倍。夸德林随后对负责招聘的经理进行了调查，得出结论认为，这应该归咎于"性别成见"。

"对于男性求职者，雇主会更看重他们的竞争力和对工作的承诺，而对于女性求职者，更多的则是衡量她们是否讨喜。"夸德林解释道。

"这一标准对于中等成就的女性很有帮助，因为人们通常会认为这类女性善于交际、性格外向，但会伤害到那些成就更高的女性，因为她们的性格一般会受到更多的怀疑。"

雇主们期望男性员工可以主导整个工作，而女性员工只需和大家和平相处就可以了。这些期望影响着人们关注的重点和感知的内容。

大量研究表明，劳动力市场中对于女性的判断更有可能基于与职业能力无关的因素，如体重、外表、发型、着装风格、性格观念。男人的自信放在女人身上就会变成傲慢。人们会觉得强势的男人很有领导风范，而直言不讳的女人则会被认为很难相处。偏见决定谁能发光，谁将脱颖而出，谁因成为"颠覆者"而受到称赞，谁因同样的颠覆而被淘汰。

关于性别观念会影响对专业能力的评估的最典型的例子，是一项针对美国某著名交响乐团的职位的试听结果进行的研究。

2000年，经济学家克劳迪娅·戈尔丁和塞西莉亚·劳斯在管弦乐团招聘的过程中考察了性别偏见。从历史上看，对女性古典音乐人的成见，如她们的技术"比男子差"，"情绪更加反复无常"，并且总是需要"特别的照顾"，演奏出的音效也"较差"，会贬低她们的才华，并把她们当成不够格的首席女演奏家。

---

[1] 全称为 Grade Point Average，即平均学分绩点，衡量学生学习的量与质的计算单位。

研究人员想知道，这些普遍的看法对男性音乐家评判的女性演奏家的试听结果会有什么影响，以及招聘过程中的哪些变化可能会减少偏见。

他们根据历史建立了理想的研究环境。在 19 世纪 70 年代，由于对女性音乐家的批评甚嚣尘上，许多乐团开始使用他们所谓的"盲选"试听，候选人会在不透明的窗帘后面表演，以掩饰自己的身份。

戈尔丁和劳斯拿到了美国顶尖的管弦乐队的试听记录，并在一万四千轮试听中研究了七千多名候选人，以评估干预的有效性。

盲选使用的屏风通常悬挂在交响乐厅的天花板上，用厚重的多孔吸音织物制成。作为一项额外的预防措施，他们可能还会在木地板上铺地毯，以"减少候选人因为脚步轻重暴露性别的可能性"。

研究人员发现，盲选试听可以使女性通过初选的可能性提高 50%。在那些晋级到最后一轮的女性中，参与盲选试听的女性与公开演奏的女性相比，被交响乐团雇用的可能性高 33%。有些女性既参与过盲选，也参加过公开演奏，事实表明，她们在有屏风遮住自己的时候，总能够表现得更好。最终，盲选试听使雇用女性加入乐团的可能性增加了 25%。

但是，这个过程的作用远不止于弱化偏见的影响。它挑衅般地提出了超越音乐厅的问题，迫使我们考虑成见、表演和基本感觉功能之间的相互作用。你看待女性的方式可能也会影响你耳中听到的旋律。

因为对女性演奏有着普遍而持久的成见，在试听评委知道该乐器是由女性演奏时，其所演奏的协奏曲听起来真的就会有所不同吗？在多大程度上，交响乐厅里的听众可能会觉得女音乐家的独奏音乐会不那么犀利、不那么熟练、不那么引起共鸣、不那么感人？当女性演奏者知道自己的身份其实与演奏出的每个音符有关时，她在多大程度上会表现出不同？

正是这些问题激发了对偏见的研究，以及我们大脑发出的潜意识信息和我们大脑记录主观经验的方式之间的复杂关系。我们如何看待一种天赋或特质，取决于谁拥有它们。

例如，当谈到公司领导角色时，白人与领导之间的天然心理联系导致少数族裔在强大的企业实体中掌舵的人数稀少。但是社会心理学家罗伯特·利文斯通和尼古拉斯·皮尔斯的研究则表明，那些可能会阻碍白人爬上公司高层的生理特征却可以帮助黑人晋升为公司高层。

长期以来，研究一直认为，长着娃娃脸的成年男性容易被视为天真、顺从或软弱，而这些特征与领导潜力完全不符。但事实证明，对于职场中的黑人来说，娃娃脸可能是一种资产，而不是一种负债。《财富》500强公司的黑人男性首席执行官比白人首席执行官更有可能拥有圆润的大脸蛋、宽大的眼睛、小鼻子和下巴，这些都会让人联想起婴儿的面容。而且，与看上去更成熟的黑人首席执行官相比，这些有着娃娃脸的黑人首席执行官更有可能获得更高的薪水，领导声誉更高的公司。

大脑成像研究表明，无论我们是看婴儿的脸还是看有张娃娃脸的大人，我们的神经元都以同样的方式被激活。我们的原始思想把这些特征等同于值得信任、温顺和热情。而这种看法会有一种"解除武装"效果，能够中和黑人男性被贴上的攻击性或威胁性的标签。原因在于，这种看法往往会扰乱引发种族偏见的观念。

训练冲动

我的二儿子艾维利特向我展示了有关星巴克黑人顾客被捕事件的视频。两名年轻的黑人,唐特·罗宾逊和拉松·纳尔逊,在费城里滕豪斯广场附近的星巴克等商业伙伴的时候被警察铐住逮捕。他们犯了什么事?他们只是在没有购买任何东西的时候去用了一下洗手间。

我十六岁的儿子在一部手机上看了现场视频:警察要求这两个人离开星巴克,他们的商业伙伴想知道为什么:"他们做了什么?"警察则强行将他们带出星巴克,并押入警车的后座。艾维利特认为这一定是恶作剧。他说:"我只是想,这不可能是真的。"这两个人只是坐在那里等人。"但他们真的被赶出去了,而警察之所以会过来,就是因为他们待在星巴克里。"从他们要求使用洗手间到被警察逮捕,整个过程也就不到十分钟。我的儿子说:"这让我感到很惊讶。"

但是我不确定他到底是对哪一点感到惊讶。几个月以来,艾维利特一直在分享照片墙(Instagram)推送给他的带有种族歧视性广告的帖子。两年前,我们都被一名警察开枪打死嫌疑人的现场直播震惊了,一名警察拦下了一个人,仅仅因为他的汽车尾灯熄灭了。

但最令他惊讶的也许是星巴克事件,因为这两个黑人做的只是人们的常规行为:走进星巴克,坐下来等朋友。之所以如此令人惊讶,恰恰是因为它太过普通。

黑人经常在各种各样的商业活动和日常交往中遭遇种族偏见。黑人总是会引起销售人员和保安人员的极大关注,他们在零售商店购物的时候,总有店员紧随其后。即使拥有相同的信用记录，黑人在汽车经销商处购买汽车的费用也要比白人高。他们在餐馆等待服务的时间比白人更长，得到的服务也较差。而且，由于社交媒体的发展，我们可以看到更多歧视黑人事件在身边上演：黑人个体消费者经常遭受其他顾客的种族歧视、受到店员的侮辱，并受到警察怀疑甚至被驱赶。

星巴克事件的发生使一切变得更加清晰起来，让人难以忽视。在星巴克首席执行官介入之前的两天内，艾维利特观看的视频已经有超过300万点击量。这段视频让我们看到了偏见惊人的力量，偏见让我们滥用权力，容易被激怒，搞分裂或搞团结，或是羞辱他人，同时也让我们感到动摇和困惑。

咖啡师看到黑人时，就假想出了不存在的威胁，她觉得这些人在非法入侵，只是因为他们没有点东西就要用洗手间。年轻的黑人在受到警察的讯问、责骂，被戴上手铐时显得安静而礼貌，反而是他们约见的那位白人商业伙伴在拼命帮他们说话。同为黑人的警察局局长说，这两个黑人应该被捕，因为他们拒绝离开星巴克。几位被这种行为恶心到的白人顾客大声表示，自己也在星巴克待了好几个小时，什么都没有点，却没有被赶走。拍摄整件事情经过的白人女性告诉美国有线电视新闻网："白人就不会遇到这种情况。"

这场骚动最终导致星巴克首席执行官飞往费城，亲自向唐特和拉松道歉。他们修改了公司的政策，允许所有来到星巴克的客人使用洗手间。

星巴克还做了其他公司以前没有做过的事情：他们在其17.5万名员工中进行了关于隐性偏见的全国性培训。2018年5月29日，星巴克关闭了8万多家店铺，全公司一起进行了为期4小时的会议。会议期间，星巴克向员工们展示了一系列短片，各年龄段的黑人在短片中谈到了自己在公共场所被歧视时的感受。据估计，当天关闭门店使星巴克损失了1200万美元的收入，但这被视为该品牌明智的商业举措。

今天，世界比以往任何时候都更加透明，人们可以用手机拍下对顾客的任何错误行为并立即共享。社交媒体平台会让一些心怀不满的员工发表关于性别歧视、种族主义或其他不法行为的报道，人数达到数百万之众。研究表明，超过七千万人口的千禧一代，更加看重诸如企业责任和工作场所多元化等理念。公司必定要应对这些因素造成的压力。

千禧一代占当今美国劳动力的近40%，马上要超过婴儿潮一代成为美国最大规模的人群，他们也是美国历史上最多样化的成人一代。大约三分之一在外国出生，几乎一半是非白人。消除工作场所的偏见对他们而言既有哲学意义，也有个人意义。

"偏见训练"是人力资源计划的新口号。越来越多的私营培训企业推出了关于偏见的培训模块，培训形式各异，有的是收看简短的在线视频，有的则会做为期一周的研讨会。他们的客户经营范围广泛，从大型的盈利集团到资金短缺的政府实体，从私人的非营利组织到品格高尚的慈善基金会。有的公司想了解偏见在公司决策中可能扮演的角色。有些组织受到客户、选民或社区的推动，要培训员工更为平等的行为举止。一些企业认为，隐性偏见培训是向他们的员工和客户发出信号的方式，表明他们关心这些问题，重视平等主义的理念。

偏见训练的目的并不是要奇迹般地消除偏见，而是让我们意识到我们的大脑是如何工作的，下意识的选择是如何被我们所见所感的成见驱使的。如果执行得好，培训可以使员工更加注意与同事和客户的互动方式。培训意图很真实，这些培训让很多员工感到非常震惊，他们以前并没有意识到自己的行为带有偏见。

但是隐性偏见可能是分层的，也可能是复杂的。这很容易解释，但不容易看到或纠正。培训的价值，由于培训形式的多样性，通常很难量化。绝大多数隐性偏见训练从未得到过严格的评估，部分原因是很难衡量其价值，科学家尚未开发出共同认可的指标来评估培训效果。培训是否应该让组织内的隐性偏见立即减少？但这些隐性偏见其实已经在我们的一生当中存在了很久，只通过培训就让这种偏见完全消除其实是一个很高的要求。要如何衡量隐性偏见是否真的减少了呢？培训是否应促成更好的员工决策？是否应促成更高的客户满意度？我们如何衡量和分析其中的责任或功劳？

尽管这个领域科学发现的时机似乎成熟了，但许多研究人员仍不愿参与其中。他们担心培训所带来的种种好处并没有实证，他们担心会因为培训给接受培训的机构带去过高的承诺，甚至担心培训会使我们的情况更糟。从这个角度来看，每个人都需要放慢脚步，直到我们正确地掌握这门科学。

我有不同的看法。这并不是说社会科学家们行动太快了，相反，我们太慢了。在我们对某种现象没有足够的了解之前，人们对采取行动的前景非常担忧，以至于我们永远无法采取行动。

由于科学工作是不断迭代的，因此我们永远都不可能达到完全理解一个事物的程度。社会科学家对科学的质朴性和精确性非常担心，以至于我们很少真正投身于世界的混乱问题中。从我的角度来看，与世界互动、解决棘手的问题可以为科学发现开辟道路。作为社会科学家，如果我们觉得自己对某些事情了解不多，无法发现问题，有时是因为我们并未真正接近问题。

作为社会科学家，我不会带着答案来现场，我会带着问题。我的目标是吸引专业人员，并鼓励他们参与到我的研究中，一起解开谜团。

评估培训有效性还不是最困难的，宣布评估成功或失败还涉及很高的财务风险。偏见培训是一项快速增长的营利性业务，假如发现培训并没有效果，就会影响到培训师的职业收益。如果能够在待办事项上打个钩，表示"是的，我们已经培训了员工"，便能万事大吉就好了。

如今，企业中的大多数培训师不是试图破解思维奥秘的科学家，而是试图传递信息并销售需求量很大的产品的企业家。实际上，正是因为有风险存在，很多培训师才选择不去了解培训到底有没有效果，也不愿意去了解培训为什么在某些场合下没有效果。

同样，寻求培训的组织也没有动力去花费时间和金钱来衡量有效性。如果对他们的主要动机是向其利益相关者以及更广泛的世界发出信号，表明他们正在采取某些措施来遏制偏见，那么他们就更不想主动找麻烦，去揭露培训效果可能有限了。

对于企业而言，培训有很多好处，当然也有缺点。第一个好处在于规范指导行为中的重要性。绝大多数隐性偏见训练都强调偏见的普遍性。偏见是人类正常机能运作的一部分。这是我作为警务行业的培训师所做的事情，也是我在本书中强调的内容。我们每个人都有偏见。但狭隘地接受这种观点的危险在于，它可能导致我们对与偏见相关的危险的关注减少，而不是更多。

当某种事物被视为一种常规时，人们就不再苛刻地对其进行判断。他们不仅倾向于相信"常态"只是"事物的现状"，还倾向于认为"常态"只是"事物应该有的样子"。他们感到自己没有什么权利，也缺乏改变的动力。

即使对于我们不想要的、不安全的或不健康的行为，"常态"也会带来问题。比如，在对大学校园饮酒行为的经典研究中，普林斯顿大学的社会心理学家戴尔·米勒和狄波拉·普兰提斯发现，普林斯顿大学男学生认为其他人喝酒的频率越高，他们自己喝酒的次数往往也就越多。他们的行为被束缚在他们对校园规范的理解上，即使他们对规范的理解不正确。同样，由堪萨斯大学社会心理学家克里斯·克兰德尔领导的研究小组发现，当人们相信社会上普遍存在对那些"异类"的成见时，从种族主义者到瘾君子，从色情明星到拾荒者，他们会更倾向于认同这些成见。

但是，培训师强调偏见的普遍性是有充分理由的：他们希望所培训的人员以个人的方式参与该话题。如果你的耳边总是听指责和威胁，你就很难持续参与。种族是一个很复杂的话题，如果你觉得承认偏见会让你成为一个坏人，成为世界上的邪恶之源，那么这个话题肯定会聊不下去。

因此，培训师试图使员工感觉良好，或至少减轻每个人的不适感，毕竟每个人都容易受到伤害。但是，如果我们过分地关注无辜善良的人们在无意识的时候形成的偏见，则会削弱人们为此采取行动的动力。因此，关于偏见的教与学是一种平衡行为，必须对其进行专业调节以产生适当的影响。

偏见培训可能出错的第二个地方与社会心理学家所谓的道德资格认证有关。社会心理学家贝诺·莫宁和达勒·米勒说："当人们过去的行为似乎能证实他们没有偏见时，他们更愿意表达容易引发偏见的态度。"比如"我最好的一些朋友都是黑人"就是一种非常流行的说辞。就好比在"平等"银行中存储了足够的信用之后，便可以为所欲为了。

两位研究人员玛格丽特·奥米斯和伊莱恩·王最近对这一想法进行了追踪研究，以了解《财富》500强企业是否会依赖这种道德认证。的确，他们发现，在特定领域吹捧"企业社会责任"的公司，如积极改善其安全记录，很可能中途采取不负责任的行为，如忽略重要的安全警告。似乎过去负责任的行为使他们获得当下鲁莽行事的许可，这表明提供偏见培训的公司可能会在培训过后对偏见放任自流。令人担忧的是，反而是这些参加简单的、彰显社会责任感的培训的群体今后不太可能尝试减轻偏见并解决不平等问题，尤其是遇到重重挑战的时候，如涉及文化习俗和政策的时候。

我们可能永远都不知道星巴克做的培训对员工到底有没有效果。尽管培训是由于费城一家咖啡店的一名咖啡师的糟糕行为引发的，但那家咖啡店发生的事情其实反映出比某位员工的偏见更严重的问题。

当她打电话给警察，要求他们强行带走唐特和拉松时，她也许只是在寻找公司的底线——她想尽力保护品牌。也许她认为有那两个黑人顾客坐在那里，其他顾客会不愿意进入店里，或是进店后也不想逗留很久，他们会不想和这两位黑人坐在一起。也许她猜对了。但如果真是这样，那到底是她有偏见，还是我们有偏见？

. . .

就在星巴克事件发生仅一个月后，艾维利特的 Instagram 上又推送了另一个视频。视频的主角是一名叫凯文·摩尔的黑人男性消防员，他那天正在值班，身着全套装备。当一个居民拨打 911 报警后，他就出警去奥克兰山的一处房屋进行标准的外部检查。州规定要在每年的同一时间进行夏季检查，控制野生灌木的生长，以防发生野火。

当天，另一个居民向警察局发送了电子邮件，里面的附件是他用家庭安全摄像头拍摄的录像。视频里就是摩尔一直以来训练要做的事情：按响门铃，没有人回答时，大喊"奥克兰消防局"，然后进行房屋外部检查。然而，报警的居民却担心摩尔是要进行某种犯罪行为。

这种事情已经不是第一次发生了。摩尔此前经常被质询，或是被那些不信任他的居民举报，即使他穿着消防服，即使他向他们出示他的消防员证件，甚至指出他停在街道上的大红色消防车时，情况也是如此。

"有人竟然会误会奥克兰消防员，居然会觉得这样一个保护公民的专业人员是在犯罪。这真的太不幸了。凯文出色地完成了工作，他代表了奥克兰消防局的最高荣耀。"这项检查计划的主管说。

摩尔的一位同事已与警察派遣人员联系以核实他的身份,她说,以后她将与摩尔搭档一起执行检查任务,因为一名身穿消防服的白人女性不会引起居民怀疑。她和她的白人同事从未因工作而被警方质询。

她对记者说:"与其他白人一起,检查我们的隐性偏见和种族主义是我们每个人都应该做的事。""这对他不公平,现在社会政治气候之下,他这样进入后院进行检查对他来说实际上也是不安全的。"

现在我的儿子艾维利特想知道什么对他来说才算是安全的。在他六岁那年,他已经开始对种族影响人们未来看待和对待他的方式感到担忧,无论他选择哪种职业:"有时候,我觉得如果我在公司里找到一份通常是由白人主导的工作,这对我来说会变得更加艰难。"

正是这种担忧使他不得不关注社交媒体,社交媒体会曝光无休止的种族事件。他对视频进行研究,就好像从这些视频中就能够找到保护自己安全的关键。他正在寻找能帮助自己应付恐惧的方法,同时也在寻找化解别人看他时产生恐惧的方法。

超越训练

了解隐性偏见的运作原理及其影响是一个很好的开始。但是,对于公司和个人而言,真正的挑战是学习如何控制偏见。我们并不是一直都会把偏见赤裸裸地展示出来。展示偏见是有条件的，而我们的战斗正是要从了解激活偏见的条件开始。

在这些条件中，速度和歧义是造成偏见的两个最强烈诱因。当我们被迫使用主观标准做出快速决策时，产生偏见的可能性就很大。然而，招聘经理在做出关于求职者的初步决策时，所依据的一个条件正是速度。由于求职者数量太大，又有着不可避免的时间限制，招聘人员可能平均只花六秒钟的时间来审查他们收到的每份简历。这可能会导致他们诉诸直观感受，并依靠熟悉的模式来帮助他们快速判断应聘者是否适合这份工作。而且，当有着像应聘者名字这样基本的会引起不利成见的东西存在时，应聘者就业的障碍就会上升。

女性和少数族裔求职者可以使用一些已经被验证有效的技巧来避免被雇主的先入为主的思想所淘汰。为了增加招聘者做出对自己有利的决定的可能性，专业人士建议应聘者应具体说明自己的成就，并提供与职位相关的数字和指标，或是其他特定的具体成就。比如，与其说你扩大了客户群，倒不如说你在六个月的时间内让销售额增长了50%。引入客观标准可以帮助消除成见的主观影响。招聘人员可以通过对所有申请人提出一系列标准问题的结构化面试来最大限度地减少偏见。当我们的决策不受监督时，当我们对瞬间的选择没有任何制衡时，偏见也更有可能爆发。这在高风险的情况下得到了证实：美国职业棒球大联盟比赛中的判罚。

在一项针对2004年至2008年美国职业棒球大联盟常规比赛中所有3,524,624个场次的评估研究中，经济学家克里斯托弗·帕森斯及其团队发现，裁判做出的判罚选择通常来说都是正确的选择。但是，在情况比较难以判定的情况下，比如，当球飞过本垒板刚好落在好球区的边界上时，裁判员更有可能表现出种族偏见——当投手与裁判员是同一种族，裁判员会喊"好球"，而当投手与裁判员分属不同种族时，裁判会喊"坏球"。但是，当在棒球场上安装回放摄像机跟踪每个投掷球的轨迹,并且可以通过录像来评估裁判员的判断时,种族偏见消失了。这表明,人们在意识到自己受到监视的情况下,会做出更合理的判断——这种判断不会受到外部那些会导致人们做出错误选择的因素的影响。

监控固然有帮助,但如果没有适当的激励措施,即使在受到严格审查的情况下,偏见也能持久带来影响。我们继续用棒球比赛举例。没有一场棒球比赛以平局告终。因此,如果你看过美国职业棒球大联盟比赛,你一定知道,一旦一场比赛进入了加时赛,你就无法确定比赛何时结束。这会给球员和球迷造成巨大的损失。这也给裁判员造成了损失,在无限的加班期间,这些裁判员的劳动没有得到一分钱。这促使研究人员迈克尔·洛佩兹和布莱恩·米尔斯研究裁判员不想加班的心态是否会导致他们在判罚的时候出现偏见。

他们发现,在"很难判罚"的情况下,裁判更有可能做出马上就能结束比赛的判罚,无论是好球还是坏球,也无论哪个队伍会最终胜出。在棒球行业对行业内人员进行激励的过程中,偏见就这样自然而然地产生了。

· · ·

除了时间、金钱和责任等因素的影响外,人际关系也会引发隐性偏见,尤其是在这些关系涉及亲密关系、相互依存或努力实现共同目标的时候。

我的外甥女塔妮莎是俄亥俄州一家犹太疗养院的一名护士,她在那里工作超过了十四年。她刚开始工作时,所有在疗养院里生活的患者都是犹太人,其中大多数是东正教徒。护士是白人,但助手、管家和厨房工作人员是黑人。塔妮莎那时是一名助手,她很喜欢这份工作,也很乐意回到学校接受培训成为一名护士。

在过去十年中,这家犹太疗养院的患者和员工的种族结构变得更加多样化,但是塔妮莎的使命没有改变。"当你进行长期照护的护理时，你必须让患者们保持很好的状态，确保他们每天都能好好吃饭，并确保满足他们的日常需求。"

由于疗养院里的患者大多数是临终的人，因此塔妮莎的身份既是专业医疗人员，又是值得信赖的朋友。"如果你每天与这个人在一起，每天工作八个小时，那么你们之间将结成某种纽带。"她说，"当你们达到那个状态时，种族和宗教的因素就会消失，人们不再在意种族和宗教，因为生死之前无大事。"

研究表明，来自不同群体的人，假如建立了亲密关系，就会影响到原有的刻板印象和负面态度。患者和家人可能会忽略他们所依赖的照料者其实是一个"异类"，因为他们自己对照料的需求会抵销固有的偏见。这种关系的开放性可以超越时间的界限，并延伸到某个特定的人身上。

塔妮莎在患者生命的特定关头扮演的角色会将她带入患者家庭的轨道，并模糊可能造成自然分裂的界限。"这更像是一种抱团取暖。"塔妮莎告诉我，"你会惊讶地发现，有多少人与以前从未认识的人建立了联系，即使这些人属于其他某个大家以前避之不及的群体。"

塔妮莎承认，这里的很多患者可能已经是"很多年的种族主义者"，但是他们也患有精神或身体疾病。"他们有的患有痴呆症，有的是阿尔茨海默病，而且他们也不知道他们现在其实已经不再是生活在 20 世纪 50 年代了。"有的时候，塔妮莎会被指名道姓地侮辱，或是被人颐指气使地使唤。"他们会说：'黑人，快去给我买些棉花。'但是我从来不会放在心上，因为他们的心智本身就有问题。即使他们以前确确实实也是那样的人，但至少现在，他们是病人，你就不能对他们不好。他们不知道到底发生了什么。"塔妮莎愿意忽略种族歧视，因为她直接越过了过程，转而聚焦在每个人身上。

尽管塔妮莎在上班的时候可以接受患者的无心侮辱，但下班的时候她还是会将听诊器悬挂在汽车的后视镜上,以表明自己的身份,不会因为"自己是个黑人"就随便被拦下。她发现,在她与不认识的人打交道的时候,她的肤色经常会让她被误认为是助手或清洁女工。

"直到今天,还是会有不认识我的病人或者病人家属走过来跟我说:'嘿,我需要和护士谈谈。护士在这里吗?'我就说:'我就是护士。'他们会说:'哦,对不起。我不知道你是护士。'我心想,我的徽章上明明写着我是护士长,而且我坐在护士站里,还在用电脑,我不知道他们为什么会不知道我是护士。"

她回想起一个病人的女儿走过她的身旁,直接找到年轻的白人女助手询问病人的病情。"那个可怜的白人小姑娘当时看着我,就好像在说:'我不知道,塔妮莎。我不知道她为什么来找我。你正坐在那里。你穿着护士制服。'我不想告诉她'因为你是白人'。"当病人的女儿意识到自己的错误时,她向塔妮莎道歉。"她说:'我不知道为什么我直接忽略了你,并自动认为这个白人姑娘是护士。'我表示:'是的,这也不是一两次了,不过我不介意。'"

的确,这种事情发生了很多很多次。但是,塔妮莎对弱势群体的照料与爱也一直延续着。塔妮莎住在疗养院附近,多年来经常遇到她照顾的患者的家人。他们拥抱她,围在她身边,有时在分享回忆时,大家会哭成一团。她说:"即使是我在沃尔玛购物的时候,碰见我照顾的患者家属,他们看见我,都会说:'噢,我的上帝啊。塔妮莎,我太爱你了。'"这种关系既尴尬又坚固。

科学表明,跨越民族、宗教或种族边界的密切关系可以迅速消除随着时间积累而逐渐建立起来的基本联系。对于进入塔妮莎生活中的患者及其家人来说,黑人这个种族特征与奉献联系在一起,而不是和懒惰联系在一起。黑人象征着能力,而不是愚蠢;黑人象征着温柔,而不是侵略性;黑人象征着爱,而不是恐惧。

· · ·

机构的价值观、规范和实践支配也反映着塑造社会的文化力量。它们可能有助于消除偏见的各种社会变革,但这个过程既不简单也不廉价,更不会一帆风顺。

星巴克就是一个很好的例子:费城星巴克逮捕两名黑人的事件让星巴克把"对每个人进行偏见培训"作为一种团结企业的战略,但在这件事发生的三年之前,这家全球最著名的咖啡公司就已经开始了尝试,想让种族话题变得不那么沉重。但他们推出的"种族共处(Race Together)"的咖啡杯标签却被群嘲,以至于这场运动仅持续了一周左右。在 2014 年警方对非武装黑人的一系列枪击事件发生之后,这被认为是一种促使全美探讨种族话题的方式。

"我们的目标从那时就已经开始了……就是要激发彼此的对话、同情心和同理心。"星巴克首席执行官霍华德·舒尔茨在致全体员工的一封信中解释道。正如批评家所言,这可能是痴人说梦或是太过虚浮。但是,那个贴着"种族共处"的白色杯子确实传达出一个信息:"嘿,种族很重要。我们对此很在意,希望您也这样做。"即使很多人会对此置若罔闻,但它仍是一个强有力的价值观声明。这也为几年后星巴克应对两名年轻黑人在费城分店被捕的策略奠定了基础。

该公司通过关闭门店来培训所有员工以认识和抵制隐性偏见,确保这能够引起我们的注意。当然,一个四小时的课程和系列影片不可能让任何一个人完全摆脱偏见。但是,行业领导者的这种大胆而普及的举动却可以结束我们去合理化周围那微妙、主观和正在发生的歧视。

这就是使价值观成为社会范式的途径。从本质上讲,星巴克正试图调整公司的价值观,要求每名员工都与这种价值观看齐,要求所有员工都参与培训。对于一个国家或公司而言,重置规范并不容易。但是,下一步——重塑公司内允许或保持偏见的规范——则更为复杂。这种规范涵盖了从员工招募到邀请谁与老板一起打高尔夫球的各个方面。

企业表示，他们其实已经在以一种前所未有的方式改进。他们正在修改职位描述，以消除性别偏见的语言，并使用在线写作工具来构建新的语言。他们依靠视频平台来分析与求职者的面试——答案的内容、他们的身体语言、声音的语调——以评估传统测试难以衡量的"软技能"。就像是技术合乎逻辑的军备竞赛，我们想从偏见面前脱身。

我们也会采取一些传统的措施，重新调整它们，以服务于新的手段，如在古典音乐演奏者的面前挂上厚重的窗帘以遮掩其身份、性别。当然，这种类型的偏见已经越来越少出现，使得顶级乐队雇用的女性人数大大增加。现在，帷幕访谈已成为一种常态，它通过隐藏许多可能引发偏见的因素（体重、肤色、身体残障）来平衡环境。对于许多交响乐团而言，这也带来了更丰富的多样性和更广泛的音乐风格。

长期以来，人们一直将增加多样性作为对隐性偏见的补救方法：所有共同努力必将抵销定型观念的力量，并消除我们过时的思考方式。

事实证明，尽管多样性可能是消除偏见的一种途径，但多样性本身并不是消除偏见的一种解决方案。我们必须愿意去忍受由多样性带来的不断增长的痛苦。我们了解到，不同的群体其实更具创造力，他们可以做出更好的决策，但他们并不总是最幸福的群体。差异更多，因此容易产生更大的不和谐。特权转移，角色改变，新声音不断涌现。在我们彼此学习交流的时候，我们可以更深刻地了解彼此，并且做出更深层次的努力，改变可能会孕育偏见和排斥"异类"的环境。

成功也要求我们必须忍受这个过程中可能产生的不适。这不仅仅是一个是非题——"我到底是不是种族主义者？"或是"通过培训我就可以改变这一点吗？"。

偏见其实在某种更高的层面上运作，将我们必须努力理解和控制的因素及条件联系起来。在所有人参与的情况下，它应该引起全局性的广泛回应。

在与偏见斗争的过程中，我们只是震惊于白人至上主义者和纳粹分子的行为是不够的，我们还不能忽略我们依靠刻板印象来边缘化我们当中陌生的"异类"的方式。反对显性偏见的斗争是在一个非常公开的舞台上进行的，在这个舞台上，人们已经公开反对了在过去的时代里想都不敢想的事。

棒约翰比萨连锁店的创始人约翰·施纳特在2018年被迫辞职，因为他在开电话会议的时候使用了种族歧视性语言。约翰·施纳特的头像从公司标识和广告中被抹去，而美国国家橄榄球联盟也不再将其比萨作为其官方指定比萨。

在此之前的几个月，美国广播公司突然取消了全美最受欢迎的电视节目的播出，因为主持人罗珊娜·巴尔在深夜的一条推文中将贝拉克·奥巴马的知名顾问瓦莱丽·贾瑞特比作猿猴。巴尔首先归咎于安眠药安必恩，然后狡辩说她不知道贾瑞特是黑人。"我误以为她是白人。"巴尔说她根本就没有注意到贾瑞特的肤色。然而，由于广告商扬言要抵制巴尔，巴尔的同事也开始在社交媒体上抨击她，因此，电视台的负责人仅用了几个小时，就决定取消巴尔的节目。

此举预计将使美国广播公司损失数千万美元，但公司领导者对此不屑一顾，因为他们认为，如果不选择立场，整个品牌将不可避免地受到损害。

这足以说明公民的强大力量，这种力量使得对公开的种族主义的容忍度正变得越来越低。隐性偏见虽然可能不那么容易识别和解决，但仍然是可以解决的。事实证明，相信隐性偏见可以解决正是我们取得进展的关键因素。

结论

刚刚奥克兰一个居民区发生了一起枪击事件，这起事件造成五人受伤，其中一人差点丧生。与此同时，我刚刚结束在警察总部举办的关于隐性偏见的培训。这时，一名警察走进礼堂，穿过下了课鱼贯而出的人群，朝我走来。

他是一个有着深色皮肤的黑人，身穿黑色制服，个子高高的。当他快要走近我的时候，我可以看出他的不安，他挥舞着双手开始说话，他的声音因痛苦而显得厚重。

他向我描述了枪击事件受害者正在医院接受治疗的情况。受害者的朋友和家人守在急诊室里，急诊室里一片混乱，人们心里充满怨恨，空气里还弥散着恐惧的情绪。他们哀号着、哭泣着、对着医护人员尖叫。但是当警察们走进来，想要了解袭击者的情况时，人们却陷入了生硬的沉默。即使面对如此不幸，他们也不愿跟警察扯上任何关系。

他说，他想让我知道，面对暴力犯罪的受害者和幸存者却无法帮助他们的感受，以及当你尝试提供帮助却被拒绝或受到侮辱时的感觉。这意味着你必须一直奋力地游向上游，试图挽救因冷漠和不信任而变得越发沉重的生命。

他告诉我，之前有一次，他接到了"开枪"的报警电话，当他去到现场时，他发现受害人是一个九岁的女孩，子弹穿过房屋的墙壁时，她就坐在客厅里，这枚子弹让她从此瘫痪。但是警察对此却无能为力。

他还分享了自己在一条拥挤的住宅街上与一个黑人小姑娘相遇的经历，那个小姑娘正在祭奠亲人，她抓着盖布的一角，说"愿他安息"。这位警察试图和她搭话，表示同情，但她的长辈警告她不要说话，仿佛他就是那个杀了他们亲人的人。

在他说话时，我的目光被他闪闪发光的秃头顶上的巨大伤口吸引住了。新鲜的血液在伤口边缘变黑，并在缝线周围凝结，使他的那块皮肤看起来皱巴巴的。

当他在空气中挥舞双手的时候，他描述了所有的枪击、刺伤和杀戮事件，我突然注意到他身上还有一处旧伤口。他的小拇指最后一节在关节处垂下，悬在那里，与整只手的运动都不同步。他执勤生涯中的每一天都命悬一线，每次出勤似乎都会从他的身体里抽离掉一点东西。

我可以感觉到他的无奈，也可以感觉到他的使命感。这些警察陷入了任何培训都无法解决的问题中。他们在大街上所经历的是种族差异的影响，种族差异反映并产生了偏见，使警察和社区关系分裂。

当人们觉得自己受到不公正的待遇时，他们也不大可能在这种重要时刻和警察合作——即使当时当刻打电话报警可能有助于制止犯罪或追踪暴力犯罪分子。信任的缺乏阻碍了调查和案件侦破，这对警察和社区成员来说都是不利的。

有关偏见的讨论通常都围绕着我们内心对外界事物的整理、判断和分类。但是，种族差异明显的作用不容忽视。在刑事司法系统中，总是会有截然不同的结果——谁会被警察拦下，谁会受到搜查，犯罪嫌疑人如何被起诉，谁会进入监狱等待审判，谁最终会被判入狱——这些不同的结果塑造了人们被偏见控制的思维定式。当公众目睹这些差距时，许多人得出结论，黑人更容易犯罪，因此，他们受到负面的待遇也是应该的。差异是我们用来构建不平等的原始材料。

这些叙述不断涌现，证明不平等待遇不仅存在于刑事司法领域，也存在于我们的社区。在学校和工作场所中，这种叙述也得到了证明，这解释了为什么黑人家庭会搬离白人社区。这也让我们的教育资源更加地不均衡，因为那些来自少数族裔社区的贫困孩子会更容易被淘汰。这也使我们能够接受科技行业中女性短缺的事实，就好像这是很自然而然的事情。

在这样一个令人不安的世界中，支持不平等现象的叙述可以帮助我们省去生活中的不少麻烦。但这也缩小了我们的视野，将"异类"束缚在了机会鸿沟的错误一侧。当我们以牺牲自己的舒适为代价时，这就是一种社会成本，最终会对每一个人带来消极的影响。

因此，解决偏见不仅仅是个人选择，也是一种社会进程、一种道德立场。每个社会都有作为偏见目标的弱势群体，当我们因为对某些群体错误想象而将他们置于不利的地位时，我们最初的偏见便形成了。在我们完全理解并去质疑、挑战造成这种偏见的差异之前，这些偏见会不断地自我加固。消除差异的第一步就是，不要再相信这些差异是不可避免的。

奥克兰就是一个最好的例子。在过去的奥克兰，警察局与公众之间消极的关系世代相传，后来，法院下令进行彻底改进之后，情况才有所好转。通过近十年来政策和惯例的转变，该部门不仅改善了警察与社区的关系，还让减轻警员之间的偏见变得更加容易。奥克兰警局调整了追踪可疑人士的政策，在可疑人士进入后院或消失在小巷尽头时就不再继续跟随。相反，警局鼓励警察们在这种时候退后一步，放慢脚步，呼叫支援，并仔细考虑当前情况。政策的变化不仅降低了普通平民被误杀的概率,也使警察更加安全。警察们的工伤率下降了70%,与警察有关的枪击事件也有所减少,从过去的每年平均八次下降到五年中总共只有八次。尽管逮捕率保持稳定,但犯罪率却持续下降。

这些小小的政策调整减少了可能影响警察决策的偏见。因为无论我们是在工作场所、教室还是街头,在压力很大的情况下,偏见最有可能影响我们的思维。因为在这种情况下,我们感到选择余地有限,就会被迫迅速采取行动。

奥克兰警察局是最早使用可穿戴式摄像机的部门,如今大多数城市警察局都在使用这种摄像机。事实证明,这种摄像机会影响警察的行为。自2010年推出摄像头以来,无论是奥克兰市民的投诉,还是警察使用武力的情况,都急剧减少。摄像机让警察有更高的责任感,并提醒他们提高自己行为的标准。因为现场的所有行动都有了可视化的记录,整个社区都被赋权。

奥克兰对技术的使用已超越了可穿戴式摄像机。我们来自斯坦福大学的研究团队帮助警察策划出了在路上拦住人的新方法,并使用了复杂的算法来分析穿戴摄像机的录像。这些指标促使警察在例行拦下路人进行检查的时候,依靠的是可靠的信息而非直觉,因为他们的直觉更可能会制造冲突。而且,通过对摄像机录像的分析,该部门可以分析表面上看似没有任何问题的警察行为是如何影响与社区的关系的,如警察们在例行道路检查的时候使用的语言。

技术和数据已帮助该部门更透明、更准确地进行决策。政府鼓励奥克兰街头的警察们更深入地思考为什么要拦下某些人,而不拦下另一些人。该部门的高层管理人员正在考虑,如何让警察们不再遭遇最有可能被偏见影响的情况。

全国各地的执法机构过去一直鼓励警察们尽可能多地拦下他们认为可疑的人,而很少会考虑这样对社区造成的负面影响。"宁可错杀三千,不可放过一个"的理念还被标榜为负责任的警务工作。而现在,在法院命令、政府命令、昂贵的诉讼费用以及社区活动的驱动下，执法机关开始寻求新的方式，可以在不对社区造成影响的情况下，降低犯罪率。

与警察部门的合作使我深信，即使在冲突似乎最难以解决的地方，也可能发生重大的机构变革，而这些变革可以帮助我们避免偏见。

· · ·

我们所有人都有能力做出改变——改变我们自己，改变这个世界，改变我们和这个世界的关系。

我的儿子艾维利特已经成长为一个少年。就在去年夏天，他在斯坦福大学的校园里从体育馆骑着自行车回家，路上，他遇到了一位年轻的亚裔女孩在宽阔的道路上慢跑。当女孩抬头看到艾维利特时，主动偏离了方向，离开了大路。

这个简单的动作引起了艾维利特的注意。"我只是觉得很奇怪，我不知道她是不是害怕我。"艾维利特在和我讨论的时候解释道。

"你不认为她只是想给你更多的空间吗？"我问。

"不，"艾维利特坚持说，"那条路很宽的。"

我又提出异议："好吧，也许她想跑一条更安全的路，因为怕被撞倒之类的。"

艾维利特已经考虑了这一点。他说："就好像在大路中央慢跑比走小路更危险一样，尤其是我在那里。"

"这让我感到……"说到这里，艾维利特有些犹豫不决，因为他想找到一种新方法来描述这种新体验，"……我也许应该对自己的行为更加自觉，也应该对我如何与他人交往更加自觉。"他顿了顿，接着说，"这让我感觉……有点伤心。"

这也让我伤心。无论是在奥克兰有着高犯罪率的街道上，还是在斯坦福大学校园边缘的绿树成荫的社区中，我的儿子现在都必须设法处理他自己的存在。他必须习惯这样的事实：人们一看到他就可能会感到害怕。十六岁的时候，他已经开始感觉到周围人群的不适——他努力想给这种不适感找一个名字。

他五岁时也曾经偶然地认为我们飞机上唯一的黑人男性乘客可能是个危险的强盗，他自己甚至都不记得这件事了。而十一年后的今天，他自己也成为偏见的目标。慢跑的那个人换了一条路，却让我和艾维利特不得不去涉足一条我们都不想踏足的路线。这也让我们对未来前景的恐惧浮出水面。

我想到了那些在奥克兰的中年中国妇女，她们害怕年轻的黑人男子可能会抢走钱包，但她们却无法分辨这些黑人男性的脸。我的儿子现在已经成为普通黑人中的一员，会引发原始的恐惧，加剧内隐的偏见。但是我也认识到，我们也越来越多地会进行反思，希望能够找到某种可行的真理。

我想到了我的侄女塔妮莎，她清楚地知道自己想成为一个治愈者，这让她免受偏见的影响并改变了周围的人。我想到了夏洛茨维尔的数千人，他们反对种族主义，为自己的社区而战，为我们的民主价值观而战。我想到了夏洛茨维尔的优步司机，他认识到自己的种族主义，向我坦诚地说出了心中的负担。我想到了唐纳德法官的代数老师，他在几十年后为自己的种族主义而道歉，而唐纳德法官本人则忍受了种族主义，战胜了种族主义，并且回到了曾经歧视她的地方，跳出了自己的过去。

我想到了刑事司法系统所面临的挑战：圣昆丁的囚犯从未停止过思考人们思想的自由度。奥克兰警局的阿姆斯特朗副巡长从未停止过对种族主义的战斗，他想救赎他所爱的城市。我在一次培训中遇到的那位德国警察，他反思了自己看待黑人的方式。在双胞胎哥哥在俄克拉荷马州塔尔萨被一名警察开枪打死后，蒂凡尼·克拉彻一直致力于弄清偏见的运作机制，并努力改进警务工作。

我们当中有这么多人正在探索、接触偏见，寻求以最好的方式去做善事。纯粹的反思行为充满希望。这就是力量所在，这就是我们开始的地方。

我儿子以自己的方式发现了这一点。"我不太确定。"艾维利特在讨论为什么慢跑者躲开他的时候告诉我，"但我认为她也许只是紧张了。"

他们经过彼此之后，艾维利特回头看了一眼，发现那个女孩又已经跑回到大路上了。他也继续前进，踩着脚踏车，回家准备迎接新的一天。

致谢

首先，我要感谢道格·安布朗姆斯及其在 Idea Architects 的整个团队。感谢您找到我，与我联系，感谢您意识到在当前的世界里，我们已经等到了可以出版这本书的时候。在您的眼中，我不仅是一位社会科学家，更是一个讲故事的人，我为广大读者写作的信念坚定而不可动摇。通过您，我学会了以不同的眼光看待世界，并开始更好地欣赏书籍改变生活的力量。我以前从未与任何图书代理人合作，但我无法想象，谁能像您这样出色。在我刚刚提出这本书的想法时，您就一直支持着我。而如今，这本书已经出版，您仍然给予我支持。我将永远感激不已。

当然，我还要感谢由布莱恩·塔特领导的维京出版社。感谢您以多种方式支持这本书，我仍然记得第一次见到你们时的激动。凯洛琳·科勒伯恩的宣传工作令人赞叹。我的编辑温迪·沃尔夫一直陪着我，我常常会因为写不下去而影响她的编辑工作，但她始终鼓励着我，让我一直处在正确的轨道上。感谢大家的奉献和指导。

我还要感谢我在英国的编辑汤姆·艾弗里，他是这项工作的早期支持者，还有外国版权代理人——里海·丹尼斯、艾伯纳·斯坦和 Marsh 出版社，他们觉得美国以外地区的读者也会对这本书感兴趣。

感谢我的写作教练（也是我的姐夫）桑迪·班克斯，你真是我的宝藏。你救了我很多次，有了你，我找到了写作的感觉。你为我打开了一扇全新的大门，并一直站在我的身边。在过去的数十年中，我在写作时尽量保持客观，不带一点感情。是你教了我如何将情绪带回到字里行间。能够与一位著名作家、《洛杉矶时报》的新闻工作者，同时真正对种族、对科学感兴趣的人一起工作，而且这个人还是我的家人，那么了解我，我真的太幸运了！你已经给了我一切，我非常感谢有机会与你一起经历这一旅程。

我想感谢那些参与我在书中介绍的科学知识的创造者——我在社会心理学及其他领域的同事，以及与我合作的研究合作伙伴。我们致力于将有关种族和种族偏见的科学发现带给世界，从斯坦福大学的实验室研究到加利福尼亚奥克兰的现场研究，我都有很多合作伙伴。我想特别感谢两位为这项工作做出了宝贵贡献的同事，贝诺·莫宁出色地展示了如何使用数据来转变制度文化，丹·尤拉夫斯基向我们展示了所有如何使用基于语言的复杂工具来分析警察身上的可穿戴式摄像机录像，两种方法都在有效改善警察与社区之间的关系。

感谢斯坦福 SPARQ 的工作人员。我们喜欢称自己为"行动团"，而不是"智囊团"。我们是与从业者直接合作的研究人员，致力于解决刑事司法、教育、经济发展和健康方面的重大社会问题。我希望这本书可以对在这些领域工作的人有益，从而更好地改善整个社会。我也向资助 SPARQ 项目以及书中提到的一些较新项目的团队及个人表示感谢，包括约翰·D. 与凯瑟琳·T. 麦克阿瑟基金会、保德信基金会以及威廉与弗洛拉·休利特基金会。

如果没有麦琪·佩瑞在斯坦福大学提供的令人难以置信的研究帮助，我就不可能写出这本书。当我开始整理起草本书所需的信息时，她对细节的关注非常宝贵。她非常敏锐，能力卓著，效率很高，一丝不苟，并对科学改变生活的能力充满信心。在这个项目期间，她也表现得耐心、镇定，并且总是愿意加倍努力。谢谢你，麦琪。

感谢海泽尔·马卡斯（也是重要的合作者）、克劳德·斯蒂尔、琳达·达令哈蒙德、瑞贝卡·赫特、尼克·坎普、达普纳·斯皮瓦克和阿姆里塔·迈特雷伊，谢谢你们在阅读本书的初稿后提出的宝贵而友善的建议。

我亲爱的朋友西玛，感谢你一直愿意做我的读者和听众。每当我们交谈时，我都会对世界和自己有更多的了解。你一直是我最愿意去找的人，一直都是。

我想特别感谢那些与我分享故事并允许我与世界分享的人。你们启发了我，你们是这个令人不安的时代中令人平静的力量。

感谢我的兄弟姐妹，小哈兰、凯文、贾斯汀和斯蒂芬妮：长大后，我以不同的方式尊敬着你们所有人，始终如一。感谢我的父母，哈兰·埃伯哈特和玛丽·埃伯哈特：你们的爱与牺牲改变了一切，我真希望你们今天还能和我们在一起，我真的很想你们。

谢谢我的儿子们——艾比、艾维利特和哈兰，感谢你们的故事和回忆。我尤其感谢艾维利特，感谢你对妈妈的书的关注，而且一直在想办法为这项工作做出贡献。

最后，感谢瑞克，我的伴侣，也是我的爱人，感谢你在这个项目以及我们的合作关系中所付出的努力，感谢你给予的指导、支持和祝福，你真的很不可思议。

图书在版编目（CIP）数据

偏见 /（美）珍妮弗·埃伯哈特著；叶可非译. —北京：北京联合出版公司，2021.3
ISBN 978-7-5596-4890-7

Ⅰ.①偏… Ⅱ.①珍… ②叶… Ⅲ.①成见—研究 Ⅳ.①C912.62

中国版本图书馆CIP数据核字（2021）第003455号

北京市版权局著作权合同登记　图字：01-2021-0319号
BIASED by Jennifer L. Eberhardt
Copyright © 2019 by Jennifer L. Eberhardt
Published in agreement with The Marsh Agency Ltd. and Idea Architects, through The Grayhawk Agency Ltd.
Simplified Chinese translation copyright © 2021 by Beijing Xiron Culture Group Co., Ltd.
All Rights Reserved.

偏见

作　　者：〔美〕珍妮弗·埃伯哈特
译　　者：叶可非
出 品 人：赵红仕
责任编辑：高霁月

北京联合出版公司出版
（北京市西城区德外大街83号楼9层　100088）
天津旭丰源印刷有限公司印刷　新华书店经销
字数230千字　700毫米×980毫米　1/16　印张18
2021年3月第1版　2021年3月第1次印刷
ISBN 978-7-5596-4890-7
定价：56.00元

版权所有，侵权必究
未经许可，不得以任何方式复制或抄袭本书部分或全部内容
如发现图书质量问题，可联系调换。质量投诉电话：010-82069336